Medien • Kultur • Kommunikation

Reihe herausgegeben von
A. Hepp, Bremen, Deutschland
F. Krotz, Bremen, Deutschland
W. Vogelgesang, Trier, Deutschland
M. Hartmann, Berlin, Deutschland

Kulturen sind heute nicht mehr jenseits von Medien vorstellbar: Ob wir an unsere eigene Kultur oder ‚fremde' Kulturen denken, diese sind umfassend mit Prozessen der Medienkommunikation verschränkt. Doch welchem Wandel sind Kulturen damit ausgesetzt? In welcher Beziehung stehen verschiedene Medien wie Film, Fernsehen, das Internet oder die Mobilkommunikation zu unterschiedlichen kulturellen Formen? Wie verändert sich Alltag unter dem Einfluss einer zunehmend globalisierten Medienkommunikation? Welche Medienkompetenzen sind notwendig, um sich in Gesellschaften zurecht zu finden, die von Medien durchdrungen sind? Es sind solche auf medialen und kulturellen Wandel und damit verbundene Herausforderungen und Konflikte bezogene Fragen, mit denen sich die Bände der Reihe „Medien – Kultur – Kommunikation" auseinandersetzen. Dieses Themenfeld überschreitet dabei die Grenzen verschiedener sozial- und kulturwissenschaftlicher Disziplinen wie der Kommunikations- und Medienwissenschaft, der Soziologie, der Politikwissenschaft, der Anthropologie und der Sprach- und Literaturwissenschaften. Die verschiedenen Bände der Reihe zielen darauf, ausgehend von unterschiedlichen theoretischen und empirischen Zugängen, das komplexe Interdependenzverhältnis von Medien, Kultur und Kommunikation in einer breiten sozialwissenschaftlichen Perspektive zu fassen. Dabei soll die Reihe sowohl aktuelle Forschungen als auch Überblicksdarstellungen in diesem Bereich zugänglich machen.

Weitere Bände in der Reihe http://www.springer.com/series/12694

Andreas Hepp · Sebastian Kubitschko
Inge Marszolek
(Hrsg.)

Die mediatisierte Stadt

Kommunikative Figurationen
des urbanen Zusammenlebens

 Springer VS

Herausgeber
Andreas Hepp
ZeMKI
Universität Bremen
Bremen, Deutschland

Inge Marszolek
ZeMKI
Universität Bremen
Bremen, Deutschland

Sebastian Kubitschko
ZeMKI
Universität Bremen
Bremen, Deutschland

Medien • Kultur • Kommunikation
ISBN 978-3-658-20322-1   ISBN 978-3-658-20323-8   (eBook)
https://doi.org/10.1007/978-3-658-20323-8

Die Deutsche Nationalbibliothek verzeichnet diese Publikation in der Deutschen National-
bibliografie; detaillierte bibliografische Daten sind im Internet über http://dnb.d-nb.de abrufbar.

Springer VS
© Springer Fachmedien Wiesbaden GmbH, ein Teil von Springer Nature 2018

Verantwortlich im Verlag: Barbara Emig-Roller

Gedruckt auf säurefreiem und chlorfrei gebleichtem Papier

Springer VS ist ein Imprint der eingetragenen Gesellschaft Springer Fachmedien Wiesbaden GmbH
und ist ein Teil von Springer Nature
Die Anschrift der Gesellschaft ist: Abraham-Lincoln-Str. 46, 65189 Wiesbaden, Germany

In Erinnerung an Inge Marszolek

Inhalt

II Vergemeinschaftung in der mediatisierten Stadt

III Bewegungen in der mediatisierten Stadt

Einleitung: Die mediatisierte Stadt
Kommunikative Figurationen des Urbanen

Andreas Hepp, Sebastian Kubitschko und Inge Marszolek

1 Die mediatisierte Stadt: Annäherung an ein Forschungsfeld

Betrachtet man europäische Städte der Gegenwart, ist sofort augenfällig, in welchem Maße diese mediatisiert sind: In Straßen- und U-Bahnen lesen die Mitfahrenden nicht nur Zeitung und Bücher; viele sind zum Schreiben von Textnachrichten, zum Telefonieren und Informieren über das aktuelle politische Geschehen mit ihren Mobiltelefonen befasst. Monitore in den Straßen- und U-Bahnen informieren nicht nur über die nächsten Haltestellen, sondern werben auch für die verschiedensten Produkte und lokale News. Ein Gehen durch die Straßen der Stadt führt an (Multiplex-)Kinos, Telefon-Läden, Werbetafeln und immer wieder auch Orten des „public viewing" vorbei. Die heutige Stadt kennt nach wie vor – und trotz des mobilen Internets – Internetcafés, Hack-Spaces und andere mit Medien durchzogene Orte. Wir können an Kiosks Lokalzeitungen kaufen und selbst Obdachlose – die heutzutage ebenfalls Handys besitzen – verkaufen alternative Stadtmagazine. All dies sind nur wenige Beispiele dafür, in welchem Maße Urbanität und Stadt mediatisiert sind.

Während das Phänomen der mediatisierten Stadt in diesem Sinne aus einer Alltagsperspektive augenfällig ist, findet die wissenschaftliche Auseinandersetzung damit im deutschsprachigen Raum sehr separiert statt: Die Geschichtswissenschaft nähert sich der historischen Dimension des Phänomens an. Die Kommunikations- und Medienwissenschaft befasst sich mit Einzelfragen wie Stadtöffentlichkeit und ortsbezogenen Medien. In der Politikwissenschaft findet eine verstärkte Diskussion um die heutigen „smart cities" und ihre tiefgreifende Mediatisierung durch digitale, Daten generierende Medien statt. Und die Stadtsoziologie hat die Rolle von Medien beispielsweise für urbane Bewegungen entdeckt. Einen stärker integrierten Diskurs um das Phänomen der mediatisierten Stadt findet man allerdings kaum.

© Springer Fachmedien Wiesbaden GmbH, ein Teil von Springer Nature 2018
A. Hepp et al. (Hrsg.), *Die mediatisierte Stadt*, Medien • Kultur • Kommunikation,
https://doi.org/10.1007/978-3-658-20323-8_1

Dies war der Ausgangspunkt dafür, am 4. und 5. Dezember 2015 vom Forschungsnetzwerk „Kommunikative Figurationen" zu einem interdisziplinären
Workshop zur mediatisierten Stadt am Zentrum für Medien-, Kommunikations- und
Informationsforschung der Universität Bremen einzuladen. An diesem Workshop
nahmen Vertreterinnen und Vertreter der oben genannten Disziplinen teil, um
aus ihrer Sicht die (tiefgreifende) Mediatisierung der europäischen Stadt zu diskutieren und dabei die Frage zu erörtern, in welchem Maße eine Annäherung an
das Phänomen aus figurationsanalytischer Sicht hilfreich ist. Dieser Band umfasst
in überarbeiteten, die gemeinsamen Diskussionen reflektierenden Fassungen die
Beiträge dieses Workshops. Diese sind zum einen im geschichtswissenschaftlichen
Forschungsstand um die Mediatisierung der Stadt verortet, zum anderen in der so-
zial- und kulturwissenschaftlichen Medien- und Kommunikationsforschung hierzu.

2   Die mediatisierte Stadt: Eine historische Annäherung

In der deutschsprachigen Geschichtswissenschaft wurde die Bedeutung der Medien
für gesellschaftliche Entwicklungen lange Zeit vernachlässigt. So erinnert unter anderem Bösch (2015) daran, dass Massenmedien meist als unseriös und nicht objektiv
klassifiziert wurden. Die wenigen Ausnahmen waren entweder eher randständig
in der Geschichtswissenschaft oder waren selbst keine Historiker (Schildt 1996).
Zugleich ist festzustellen, dass in der Medien- und Kommunikationswissenschaft
historische Perspektiven oft außenvor gelassen wurden und stattdessen ein starker
Fokus auf digitale und zeitgenössische Entwicklungen gelegt wurde. Spätestens
seit der zweiten Hälfte der 1990er Jahre ist jedoch eine deutliche Dynamisierung
in diesen Forschungsfeldern zu beobachten. So publizierten Führer, Schildt und
Hickethier zum Beispiel den programmatischen Aufsatz „Öffentlichkeit – Medien
– Geschichte" in dem sie Mediengeschichte als „besonders florierendes Forschungsfeld" (Führer, Hickethier und Schildt 2001, S. 1) beschreiben. Insbesondere Arbeiten
aus den Cultural Studies von Stuart Hall (1997), John Fiske (1994) und weitere
Vertretern der Birmingham School sowie das Repräsentationskonzept von Roger
Chartier (1994), inspirierten verschiedene deutsche Medienhistoriker, die Bedeutung
der Massenmedien näher in den Blick zu nehmen. In diesem Rahmen verlagerte
sich das Forschungsinteresse weg von Medienorganisationen, der Geschichte des
Journalismus und Propaganda, insbesondere in der Nazizeit, hin zu der vielfältigen Rolle von Medien in der Gesellschaft im Allgemeinen (siehe Bobrowsky und
Langenbucher 1987; Daniel und Schildt 2010; Bösch 2015) und im urbanen Kontext
im Besonderen (Saldern 2006; Zimmermann 2012).

In diesem Kontext ist auch die historische Forschungsdiskussion um die mediatisierte Stadt einzuordnen. Allerdings lehnen viele Historiker „Mediatisierung" als analytischen Terminus ab, weil ein gleichlautender Begriff die Suspendierung der Reichsfreiheit Anfang des 19. Jahrhunderts unter Napoleon bezeichnet. Aus diesem Grund wird stattdessen vorwiegend von „Medialisierung" gesprochen. Da die beiden Begrifflichkeiten jedoch an sich das gleiche Phänomen beschreiben (siehe Meyen 2009; Lundby 2009) und aufgrund der Tatsache, dass Mediatisierung auf umfangreiche Weise in der Medientheorie verwendet wird, ist es durchaus auch aus historischer Perspektive überzeugend, im Kontext dieses Bandes von mediatisierter Stadt zu sprechen. Spätestens seit der Mitte des 19. Jahrhunderts sind europäische Gesellschaften von Urbanisierung geprägt. In Anbetracht der Tatsache, dass diese Entwicklung stets mit dem Wandel und der Verbesserung technischer Infrastrukturen einherging, wie dem Verkehrssystem, der Straßenbeleuchtung, aber eben auch den Druckereien, die Zeitungen zu einem Massenmedium machten, ist es durchaus verwunderlich, dass die vielschichtigen Beziehungen zwischen Stadt und Medien bislang aus historischer Sicht nicht breiter untersucht wurden. Gleichwohl finden sich vielfältige Spuren einer Beschäftigung hiermit in der deutschsprachigen Forschungsdiskussion.

Siegfried Kracauer hatte bereits 1932 auf bedeutende Verknüpfungen zwischen Medien und den in der Stadt lebenden Menschen verwiesen (z. B. Krakauer 1990, S. 15). Friedrich Lenger (2013) erwähnt in seinem umfassenden Werk zu der sozialhistorischen Entwicklung europäischer Metropolen seit den 1850er Jahren Medien, jedoch eher beiläufig. Ein Grund dafür ist, dass Lengers Arbeit sich größtenteils auf Hochkultur beschränkt und Populärkultur und deren Medien außer Acht lässt. Im Laufe der letzten Jahre lässt sich jedoch ein Perspektivenwechsel feststellen. Der Stadthistoriker Clemens Zimmermann (2012) betont die Notwendigkeit, Mediatisierungsprozesse zu historisieren und warnt zugleich davor, die Relevanz von Lokalität zu unterschätzen. Zimmermann verweist ausdrücklich darauf, dass bereits vor der massenhaften Verbreitung digitaler Medien Stadtbewohnerinnen und Stadtbewohner Medien nutzten, um ihre urbane Umgebung mit translokalen und globalen symbolischen Bedeutungsmustern zu beschreiben. Derweil verweisen medien- und kommunikationswissenschaftliche Studien ebenso wie Zimmermann auf das Verschwimmen räumlicher Grenzen und die Vermischung verschiedener Arten von Lokalität (Morley und Robins 1995; Hepp et al. 2011). Dementsprechend lässt sich in den vergangenen Jahren beobachten, dass Geschichts- wie auch Kommunikations- und Medienwissenschaft stärker auf die Rolle der Medien bezüglich ihrer sinnstiftenden Rolle und ihrer Auswirkung auf die Konstruktion urbaner sozialer Ordnung fokussieren. Beide Perspektiven – Medien als wichtiger Teil des Alltags und gesellschaftlicher Entwicklungen – sind heutzutage etablierte Subdisziplinen in der Geschichtswissenschaft.

Insbesondere die fortschreitende Digitalisierung und der damit einhergehende soziale Wandel stimulierte nicht nur neue Forschung auch unter Medienhistorikerinnen und -historikern.

Allerdings hindert der bis heute bestehende Fokus auf fragmentierte Einzelmedien sowie ihr methodischer Ansatz Historiker innen und Historiker meist daran, aus der Kommunikations- und Medienwissenschaft stammende Ansätze aus einer längeren historischen Perspektive zu betrachten. Obwohl sich Wissenschaftler darüber einig sind, dass „neuere" Medien auf den Errungenschaften „älterer" Medien aufbauen und es darum geht, Transformationsprozesse zu analysieren, beschränkt sich ein Großteil der Untersuchungen auf ein einzelnes Medium. Setzt man diese Forschungslücke in Bezug zur mediatisierten Stadt, wird der Bedarf deutlich, das Verhältnis von relevanten Medienensembles und urbanem Raum zu untersuchen. Dabei ist es bereits zeit- und ressourcenaufwändig, lediglich das Medienensemble einer Stadt zu bestimmen. In Deutschland hat der Historiker Christian Führer (2008) diesen Forschungsansatz für das Hamburg der Jahre 1930 bis 1960 praktiziert. Das Ergebnis ist eine fundierte sozialhistorische Studie, die jedoch nicht die Interaktionen innerhalb des hamburgischen Medienensembles bzw. nicht die Verknüpfung verschiedener Medien miteinander erkundet.

In Übereinstimmung mit dem Ansatz, Städte stets auch als Medienorte zu verstehen (vgl. von Saldern 2013), ist es daher wichtig, die stattfindende Verknüpfung von Raum und Kommunikation zu überdenken. Räume dienen grundsätzlich als diskursive Knotenpunkte (Glasze 2013, S. 84) für die kommunikative Konstruktion von Identitäten und von Kollektiven (Marszolek und Robel 2016). Adelheid von Saldern und Lu Seegers (2005) haben urbane Kommunikation und die medienübergreifende Konstruktion von Bildern der Stadt im 20. Jahrhundert erforscht. Da Raum hierbei als relational betrachtet wird, baut solche Forschung wichtige Brücken zur gegenwärtigen Stadtsoziologie (Christmann und Mahnken 2013). Die Konstruktion von Raum und territorialer Grenzziehung (Schroer 2006; Jureit 2012) ist deshalb von Bedeutung, weil sie von kommunikativen Praktiken geprägt ist und diese zugleich auch prägt. Obwohl die grundlegende Bedeutung von Raum weithin anerkannt ist (Berg und Roitsch 2015; Drost und North 2013; Löw 2001; Warf und Arias 2009), fehlt es bislang allerdings an Untersuchungen, die den Wandel der Medienumgebung in Beziehung zur raumbezogenen Konstruktion von urbanen Identitäten und Kollektiven in den Mittelpunkt stellen. Es besteht, in anderen Worten, kaum systematische Forschung zur mediatisierten Stadt in der Sozialgeschichte. Dabei bietet Forschung zur mediatisierten Stadt nicht nur die Möglichkeit, urbane Wandlungsprozesse zu lokalisieren, sondern diese auch zu historisieren.

3   Die mediatisierte Stadt: Aktuelle Forschungsdiskussionen

Betrachtet man die aktuelle, sozial- und kulturwissenschaftliche Forschungsdiskussion um die mediatisierte Stadt, erscheinen vor allem vier Linien der Diskussion relevant. Dies ist erstens die Forschungsdiskussion um Smart Cities, zweitens die um Locative Media, drittens die um (hyper)lokalen Journalismus und viertens die um das mediengestützte Zusammenleben in der Stadt. Die Frage der urbanen Vergemeinschaftung in der mediatisierten Stadt zieht sich dabei wie ein impliziter roter Faden durch diese Diskussionen.

Vorstellungen der *Smart City* rücken das Potenzial einer umfassenden Durchdringung der Stadt mit Informations- und Kommunikationstechnologien in den Fokus. Hierbei wird „eine historische Verschiebung, wie wir Städte bauen und managen" (Townsend 2013, S. xii)ausgemacht. In einem solchen Verständnis sind Smart Cities „Orte, an denen Informationstechnologie eingebracht wird, um alte und neue Probleme zu lösen" (Townsend 2013, S. xii; siehe auch Rötzer 2015, S. 104-120, 127-145). Als ein zentraler Schritt in Richtung Smart Cities wird die schnelle Verbreitung des Smart Phones (und anderer mobiler digitaler Endgeräte) begriffen. Relevant ist das Smart Phone nicht einfach als multifunktionales Kommunikationsgerät (zum Telefonieren, für Textnachrichten, Mails etc.), sondern insbesondere als Mittel zum „Sammeln" großer Datenmengen, die dann eine Grundlage für Stadtplanung, Entscheidungsfindung etc. werden können (Bieber und Bihr 2016, S. 4-8). Nun ist das Konzept der Smart City selbst sehr umstritten. Der Grund dafür ist, dass „technische Parameter" genutzt werden, um „gute" und „schlechte" Städte (oder Stadtteile) voneinander zu unterscheiden (cf. Vanolo 2014). Dennoch steht dieser Begriff für eine Veränderung von Stadt bzw. Urbanität durch eine tiefgreifende Mediatisierung (Koch 2016, S. 212). In einem solchen Blickwinkel gibt es durchaus Bezüge zu Konzepten und Überlegungen, die weniger technik-optimistisch sind und stärker das Wechselverhältnis von medialem und sozialem Wandel betonen. Scott McQuire (2008) beispielsweise hat mit dem Begriff „Media City" den historischen Prozess der Konstruktion von Urbanität in und durch Medien gefasst. Karen Mossberger, Caroline Tobert und William Franko (2013) verwenden das Konzept der „Digital Cities", um in einer Studie zur urbanen Dateninfrastruktur solche amerikanischen Städte zu benennen, die gut ausgebaute Infrastrukturen haben und damit eine lokale „Geografie von Möglichkeiten" für menschliches Handeln eröffnen. Und mit einer stärkeren Orientierung auf Praxis und Handeln haben Rob Kitchin und Martin Dodge den Begriff des „Code/Space" entwickelt. Ein solcher „Code/Space entsteht, wenn Software und die Räumlichkeit des Alltagslebens sich wechselseitig konstituieren, also sich gegenseitig produzieren" (Kitchin und Dodge 2011, S. 16). Als Beispiele für Code/Spaces nennen Kitchin und Dodge die Check-In-Bereiche von Flughäfen oder die Kassenbereiche des Supermarkts. Hier befindet man sich bereits in einem Schnittbereich zur Diskussion um *Locative Media* (siehe u. a. Buschauer und Willis 2013; Thielmann 2010). Im Kern werden damit solche Plattformen und Dienste bezeichnet, für die ein „Ortsbewusstsein" (Gordon und Silva 2011, S. 9) kennzeichnend ist. Beispiele dafür sind digitale Plattformen, die mit Ortsdaten arbeiten, aber auch „Urban Games", die als Apps mittels GPS-Daten gespielt werden (cf. Evans 2015). In der Forschungsdiskussion werden Locative Media in engem Bezug zur Urbanität gesehen (Perng et al. 2016, S. 1). Erforscht werden die verschiedenen Weisen, wie (urbane) Lokalität in und mit neuesten Kommunikationstechnologien hergestellt wird bzw. welchen Stellenwert die mit Locative Media generierten Daten für die Entwicklung von Stadt haben (Gordon und Manosevitch 2011). Dabei bestehen enge Bezüge zur Mobilkommunikationsforschung. Dies hängt nicht zuletzt damit zusammen, dass „öffentliche Räume" [„public spaces"] in der Stadt und deren Veränderung mit der mobilen Mediennutzung dort seit langem ein wichtiges Thema der Forschung ist (siehe beispielsweise Bull 2007; Höflich 2014; Silva und Frith 2012; Wagenseil 2013).

Drittens haben wir eine verstärkte Diskussion um einen *hyperlokalen Journalismus*, die sich insbesondere auf Städte bezieht. Hierbei handelt es sich um „lokale Online-Initiativen mit dem Ziel, Nachrichten zu produzieren, die in einem bestimmten lokalen Gebiet gesammelt und mit Fokus auf dieses gestaltet werden" (Kerkhoven und Bakker 2015, S. 185). Seit längerem sind städtische „community media" (Howley 2010; Rennie 2006), „Lokaljournalismus" (Nielsen 2015) und „Bürgerjournalismus" (Heinonen 2001) ein Forschungsthema, neben das jüngst auch der „Metropoljournalismus" (Kramp 2016) getreten ist. Beim hyperlokalen Journalismus geht es aber um weitergehende Zusammenhänge. Mit einem generellen Wandel von journalistischer Arbeitsproduktion (Deuze 2008) und der aktuellen Krise von Regionalzeitungen hat sich in verschiedenen europäischen und nordamerikanischen Städten eine neue Form des Journalismus etabliert, der einerseits professionell betrieben wird, andererseits einen klar umrissenen lokalen Raum und die dort lebende Gemeinschaft von Menschen adressiert und offen ist für bzw. orientiert auf ein zivilgesellschaftliches Engagement (Kennedy 2013; Metzgar, et al. 2011). Primärer Fokus der Forschung zum hyperlokalen Journalismus ist, ob er – gerade im Hinblick auf die Krise traditioneller Regionalmedien – die sich wandelnden Bedürfnisse nach lokaler Öffentlichkeit erfüllen kann. Die Forschungsergebnisse für Europa sind durchaus ambivalent (vgl. Fröhlich et al. 2012; Kerkhoven und Bakker 2015; Smyrnaios et al. 2015). So wird das Engagement von einzelnen Personen aber auch Unternehmen im Bereich des hyperlokalen Journalismus vor allem vom Interesse am lokalen Lebensumfeld getragen. Gleichzeitig besteht aber eine große Unsicherheit, wie sich ökonomisch nachhaltige Modelle für eine solche Berichterstattung entwickeln lassen.

Ein vierter Forschungsstrang rückt stärker das *mediengestützte Zusammenleben in der Stadt* in den Fokus der Betrachtung. Ein besonderes Interesse bildet dabei die Stadt als ein diversifizierter und transkultureller, in mancherlei Hinsicht auch segregierter und gentrifizierter Lebensraum. Myria Georgiou sprach in diesem Zusammenhang von der „mediated city" (Georgiou 2013, S. 41). Dieser Begriff soll deutlich machen, dass unsere heutige Erfahrung von (Groß-)Stadt nicht mehr getrennt von medienvermittelter Kommunikation gesehen werden kann. Hierbei geht es gleichwohl darum, die Beziehung von Medien und Stadt „aus Sicht der Straße" (Georgiou 2013, S. 3) zu erfassen, konkret im Hinblick auf Fragen des Konsums, der Identität, der Gemeinschaft und des (politischen) Handelns der Menschen. Als Lokalitäten des Konsums in der Stadt können insbesondere die Shopping Malls ausgemacht werden, deren Erfahrung umfassend medial durchdrungen ist und die nicht zuletzt ein Ausdruck von Gentrifizierung sind (Bolin 2004). Im Hinblick auf die medial gestützte Konstruktion von Identität in der Stadt fällt auf, inwieweit diese im Spannungsverhältnis unterschiedlicher kultureller Verortungen steht (Christensen und Jansson 2015, S. 130-152). Ähnlich wird im Hinblick auf Gemeinschaftsbildung deutlich, dass es zu kurz greift, die Stadt einfach als eine Gemeinschaft zu sehen. Vielmehr rückt die Vielfalt unterschiedlicher, zum Teil gegeneinander gerichteter lokaler, aber auch diasporischer Gemeinschaften mit nur bedingt geteilter Solidarität in den Fokus (Georgiou 2013, S. 92-116). Und schließlich eröffnen Medien Möglichkeiten für das politische Handeln in der Stadt, wofür exemplarisch Bewegungen wie „urban gardening" oder „reclaim the street" stehen, die sich in ihrer Organisation auf digitale Medien stützen (Bridge 2009; Rauterberg 2013, S. 97-128). Es geht in diesem Blickwinkel also darum, die Komplexität von Stadt als einen medial durchdrungenen Raum eines transkulturellen, menschlichen Zusammenlebens kritisch zu beschreiben. In eine solche Tradition lassen sich auch kritische Studien einordnen, die die zunehmende Fragmentierung städtischer Öffentlichkeiten zum Thema machen (Hasebrink und Schmidt 2013; Metag und Donk 2013). Enge Bezüge ergeben sich dabei zwischen einer Kommunikations- und Medienforschung einerseits und einer allgemeinen sozialwissenschaftlichen Forschung zu Urbanität andererseits (siehe beispielsweise Zukin et al. 2016).

Insgesamt wird deutlich, dass die mediatisierte Stadt Gegenstand der sozial- und kulturwissenschaftlichen Medien- und Kommunikationsforschung ist. Die Diskursstränge sind dabei gleichwohl ebenso vielfältig wie divergent. Eine besondere Herausforderung ist vor diesem Hintergrund, das Phänomen der mediatisierten Stadt sowohl historisch als auch in Bezug auf die Gegenwart stärker integrativ zu fassen.

Eine Möglichkeit, dies zu tun, ist die figurationsanalytische Perspektive, wie sie auf Norbert Elias (Elias 1993; Elias und Scotson 1994) zurückgeht, die es gleichwohl kommunikations- und medientheoretisch weiterzudenken gilt (Couldry und Hepp 2017; Hepp et al. 2017; Hepp und Hasebrink 2017). In einem solchen Blickwinkel geht es darum, die verschiedenen kommunikativen Figurationen von Menschen in der Stadt wie auch die Machtbalancen in diesen Figurationen zu erfassen. Für die Analyse solcher Akteurskonstellationen erscheint es in Zeiten (tiefgreifender) Mediatisierung allerdings wichtig, nicht nur die geteilte Handlungsorientierung – die geteilten Relevanzrahmen der Akteure – und Praktiken zu analysieren. Zentral ist es in den Fokus zu rücken, inwieweit diese mit verschiedenen, charakteristischen Medienensembles verschränkt sind. Im Kern treffen sich die Beiträge des vorliegenden Bandes darin, Ansatzpunkte für eine solche integrative Annäherung an die mediatisierte Stadt auszuloten.

4   Die mediatisierte Stadt: Diskussionslinien des Bandes

Für ein Ausloten einer figurationsanalytischen Perspektive auf die mediatisierte Stadt ist das vorliegende Buch in drei größere Teile untergliedert: erstens die Geschichte der mediatisierten Stadt, zweitens die Vergemeinschaftung in der mediatisierten Stadt und drittens Bewegungen in der mediatisierten Stadt.

Eröffnet wird der erste Teil *Geschichte der mediatisierten Stadt* mit einem Beitrag von Adelheid von Saldern zu „Medien und Stadt. Kohärenz-Regime im audiovisuellen 20. Jahrhundert". Sie konzeptualisiert die engen wechselseitigen Verknüpfungen und Bindungen zwischen Stadt und Medien als ein Kohärenz-Regime, das Einwirkungspotenziale auf die Stadtgesellschaften freisetzt. Beruhend auf ausgewählten Beispielen sozialer und kultureller Praktiken zeigt von Saldern, wie die sich verdichtende Kohäsion von Stadt und Medien – und damit die prozesshafte Mediatisierung der Stadt sowie das urbane Momentum der Medien – ein fester Bestandteil der Geschichte des 20. Jahrhunderts ist.

Inge Marszolek, Yvonne Robel und Lisa Spanka befassen sich am Beispiel Hamburgs in den 1950er Jahren mit dem wechselseitigen Verhältnis von städtischen (Massen-)Medienensembles und der medialen Konstruktionen raumbezogener Zugehörigkeiten. In ihrem Kapitel „Stadt, Heimat, Region: Cross-mediale Konstruktionen im Hamburg der 1950er Jahre" diskutieren sie, wie im Kontext medialer Veränderungen Raumkonzepte unterschiedlich gefüllt wurden.

In dem darauffolgenden Beitrag „Deutungen des Hanseatischen in Hamburger Zeitungen als Kennzeichen einer mediaisierten Stadt. Eine Analyse der 1920er bis 1960er Jahre" geht Lu Seegers der Frage nach, wie der Begriff hanseatisch im Verlauf des 20. Jahrhunderts in der Hamburger Tagespresse als kommunikative Figuration konstruiert wurde und welche Rolle er bei der Abfederung bzw. bei der Legitimierung von politischen Systemen von der Weimarer Republik bis zur Bundesrepublik spielte.

David Templin untersucht in „‚Provinzblättchen' zwischen linksalternativer Vergemeinschaftung und lokalpolitischer Provokation. Jugendzentrums- und Alternativzeitungen in westdeutschen Klein- und Mittelstädten der 1970er Jahre" alternative Zeitungsprojekte die im Kontext der Bewegung für selbstverwaltete Jugendzentren entstanden. Dabei legt Templin den Fokus auf deren politische Beteiligung am Aufbau lokaler „Gegenöffentlichkeit" sowie ihre Rolle als Medien der Vergemeinschaftung und der milieuinternen Kommunikation.

Insgesamt zeigen die Beiträge des ersten Teils dieses Buchs so, dass die mediatisierte Stadt und eine Verschränkung ihrer kommunikativen Figurationen mit verschiedenen Medienensembles nicht ausschließlich ein Phänomen der Gegenwart sind. Im Gegenteil: Die Entstehung und weitere Entwicklung der modernen, europäischen Städte ist eng mit Mediatisierung verwoben. Hierbei ist ein kontextualisierender Blickwinkel notwendig, um die jeweiligen Dynamiken von Mediatisierung angemessen zu erfassen.

Der zweite Teil dieses Buchs ist mit *Vergemeinschaftung in der mediatisierten Stadt* überschrieben. Seine Artikel befassen sich mit verschiedenen Prozessen der Vergemeinschaftung in der mediatisierten Stadt und den diesen zugrundeliegenden kommunikativen Figurationen. Eröffnet wird dieser Teil mit einem Beitrag von Andreas Hepp, Piet Simon und Monika Sowinska zum Zusammenleben von jungen Menschen in der mediatisierten Stadt. Hierbei rekonstruieren sie die kommunikative Figuration des Freundeskreises, die figurative Qualität einzelner mediatisierter Orte und die Stadt insgesamt als vorgestellte Gemeinschaft als grundlegend für urbane Vergemeinschaftungsprozesse. Insgesamt wird so ein figurationsanalytischer Mehrebenansatz der Erforschung der mediatisierten Stadt entwickelt.

In ihrem Kapitel zu „Städtische Raumpioniere, kommunikative Figurationen und Raum(re)konstruktionen in Quartieren" verfolgt Gabriela B. Christmann die übergreifende Frage, wie und vor allem in welchen kommunikativen Figurationen des städtischen Kontexts neue Deutungen und Visionen von Stadtquartieren entwickelt und ausgehandelt werden. Am Beispiel eines empirischen Forschungsprojekts über Akteure, die in sozial benachteiligten Stadtquartieren Berlin-Moabits aktiv sind und neue Ideen für die Quartiersentwicklung einbringen, wird gezeigt, inwiefern diese „Raumpioniere" im Rahmen ihrer kommunikativen Figurationen und den Prozessen kommunikativen Handelns räumliche Transformationen auslösen und das urbane Zusammenleben gestalten.

Joachim R. Höflich widmet sich in seinem Kapitel „Rhythmen und Medien der Stadt – Beobachtungen über den Gebrauch des Mobiltelefons" der Stadt als einem rhythmischen kommunikativen Geschehen. Auf der Basis empirischer Studien diskutiert Höflich, inwiefern Medien mobiler Kommunikation exemplarisch für eine mediatisierte Stadt sind, in der sich die Menschen anhand von Bewegungen und Stillständen des kommunikativen Alltags als kommunikative Inseln erfassen lassen.

In „Diesseits der Smart City: Visionen und Figurationen der mobilen Stadt" skizziert Regine Buschauer eine Perspektive auf die mediatisierte Stadt im Blick auf den informations- und kommunikationstechnologischen Wandel und die frühe Geschichte der Mobilkommunikation seit den 1960er Jahren. Anhand von Beispielen wie der Fahrzeugkommunikation oder des Citizens Band Radio macht Buschauer unterschiedliche Konzeptionen des Verhältnisses von Stadt, Mobilität und Kommunikation greifbar und verweist damit auf eine heterogene Entwicklung der Vergemeinschaftung in der mediatisierten Stadt.

Der dritte Teil des Bandes hat den Titel *Bewegungen in der mediatisierten Stadt*. In ihm geht es um die verschiedenen sozialen Bewegungen in der mediatisierten Stadt. Christoph Bieber setzt sich in „„Smart City" und „Civic Tech": Urbane Bewegungen im Zeichen der Digitalisierung?" mit dem Konzept der Smart City als aktueller Form der digitalen Stadtentwicklung auseinander und arbeitet insbesondere die politische Dimension der mediatisierten Stadt heraus. Im Mittelpunkt stehen für Bieber einerseits die Herausforderungen für klassische Akteure der Stadtpolitik wie etwa Verwaltungen, Behörden und Gremien, andererseits Formen einer „Stadtpolitik von unten", die sich als „urbane Interventionen" oder als „digitaler Protest im Stadtraum" manifestieren.

Ulrike Klinger setzt sich in ihrem Kapitel „Semiöffentlichkeit und politische Mobilisierung: Social Media in der mediatisierten Stadt" mit der Rolle von Sozialen Medien bei der Mobilisierung und Koordinierung urbaner politischer Bewegungen auseinander. Dabei betont Klinger, dass die kommunikative Konstruktion von Kollektivität vor dem Hintergrund eines Medienwandels zu sehen ist, der maßgeblich von zunehmender Hybridität und Permanenz gekennzeichnet ist. Damit einhergehend, so Klinger, verändern sich Vorstellungen von „Öffentlichkeit", und es entsteht eine neuen Vielfalt öffentlicher und semiöffentlicher Kommunikationsbeziehungen, die jedoch die Stadt als Ort und Symbol politischen Handelns keineswegs überflüssig gemacht haben.

Der abschließende Beitrag zu „Repair Cafés – Orte urbaner Transformation und Vergemeinschaftung der Reparaturbewegung" von Sigrid Kannengießer rückt die Relevanz der Räume und urbanen Orte in den Mittelpunkt, an denen sich Menschen treffen, um gemeinsam defekte Alltagsgegenstände wie Medientechnologien zu reparieren. Zentrale Fragen, auf die Kannengießer mit ihrer empirischen

Forschung Antworten sucht, sind dabei: Wo finden Repair Cafés statt, und wie beeinflussen die Veranstaltungsräume sowie die urbanen Orte den Charakter der Veranstaltungen? Wie wirken Repair Cafés in den städtischen Raum und welche Ziele werden dabei verfolgt?

Insgesamt hoffen wir, dass die drei Teile des vorliegenden Buches zweierlei deutlich machen: Erstens, dass die mediatisierte Stadt ein Phänomen ist, das im Hinblick der fortschreitenden Urbanisierung ein wichtiger und weiter zu vertiefender Forschungsgegenstand ist. Andererseits, dass für eine wissenschaftliche Auseinandersetzung mit diesem Phänomen ein figurationsanalytisches Vorgehen ein zielführender Ausgangspunkt ist, weil hierüber die verschiedenen Dynamiken von Mediatisierung greifbar werden. Widmen möchten wir dieses Buch Inge Marszolek, die über Jahre hinweg in dem Forschungsnetzwerk „Kommunikative Figurationen" und der gleichnamigen, aus der Exzellenzinitiative des Bundes und der Länder an der Universität Bremen geförderten Creative Unit geforscht hat. Sie starb plötzlich und unerwartet im Sommer 2016. Die Einleitung und der gemeinsam mit Yvonne Robel und Lisa Spanka verfasste Beitrag in diesem Buch sind ihre letzten Forschungsarbeiten, die sie kurz vor ihrem Tod abschließen konnte.

Literatur

Berg, Matthias und Cindy Roitsch (2015). Lokalität, Heimat, Zuhause und Mobilität. In *Handbuch Cultural Studies und Medienanalyse*, hrsg. A. Hepp, F. Krotz, S. Lingenberg, und J. Wimmer, 147-155. Wiesbaden: VS.

Bieber, Christoph und Peter Bihr (2016). *Digitalisierung und die Smart City. Ressource und Barriere transformativer Urbanisierung.* Berlin: Expertise für das WBGU-Hauptgutachten „Der Umzug der Menschheit: Die transformative Kraft der Städte".

Bobrowsky, Manfred und Wolfgang R. Langenbucher (hrsg.) (1987). *Wege zur Kommunikationsgeschichte.* München: Ölschläger Verlag.

Bolin, Göran (2004). Spaces of television. The structuring of consumers in a Swedish shopping mall. In *Media Space: Place, Scale and Culture in a Media Age*, hrsg. N. Couldry und A. McCarthy, 126-144. London u. a.: Routledge.

Bösch, Frank (2015). *Mass media and historical change.* New York, Oxford: Berghahn.

Bridge, Gary (2009). Reason in the city? Communicative action, media and urban politics. *International Journal of Urban and Regional Research* 33(1): 237-240.

Bull, Michael (2007). Sound moves: iPod culture and urban experience. London u. a.: Routledge.

Buschauer, Regine und Katharine S. Willis (hrsg.) (2013). *Locative Media: Medialität und Räumlichkeit – Multidisziplinäre Perspektiven zur Verortung der Medien.* Münster: Transcript.

Chartier, Roger (1994). Die Welt als Repräsentation. In *Alles Gewordene hat Geschichte. Die Schule der Annales in ihren Texten 1929-1992*, hrsg. M. Midell und S. Sammler, 320-347. Leipzig: Reclam.

Christensen, Miyase und André Jansson (2015). *Cosmopolitanism and the media. Cartographies of change*. London: Palgrave Macmillan.

Christmann, Gabriela und Gerhard Mahnken (2013). Raumpioniere, stadtteilbezogene Diskurse und Raumentwicklung. Über kommunikative und diskursive Raum(re)konstruktionen. In *Raumpioniere, stadtteilbezogene Diskurse und Raumentwicklung. Über kommunikative und diskursive Raum(re)konstruktionen. Methodologie und Praxis der Wissenssoziologischen Diskursanalyse*, hrsg. R. Keller und I. Truschkat, 91-112. Wiesbaden: VS Verlag für Sozialwissenschaften.

Couldry, Nick und Andreas Hepp (2017). *The mediated construction of reality*. Cambridge: Polity Press.

Daniel, Ute und Axel Schildt (2010). Einleitung. In *Massenmedien im Europa des 20.Jahrhunderts*, hrsg. U. Daniel und A. Schildt, 9-34. Köln, Weimar, Berlin: Böhlau.

Deuze, Mark (2008). The changing context of news work: Liquid journalism for a monitorial citizenry. *International Journal of Communication* 2: 848-865.

Drost, Alexander und Michael North (hrsg.). (2013). *Die Neuerfindung des Raumes. Grenzüberschreitungen und Neuordnungen*. Köln: Böhlau.

Elias, Norbert (1993). *Was ist Soziologie?* 7. Auflage. Weinheim: Juventa.

Elias, Norbert und John Scotson (1994). *The established and the outsiders: A sociological enquiry into community problems* [orig. 1965]. London: Sage.

Evans, Leighton (2015). *Locative social media: Place in the digital age*. London: Palgrave Macmillan.

Fiske, John (1994). *Media matters. Everyday culture and political change*. Minneapolis, London: Minnesota University Press.

Fröhlich, Romy, Quiring, Oliver und Sven Engesser (2012). Between idiosyncratic self-interests and professional standards: A contribution to the understanding of participatory journalism in Web 2.0. Results from an online survey in Germany. *Journalism* 13(8): 1041-1063.

Führer, Karl (2008). *Medienmetropole Hamburg. Mediale Öffentlichkeiten 1930-1960*. Hamburg: Dölling und Galitz.

Führer, Karl, Hickethier, Knut und Axel Schildt (2001). Öffentlichkeit – Medien – Geschichte. Konzepte der modernen Öffentlichkeit und Zugänge zu ihrer Erforschung. Archiv für Sozialgeschichte 41: 1-38.

Georgiou, Myria (2013). *Media and the city: Cosmopolitanism and difference*. Cambridge: Polity.

Glasze, Georg (2013). *Politische Räume. Die diskursive Konstitution eines geokulturellen Raums – die Frankophonie*. Bielefeld: transcript.

Gordon, Eric und Edith Manosevitch (2011). *Augmented deliberation: Merging physical and virtual interaction to engage communities in urban planning*. New Media und Society 13(1): 75-95.

Gordon, Eric und Adriane de Souza e Silva (2011). *Net locality: Why location matters in a networked world*. Chichester: Wiley-Blackwell.

Hall, Stuart (hrsg.) (1997). *Representation. Cultural Representations and Signifying Practices*. London: Sage.

Hasebrink, Uwe und Jan-Hendrik Schmidt (2013). Informationsrepertoires und Medienvielfalt in der Großstadtöffentlichkeit. Eine Untersuchung der Berliner Bevölkerung. In *MediaPolis – Kommunikation zwischen Boulevard und Parlament: Strukturen, Entwicklungen und Probleme von politischer und zivilgesellschaftlicher Öffentlichkeit*, hrsg. B. Pfetsch, J. Greyer und J. Trebbe, 161-184. Konstanz: UVK.

Heinonen, Ari et al. (2001). *Locality in the global net: The Internet as a space of citizen communication and local publicness*. Tampere: University of Tampere.

Hepp, Andreas, Bozdag, Cigdem und Laura Suna (2011). *Mediale Migranten: Mediatisierung und die kommunikative Vernetzung der Diaspora*. Wiesbaden: VS.

Hepp, Andreas, Breiter, Andreas und Uwe Hasebrink (hrsg.). (2017). *Communicative Figurations: Transforming Communications in Times of Deep Mediatization*. London: Palgrave Macmillan.

Hepp, Andreas und Uwe Hasebrink (2017). Kommunikative Figurationen. Ein konzeptioneller Rahmen zur Erforschung kommunikativer Konstruktionsprozesse in Zeiten tiefgreifender Mediatisierung. *Medien und Kommunikationswissenschaft* 65(2): 330-347.

Höflich, Joachim R. (2014). *Rezeption im öffentlichen Raum. Handbuch Medienrezeption* (Vol. Handbuch Rezeptions- und Wirkungsforschung Band I: Medienrezeption), hrsg. C. Wünsch, H. Schramm, V. Gehrau, und H. Bilandzic, 365-378. Baden-Baden: Nomos.

Howley, Kevin (2010). Introduction. In *Understanding Community Media*, hrsg. K. Howley, 1-14. Thousand Oak, u. a.: Sage.

Jureit, Ulrike (2012). *Das Ordnen von Räumen. Territorium und Lebensraum im 19. und 20. Jahrhundert*. Hamburg: Hamburger Edition.

Kennedy, Dan (2013). *The wired city: Reimaniging journalism and cibic civic engagement in the post-newspaper age*. Amherst: University of Massachusetts Press.

Kerkhoven, M. V., und Bakker, P. (2015). Hyperlocal with a mission? Motivation, strategy, engagement. In R. K. Nielsen (Ed.), *Local Journalism – the decline of newspapers and the rise of digital media* (120-185). London, New York: Tauris.

Kitchin, Rob und Martin Dodge (2011). *Code/space: Software and everyday life*. Massachusetts: Mit Press.

Koch, Gertraud (2016). Städte, Regionen und Landschaften als Augmented Realities. In *Zur kommunikativen Konstruktion von Räumen*, hrsg. G. Christmann, 209-222. Wiesbaden: VS.

Krakauer, Sigfried (1990). *Aufsätze 1932–1965*. Bd. 5/3. Hrsg. I. Mülder-Bach. Frankfurt a. M.: Suhrkamp.

Kramp, Leif (2016). Conceptualizing metropolitan journalism: New approaches, new communicative practices, new perspectives? In *Politics, Civil Society and Participation: Media and Communications in a Transforming Environment*, hrsg. L. Kramp et al., 151-183. Bremen: edition lumiere.

Lenger, Friedrich (2013). *Metropolen der Moderne: Eine europäische Stadtgeschichte seit 1850*. München: C.H.Beck.

Löw, Martina (2001). *Raumsoziologie*. Frankfurt a. M.: Suhrkamp.

Lundby, Knut (2009). Introduction: ‚Mediatization' as a key. In *Mediatization: Concept, changes, consequences*, hrsg. K. Lundby, 1-18. New York: Peter Lang.

Marszolek, Inge und Yvonne Robel (2016). The communicative construction of collectivities: An interdisciplinary approach to media history. *Historical Social Research* 41(1): im Druck.

McQuire, Scott (2008). *The media city: Media, architecture and urban space*. London: Sage.

Metag, Julia und André Donk (2013). Fragmentierung städtischer Öffentlichkeit. Integration soziogeografischer und kommunikationswissenschaftlicher Ansätze. In *MediaPolis – Kommunikation zwischen Boulevard und Parlament: Strukturen, Entwicklungen und Probleme von politischer und zivilgesellschaftlicher Öffentlichkeit*, hrsg. B. Pfetsch, J. Greyer und J. Trebbe, 63-82. Konstanz: UVK.

Metzgar, Emily T., Kurpius, David und Karen Rowley (2011). Defining hyperlocal media: Proposing a framework for discussion. *New Media & Society* 13(5): 772-787.

Meyen, Michael (2009). Medialisierung. *Medien und Kommunikationswissenschaft* 57(1): 23-38.

Morley, David und Kevin Robins (1995). *Spaces of identity. Global media, electronic landscapes, and cultural boundaries.* London, New York: Routledge.

Mossberger, Karen, Tolbert, Caroline, und William Franko (2013). *Digital cities: The internet and the geography of opportunity.* Oxford: Oxford Univ. Press.

Nielsen, Rasmus K. (hrsg.) (2015). *Local Journalism – the decline of newspapers and the rise of digital media.* London, New York: Tauris.

Perng, Sung-Yueh, Kitchin, Rob und Leighton Evans (2016). Locative media and data-driven computing experiments. *Big Data u&nd Society* 3(1): 1-12.

Rauterberg, Hanno (2013). *Wir sind die Stadt! Urbanes Leben in der Digitalmoderne.* Berlin: Suhrkamp.

Rennie, Ellie (2006). *Community Media.* Lanham: Rowman und Littlefield.

Rötzer, Florian (2015). *Smart Cities im Cyber War.* Frankfurt: Westend.

Schildt, Axel (1996). Zur Historisierung der massenmedialen Revolution. Neue Literatur über Massenkommunikation, Film und Fernsehen. *Archiv für Sozialgeschichte* 36: 443-458.

Schroer, Markus (2006). *Räume, Orte, Grenzen. Auf dem Weg zu einer Soziologie des Raums.* Frankfurt a. M.: Suhrkamp.

Silva, Adriane de Souza und John Frith (2012). *Mobile interfaces in public spaces: Locational privacy, control, and urban sociability.* Routledge.

Smyrnaios, Nikos, Marty, Emmanuel und Franck Bousquet (2015). Between journalistic diversity and economic constrainst: Local pure players in Southern France. In *Local Journalism – the decline of newspapers and the rise of digital media*, hrsg. R. K. Nielsen, 165-183. London: Tauris.

Thielmann, Tristan (2010). Locative media and mediated localities. *Aether: the journal of media geography* 5(1): 1-17.

Townsend, Anthony (2013). *Smart cities: Big data, civic hackers, and the quest for a new utopia.* New York: WW Norton und Company.

Vanolo, Alberto (2014). Smartmentality: The Smart City as Disciplinary Strategy. *Urban Studies* 51(5): 883-898.

von Saldern, Adelheid (2006). Kommunikation in Umbruchzeiten. Die Stadt im Spannungsfeld von Kohärenz und Entgrenzung. In *Stadt und Kommunikation in bundesrepublikanischen Umbruchzeiten,* hrsg. A. v. Saldern, 11-44. Stuttgart: Franz Steiner Verlag.

von Saldern, Adelheid (2013). Großstädtische Kommunikation im historischen Wandel – Das 20. Jahrhundert. In *MediaPolis – Kommunikation zwischen Boulevard und Parlament: Strukturen, Entwicklungen und Probleme von politischer und zivilgesellschaftlicher Öffentlichkeit,* hrsg. B. Pfetsch, J. Greyer und J. Trebbe, 23-49. Konstanz: UVK.

von Saldern, Adelheid und Lu Seegers (2005). *Inszenierter Stolz. Stadtrepräsentationen in drei deutschen Gesellschaften (1935-1975).* Stuttgart: Steiner.

Wagenseil, Carola (2013). Mit dem Handy in der Stadt. Telekommunikative Praktiken junger Erwachsener im urbanen Raum. In *MediaPolis – Kommunikation zwischen Boulevard und Parlament: Strukturen, Entwicklungen und Probleme von politischer und zivilgesellschaftlicher Öffentlichkeit,* hrsg. B. Pfetsch, J. Greyer und J. Trebbe, 103-121. Konstanz: UVK.

Warf, Barney und Santa Arias (hrsg.) (2009). *The spatial turn. Interdisciplinary perspectives.* London: Routledge.

Zimmermann, Christian (hrsg.) (2012). *Stadt und Medien: Vom Mittelalter bis zur Gegenwart.* Köln: Böhlau.
Zukin, Sharon, Kasinitz, Philip, und Xiangming Chen (2016). *Global cities, local streets. Everyday diversity from New York to Shanghai.* New York, London: Routledge.

Zur Autorin und zu den Autoren

Hepp, Andreas, Dr. phil, Professor für Kommunikations- und Medienwissenschaft am und Sprecher des Zentrums für Medien-, Kommunikations- und Informationsforschung (ZeMKI) der Universität Bremen. Mitinitiator des und Projektleiter im DFG-Schwerpunktprogramm „Mediatisierte Welten" sowie im Forschungsnetzwerk „Kommunikative Figurationen". Aktuelle Forschungsschwerpunkte: Medien- und Vergemeinschaftung, transnationale und transkulturelle Kommunikation, Medienwandel, Mediatisierung. Buchpublikationen u.a. „The Mediated Construction of Reality" (2016, Polity, mit Nick Couldry), „Transcultural Communication" (2015, Wiley) und „Cultures of Mediatization" (2013, Polity).

Kubitschko, Sebastian, Dr. phil, war bis September 2017 wissenschaftlicher Mitarbeiter am ZeMKI der Universität Bremen. Seit Oktober 2017 ist er als Manager Future Technology Consultant bei Aperto - An IBM Company in Berlin. Er forscht und lehrt zu verschiedenen politischer Kommunikation, Medientechnologien und -infrastrukturen, sozialen Bewegungen und Hackern. Seine Dissertation am Goldsmiths College, UK, trägt den Titel „Media practices of civil society organisations: Emerging paths to legitimation and long-term engagement" Gemeinsam mit Anne Kaun ist er Herausgeber von Innovative Methods in Media and Communication Research (Palgrawe Macmillan 2016).

Marszolek, Inge, Prof. Dr. phil, († 2016), war Professorin für Kulturgeschichte am Institut für Kulturwissenschaften der Universität Bremen. Sie leitete das historische Projekt der am Zentrum für Medien-, Kommunikations- und Informationsforschung der Universität Bremen angesiedelten Creative Unit "Kommunikative Figurationen". Zu ihren Forschungsschwerpunkten zählten: Mediengeschichte, Erinnerungskulturen, Visual und Sound History, Alltagsgeschichte im Deutschland des 20. Jahrhunderts. Jüngste Veröffentlichungen: Der erste Nordatlantikflug von Europa nach Amerika. Transatlantische Aushandlungen über Helden, Ehre, Nation und Modernität. In Ehrregime. Akteure, Praktiken und Medien lokaler Ehrungen in der Moderne, hrsg. Dietmar von Reeken und Malte Thießen, Göttingen 2016,

S. 69-88 sowie gemeinsam mit Yvonne Robel: The Communicative Construction of Collectivities: An Interdisciplinary Approach to Media History. In Historical Social Research 41 (1), 2016, S. 328–357.

I
Geschichte der mediatisierten Stadt

Medien und Stadt
Kohärenz-Regime im audiovisuellen 20. Jahrhundert

Adelheid von Saldern

1 Einleitung

„Medien und Stadt": Wie hing beides im historischen Kontext zusammen? Wie entstanden so genannte mediatisierte Städte[1] und welche Einwirkungen auf äußere und innere Urbanisierungsprozesse waren damit verbunden? Umgekehrt stellt sich die Frage, weswegen die Printmedien sowie die audiovisuellen Medien sich von (bestimmten) Städten besonders angezogen fühlten und dann von dort aus vielfach raumübergreifend operierten? Was bot die Stadt ihnen für Entwicklungsmöglichkeiten, die sie auf dem Lande nicht vorfanden? Bei den diversen Annäherungen zur Beantwortung solcher Fragen werden die im Zeitverlauf zunehmenden allseitigen Kohäsionskräfte zwischen Stadt und Medien skizziert, die schließlich zu einer dichten und zum Teil strukturell verankerten Vernetzung führten. Die dadurch erzielte Mediatisierung der Städte war allerdings keineswegs ein einseitiger Vorgang. Denn das Stadtleben prägte seinerseits die Medieneinrichtungen und Medienakteure samt deren Kommunikationsroutinen, so dass diese schließlich als Repräsentanten urbaner Kultur galten.

Solche engen wechselseitigen Verknüpfungen und Bindungen zwischen Stadt und Medien ähneln einem Kohärenz-Regime, das (machtbesetzte) Einwirkungspotenziale auf die Stadtgesellschaften freisetzte. Da Medien im 20. Jahrhundert

---

1   Zum Begriff der Mediatisierung, der für Historiker und Historikerinnen ungebräuchlich ist, siehe die Einleitung zu diesem Sammelband. Im Kern geht es demnach um eine hochgradige quantitative und qualitative Durchdringung und Prägung der Stadt und ihrer Gesellschaft durch Medienkonglomerate.

Der Aufsatz ist Inge Marszolek gewidmet. Sie hat mich in vielfacher Weise zum Schreiben dieses Textes ermuntert und sein Zustandekommen vor ihrem Tod noch kritisch begleiten können. – Ich danke auch Clemens Zimmermann für seine hilfreichen Kommentare, die eine frühe Fassung des Textes betrafen.

© Springer Fachmedien Wiesbaden GmbH, ein Teil von Springer Nature 2018
A. Hepp et al. (Hrsg.), *Die mediatisierte Stadt*, Medien • Kultur • Kommunikation,
https://doi.org/10.1007/978-3-658-20323-8_2

zunehmend die städtische Infrastruktur, die Stadtökonomie und die Stadtkultur dauerhaft durchdrangen und mit formten, erhielten sie als ‚Chiffre urbaner Moderne' normativen Charakter.[2] Umgekehrt optimierten Stadtgesellschaften die Entwicklungsmöglichkeiten der Medien. Somit gehören die sich verdichtende Kohäsion von Stadt und Medien -- und damit die prozesshafte Mediatisierung der Stadt sowie das urbane Momentum der Medien -- zu den festen Bestandteilen der Geschichte des 20. Jahrhunderts (und erst recht des 21. Jahrhunderts), wie die im Folgenden ausgewählten Beispiele sozialer und kultureller Praktiken zeigen werden.

Das Themenfeld „Medien und Stadt im 20. Jahrhundert" ist bislang von Historikerinnen und Historikern noch relativ wenig erforscht worden (Ansätze bei Marszolek und Robel 2014; Zimmermann 2002; Schildt 2002),[3] weswegen im Folgenden einige Schneisen für eine Geschichte dieser Wechselbeziehungen geschlagen werden, wobei der Fokus auf den Printmedien und den audio-visuellen Medien liegen wird. Auch wenn keine scharfen Trennlinien zwischen Stadträumen und Stadtgesellschaften gezogen werden können, wird sich der erste Abschnitt der Ausführungen primär auf Stadträume beziehen, und zwar unter der Fragestellung, wie Individuen und Sozialgruppen diese wahrgenommen, genutzt und sich angeeignet haben und welche Bedeutung den Medien dabei zukam. Herausgearbeitet wird ferner die Mehrdimensionalität der Raumbezüge, die sowohl die Städte als auch die Medien auszeichnete – ungeachtet des Fortbestehens wechselseitiger, lokal eingebundener Kohäsion.

Der zweite Abschnitt fokussiert die Stadtgesellschaften und analysiert somit die dominanten Teile einer urbanisierten Gesamtgesellschaft. Dabei steht die Frage im Raum, wie Medien die zwischenmenschlichen Konnektivierungen förderten und auf diese einwirkten bzw. einzuwirken versuchten. Die daraus entstandenen kommunikativen Figurationen,[4] etwa in Form von Zeitzeugenschaft sowie als Ergebnis von Vergesellschaftungs- und Vergemeinschaftungsprozessen, werden an Hand einiger Beispiele konkretisiert. Schließlich wird die Relevanz der Medien bei der Herausbildung multipler Stadtrepräsentationen und jener Imaginationen offenge-

---

2   Macht wird im Sinne Foucaults stets auch als produktives Kräftereservoir begriffen (Foucault 2005).

3   An den sog. Kommunikationsraumanalysen der 1980er Jahre waren keine Historikerinnen und Historiker beteiligt (Jarren 1987).

4   Zum Begriff der kommunikativen Figuration siehe die Einleitung zu diesem Band. Die Herausgeber verstehen Figurationen – in Anlehnung an Nobert Elias – ganz allgemein als eine „strukturierte Interdependenz von Menschen", die „eine Handlungsorientierung teilen" (Arbeitspapier). Der näheren Bestimmung dienen Analysen, welche die jeweilige kommunikative Konstellation in den Blick nehmen, wobei den Medieneinflüssen und Medien(vor)prägungen großes Gewicht zukommt.

legt, die gemeinschaftsfördernde Bindungskräfte auslösten bzw. auslösen konnten. So spielte für die Geschichte der Stadtgesellschaften die mediale Durchdringung des ,Stadtgedächtnisses', der städtischen Profil- und Imagebildung, der Repräsentationsformen sowie der Gemeinschaftsvorstellungen eine relevante Rolle, zumal dadurch bestimmte Inhalte und Deutungen kommuniziert und Handlungsweisen von Akteuren und Sozialbewegungen beeinflusst werden konnten.

2 Stadtraum und Medien

Im Blickpunkt steht hier die zunehmende Vernetzung zwischen Stadt und Medien im 20. Jahrhundert unter der Fragestellung, wie sich diese im Stadtraum konkretisierte und wie diese auf die die *innere Urbanisierung* der Menschen einwirkte. Ein zweiter Schwerpunkt liegt in den multiplen translokalen Raumbezügen der Medien, durch die auch die tradierten multiplen Raumbezüge der Städte neues Profil und neues Gewicht erhielten.

Vernetzungen

Wer sich die Entstehung der modernen Stadt seit dem späten 19. Jahrhundert vergegenwärtigt, sieht einen parallel laufenden Aufwärtstrend sowohl von Städten als auch von Medien und ihren Institutionen. Der sozioökonomische Aufstieg der Städte und deren sozialräumliche Gestalt hingen vor allem von der Wirtschaftsentwicklung und vom Zuzug der Menschen ab, ferner vom Ausbau der Infrastruktur, von Eingemeindungen sowie von der so genannten City-Bildung und nicht zuletzt von den vielen Häuserbauten. Parallel zum Städtewachstum verstärkte sich die innerstädtische Vernetzung seit den 1880er Jahren durch den Ausbau der Installationen für Wasser, Strom, Gas und Verkehr (Schott 1999).

Die Verbreiterung der Medienlandschaft in Form von Massenpresse und Film sowie in späteren Zeiten durch Rundfunk und Fernsehen war andersartigen technischen Erfindungen geschuldet, für deren Umsetzung und Verankerung sich Stadträume allerdings am besten eigneten. Denn es waren nicht zuletzt die Stadträume, in denen sich die alten und neuen Medien leicht miteinander vernetzen konnten. Und das geschah, weil diese nicht nur als Konkurrenten, sondern auch als Partner und als Ensemble agierten, wodurch eine komplexe Intermedialität entstand, die das ganze 20. Jahrhundert kennzeichnete.

Parallel zur sozioökonomischen Vernetzung der Stadt bzw. des Stadtraums und den sich mehr und mehr vernetzenden Medien setzte eine wechselseitige Verzahnung ein, die zu einer wachsenden Konnektivität von Stadt und Medien geführt hat.

Die wechselseitige Verzahnung von Stadt und Medien hatte allerdings noch einen anderen triftigen Grund: Städte waren stets auch Orte vielfältiger Kultur und Kommunikation. Und je größer eine Stadt wurde, desto mehr waren Kultur und Kommunikation auf Einsatz und Nutzung von Medien angewiesen – und umgekehrt. Daraus entstanden vielfältige Prägungen, die sich allerdings von Stadt zu Stadt unterschieden und sich auch im Laufe der Jahrzehnte verändert haben. Das komplexe Wechselverhältnis konnte sogar eine Dichte erreichen, die Städte zu Medienstädte machten (siehe Führer 2008 und den Beitrag von Seegers in diesem Band). Doch auch dort, wo die Medien nicht das Gesamtprofil einer Stadt bestimmten, kam es einerseits zu einer mehr oder weniger starken Mediatisierung des Stadtraums. Andererseits waren die Medien selbst in den Urbanisierungsprozess involviert, insofern sich deren Institutionen sozialräumlich in den Städten verankerten und den Urbanisierungsprozess maßgeblich mitgestalteten (Krätke 2002). So integrierten sie zum Beispiel den durch die Suburbanisierung zunehmend zerfransten Stadtraum, indem die Zentralredaktionen der Lokalzeitungen entweder die im Suburbanen lebenden Menschen in ihrer Berichterstattung mit ‚bedienten‘ oder in den Vororten eigene Lokalredaktionen einrichteten (Zimmermann 2012: 11).

Aus zwei Gründen erwies sich diese wechselseitige Verzahnung zwischen Stadt und Medien sowohl aus der Sicht der Städte als auch aus jener der Medien als eine *win win*-Situation. Erstens trugen die Medien in den großen Städten, ja sogar in bestimmten Stadtvierteln, zur Etablierung von Kultureinrichtungen und somit zum Ausbau einer Kulturökonomie bei, von der sowohl die Stadt als auch die Medien profitierten. Dazu gehörten nicht nur die großen und kleinen Verlagshäuser mit samt ihren vielen Publizisten und Redakteuren, sondern auch die audiovisuellen Medienzentren, die ebenfalls zahlreiche Akteure an sich zogen. Vielfach waren es gerade sie und ihre Verkehrskreise, die den urbanen Charakter einer Stadt oder eines Stadtviertels repräsentierten. Als architektonisch-baulicher Ausdruck der zunehmenden Kohärenz von Stadtraum und Medien fungierten Funkhäuser, Fernsehtürme und vor allem die vielen großen und kleinen Kinos. Die Erweiterung und Verdichtung städtischer Verkehrssysteme erleichterten Produktion und Konsumption der Medienangebote, was vor allem den Publikumsmedien, wie dem Kino, zu Gute kam. Darüber hinaus trugen Medien zusehends zur so genannten Möblierung des modernen Stadtraums bei, etwa in Form von Werbeplakaten, Litfaßsäulen und Schaufenster-Dekorationen. Zudem erleichterte das sich verdichtende Verkehrssystem die Mobilität der Menschen, und das Telefon förderte die Kommunikation zwischen Individuen und Gruppen, was auch die Arbeit der Medien-Akteure erleichterte. Durch Ausbau und Vernetzung der stadträumlichen Infrastruktur konnten im Zuge fortschreitender Medienentwicklung außerdem gezielt Lichtquellen als Reklame eingesetzt und, wie in der NS-Zeit, Lautsprechersäulen errichtet werden, die allerdings vor allem der Übertragung von NS-Feiern dienten. Zweitens wurde und wird die Kohärenz zwischen Stadt und Medien in den Köpfen der Menschen durch individuell gespeicherte Aneignungen von Stadträumen vergrößert. Denn Räume entstehen bekanntlich nicht allein durch ihre physikalische Beschaffenheit, vielmehr sind sie primär in ihrer Relationalität zum Individuum und dessen Aneignungsprozessen zu begreifen (*doing space*). Zu solchen Aneignungsprozessen trugen die Medien entscheidend bei. So waren und sind die raumbezogenen Vorstellungen der Individuen in vielfacher Weise durch Medien (vor)geprägt (vgl. Hepp 2004),[5] etwa durch Stadtführer, Stadtpläne, Reportagen sowie Romane, Radiosendungen und Filme. Das daraus resultierende Profil individueller Raumkonstituierungen wird schließlich im Zuge *innerer Urbanisierung*, das heißt, im Zuge der Bereitschaft, sich auf das Sozial- und Ordnungssystem der Stadtgesellschaften mental einzulassen, als ‚soziales Wissen‘ in Form von *urban mental maps* gespeichert (vgl. Korff 1985). Dieses ‚soziale Wissen‘ kann immer wieder von Neuem aktualisiert werden, soziale Praktiken beeinflussen und auf Medienproduktionen rückwirken. Ein klassisches Beispiel solcher Wechselbezüge von Medien und ‚sozialem Wissen‘ ist die Speicherung von ‚schlechten‘ und ‚guten‘ Adressen im Stadtraum oder das gespeicherte Wissen über die *no-go-areas*, insbesondere für Frauen und bestimmte ethnische Gruppen. Raumbezogenes ‚soziales Wissen‘ enthielt indessen auch stets herrschaftsbezogenes Wissen. So konnte zum Beispiel das Vorbeigehen an der mit NS-Herrschaftssymbolen beladenen Münchner Feldherrnhalle durch Nutzung der direkt dahinter gelegenen, engen Viscardi-Straße vermieden werden, die daraufhin als Drückeberger-Gasse bekannt wurde.

Multiple Raumbezüge

Von jeher waren Städte mehr oder weniger translokal, ja oftmals global ausgerichtet. Allein der Handel sorgte für multiple Raumbezüge – ebenso wie Gesandte, Wirtschaftsakteure, Kirchendiener, Gäste und Reisende. Durch Ausbau und Verdichtung der Kommunikations- und Verkehrsmittel steigerten und verbreiterten sich die multiplen Raumbezüge vieler Städte im Verlauf des 20. Jahrhunderts. Eine diesbezüglich neue Schubkraft erfolgte durch die Mediatisierung der Städte, wie im Folgenden gezeigt werden soll.

Medien blieben von Anfang an ebenfalls nie allein auf das Lokale bezogen, sondern waren immer auch translokal ausgerichtet. Reichsintendant Hans Glasmeier wandte sich in den 1920er Jahren dementsprechend entschieden gegen einen, wie

---

5   Mit Bezug auf E. Feldmann (1977) wird hier von primärer und sekundärer (medialer) Erfahrung gesprochen.

er sich ausdrückte, „Rundfunk von Großstädtern für Großstädter" (in: von Saldern 2012, S. 119). So ist es sicherlich auch kein Zufall, dass überregional bedeutsame Zeitungen, wie die Frankfurter Allgemeine Zeitung, zwar von einer Stadt aus ihren Aufstieg nahmen, aber schließlich ihre Reichweiten über die lokalen und nationalen Grenzen hinaus ausdehnten – allerdings ohne dabei den Bezug zu ihrer jeweiligen Stadt aufzugeben. Ähnliches gilt im Prinzip für das Fernsehen, das sich zwar von Beginn an gern als „Fenster zur Welt" feiern ließ (in Zielinski 1989, S. 203),[6] gleichzeitig aber den Orts- und Regionalbezug nicht missen wollte.

Weil die meisten Medien sowohl ihre lokalen als auch ihre translokalen Reichweiten ausbauten, konnten sie ihre Bedeutung wesentlich erhöhen. Da sie zudem ihre multiplen Raumbezüge mehr oder weniger miteinander verknüpften, förderten sie auch den Bekanntheitsgrad und die (mediale) Vernetzung von Städten weltweit, indem zum Beispiel eine Hamburger Zeitung über Hongkong berichtete – und umgekehrt. Oder, wenn der Bayerische Rundfunk über eine norddeutsche Stadt informierte. Auf diese Weise trugen die diversen Medien entscheidend dazu bei, ‚soziales Wissen' über Städte und deren Besonderheiten jeweils zeitgemäß bereitzustellen, und zwar nicht nur vor Ort, sondern eben auch im nationalen und zunehmend auch im globalen Rahmen. Dies konnte ökonomische, kulturelle oder touristische Rückwirkungen auf die Städte auslösen.

Ungeachtet der multiplen Reichweiten vieler Medien und der translokalen Raumbezüge der Städte bedurfte es stets auch der öffentlichen, frei zugänglichen Räume vor Ort, falls Vergesellschaftungs- und Vergemeinschaftungsprozesse in Gang kommen sollten.[7] Nur so konnte eine vielseitige interpersonale Kommunikation stattfinden und eine lebendige, gegenüber dem Fremden offene Stadtkultur sowie womöglich eine partizipatorisch ausgerichtete Urbanität entstehen (vgl. Binder 2006).[8] Die zahlreichen Sozialbewegungen des 20. Jahrhunderts nutzten die öffentlichen Räume vor Ort besonders intensiv. Diese stellten vielfach nicht allein lokalpolitische, sondern auch translokale Forderungen. In solchen Fällen wollten die jeweiligen Akteure die bereits etablierten, lokal und überregional präsenten Medien für ihre Zielsetzungen gewinnen. Doch da ein solches Unterfangen wegen unterschiedlicher Standpunkte häufig schwierig oder gar unmöglich war, versuchten

---

6 Es handelt sich um eine Unterschrift auf einem Werbebild für einen Fernsehapparat.

7 Die neuen halbprivaten *Central Business Improvement Districts*, wie sie nicht nur in großen US-Städten, sondern auch hierzulande (bislang in Hamburg, Berlin, Frankfurt und Düsseldorf) zu finden sind, haben im späten 20. Jahrhundert den Umfang des allseits öffentlichen Raums in den Innenstädten verringert.

8 Eine große Errungenschaft war es deshalb, als schließlich auch Frauen in Deutschland durch das Reichsvereinsgesetz von 1908 das Versammlungsrecht in öffentlichen Räumen gewährt wurde.

sie in der Regel, vor Ort eigene ebenfalls lokal *und* translokal ausgerichtete (Alternativ-) Medien aufzubauen. So bediente sich zum Beispiel die alte Arbeiterbewegung im Kaiserreich einer Vielzahl eigener Presseorgane, die teilweise weit über den lokalen Rahmen hinausreichten (Koszyk und Eisfeld 1980). Erst recht kam den Medien bei sozialen Aufständen entscheidende Bedeutung zu. Denn dabei ging es den Akteuren nicht nur um eine (oftmals gewaltsam ausgetragene) Aneignung des öffentlichen Raums einer Stadt, sondern auch um die schnelle Besetzung der großen Verlagshäuser vor Ort (http://www.luise-berlin.de/bms/bmstxt00/0004gesg.htm, 10.12.1916). Nur so konnten ihre Botschaften sowohl lokal als auch translokal in der nötigen Geschwindigkeit vermittelt werden, wie dies etwa in Berlin während der Revolution von 1918/1919 der Fall war.

Auf vielen öffentlichen Versammlungen vor Ort ging es allerdings allein um lokalpolitische Anliegen, oftmals verbunden mit Protesten gegen kommunalpolitische Entscheidungen. Vor allem seit den 1970er Jahren machten die zahlreichen lokalpolitisch engagierten Bürgerinitiativen samt ihrer Alternativpresse von sich reden. (Holtz-Bacha 1999, insb. S. 345f.; vgl. auch den Beitrag von Templin in diesem Band). Sie legten auf ihre Sichtbarkeit und Wirksamkeit im Stadtraum großen Wert, nutzten zum einen bereits bestehende lokal eingebundene Medien, gründeten zum anderen indessen auch eigene (Alternativ-)Medien, wie etwa Stadtteilzeitungen. So sollte mehr Unterstützung von Seiten der Bürgerschaft erreicht und eine breite Gegenöffentlichkeit geschaffen werden, um ihren Forderungen größeres Gewicht zu verleihen.

Im Alltag kam den (halb-)öffentlichen Räumen vor Ort sowohl für interpersonale als auch für medial vermittelte Kommunikation erhebliche Bedeutung zu. Zu denken ist etwa an die vielen Kneipen und Kaffeehäuser einer Stadt, in denen schon während des 19. Jahrhunderts häufig Zeitungen auslagen und in späteren Jahrzehnten des 20. Jahrhunderts oftmals Radio- und Fernsehsendungen liefen.[9] Bei solchen Gelegenheiten konnten unter den Anwesenden und Beteiligten neue, situativ verursachte Vergesellschaftungs- und Vergemeinschaftungsprozesse in Gang kommen, wobei durch Situationswiederholungen die so entstandenen kommunikativen resp. medialisierten Figurationen in der Regel an Konstanz gewannen.[10]

Schließlich sind noch die Orte im Stadtraum zu nennen, die Groß-Events ermöglichten, etwa medial gestützte sportbezogene Veranstaltungen im Stadion oder starbesetzte Open Air-Konzerte auf großflächigen städtischen Freiräumen (Dayan

---

9 In der NS-Zeit diente nicht selten das Radio eines Lokals als Übertragungsmedium bestimmter Parteiveranstaltungen oder Hitler-Reden.

10 Zum Thema Vergemeinschaftung siehe vor allem den Beitrag von Hepp, Simon und Sowinska in diesem Band.

und Katz 1992; Couldry, Hepp und Krotz 2010; Bösch 2010). Durch *cross*-mediale Performanz und professionalisierte Vermarktung wurden solche Zusammenkünfte zu Großereignissen hochstilisiert, in der die Zeit sich außerhalb der Normal-Zeit zu bewegen schien. Für die oftmals aus verschiedenen Städten und Regionen stammenden Besucher und Besucherinnen wurde während einer solchen *Performance* ein gemeinsamer Wahrnehmungsraum geschaffen. Auf dieser Grundlage entstand eine Zeitzeugenschaft mit einem Kohäsionspotenzial, das kulturelle und räumliche Grenzziehungen gegenüber Fremden zu überspringen vermochte. Aus dem gemeinsamen, häufig auch stark ritualisierten Erlebnis konnte sich deshalb eine so genannte *Communitas* bilden, wie sie der Kultur-Anthropologe Victor Turner beschrieben hat: Er charakterisierte diese als eine situativ entstehende, sehr instabil-fluide Gemeinschaft, in der allseitig eine spontane und emotionalisierte Verbundenheit eintritt und häufig sogar Trends zur Verzückung und Entrückung der Zuschauer und Zuhörerinnen zu beobachten sind. Es handle sich, so Turner (1989 und 2009), um eine Art von liminoider Gemeinschaftsbildung,[11] die sich, so lässt sich ergänzen, von sozial geerdeten Gemeinschaftsbildungen, etwa solche in Nachbarschaften, Clubs oder Vereinen, unterscheiden. Denn die bei solchen Großereignissen zusammentreffenden Menschenmengen mussten weder sozial noch stadträumlich verankert sein.[12] Vielmehr komme es, so Turner, zu *Communitas*-Bildung primär aus gegebenem Anlass heraus, und diese verfalle größtenteils hinterher so schnell wie sie zuvor zustande gekommen war.

3   Stadtgesellschaft und Medien

Aus dem breiten Spektrum des Beziehungsgeflechts zwischen Stadtgesellschaft und Medien werden im Folgenden zuerst Grundfunktionen der Medien, vor allem diverse Grundformen von Konnektivierungen thematisiert – gefolgt von Ausführungen zu medial unterstützten oder gar medial erzeugten Imaginationen und Repräsentationen der Stadtgesellschaften.

---

11 Mit dem Begriff des Liminoiden meint Turner die freiwillige Einlassung der Menschen auf solche Erlebnisse, um aus den Strukturen und Fesseln der modernen Gesellschaft auszubrechen.

12 Die Fan-Clubs versuchen allerdings häufig, Teilnehmer und Teilnehmerinnen von Großveranstaltungen auch in längerfristige und stabile Gemeinschaften einzubinden.

Konnektivierungen durch Medien und Medieninstitutionen

Eine Stadtgesellschaft erhöhte ihre Funktionsfähigkeit durch vielfältige mediale Konnektivierungen, die ihrerseits weitgespannte Kommunikationspotenziale freisetzten und zu verschiedenartigen kommunikativen Figurationen führen konnten: Medienanstalten gingen von Zeit zu Zeit sogar direkt auf die jeweilige Stadtgesellschaft zu, etwa mittels Einladungen zu Pressefesten sowie durch Wettbewerbe, Ausstellungen, Leserbriefe und Umfragen. Meist handelte es sich um situative, eher locker geknüpfte Versuche, auf diese Weise eine auf das Medium bezogene An- und Einbindung der Stadtbevölkerung zu erreichen. Umgekehrt bildeten sich innerhalb der Stadtgesellschaften immer wieder Vereine, die ihr Interesse auf ein bestimmtes Medium ausrichteten, vor allem dann, wenn dieses relativ neu war. Mit Blick auf die 1920er Jahre sei zum Beispiel an den Volksverband für Filmkunst mit Heinrich Mann an der Spitze erinnert; ferner an den Arbeiter-Radio-Bund und die Vereinigung der Arbeiter-Fotografen jener Zeit sowie an die Film-Clubs der 1950er Jahre. Das gemeinsame kulturelle Interesse der Mitglieder an einem bestimmten Medium gab den diesbezüglichen kommunikativen Figurationen die besondere Note.

Während solche Kommunikationsforen entweder eher situativ gestaltet oder auf eine spezifische Interessen-Gemeinschaft ausgerichtet waren, hatten primär lokalbezogene Medienangebote, wie Zeitungen oder Fernseh- und Radioprogramme eine viel weiter reichende Wirkkraft auf Stadtgesellschaften.[13] Durch die Möglichkeiten des *agenda setting* und ihre nicht zuletzt damit verbundenen Deutungskompetenzen konnten die Redaktionen Macht und Einfluss ausüben (allg.: Foucault 1978, 1971). Die diesbezüglich größte Relevanz kam stets den Lokalzeitungen zu. Die kommerziell betriebenen Generalanzeiger vermochten es mit ihren lokalen Neuigkeitsberichten und Anzeigen bereits in der Kaiserzeit durch ihre Abgrenzung von den so genannten Richtungszeitungen neue Leserschichten zu gewinnen (Führer 2008). Seither übte die Lokalpresse im Rahmen der sich immer weiter ausdifferenzierenden Stadtgesellschaften bedeutsame Informations- und Orientierungsfunktionen aus, die ihrerseits nicht nur die Ortsbindungen, sondern auch die Konnektivierungs- und Integrationsprozesse unter ‚Einheimischen' und Zugereisten zu fördern vermochten (Zimmermann 2002 und 2007, 631f.) und damit spezifische kommunikative Figurationen entstehen ließen. Unverfängliche „Omnibusthemen" (Bourdieu 1998, S. 62f.; Hickethier 1992),[14] lokale Alltagsgeschichten,

---

13 Als Alternativbewegung etablierten sich im späten 20. Jahrhundert allerdings auch selbstorganisierte bürgernahe, gemeinnützige Freie Lokalradios und Offene Kanäle.

14 Bourdieu verwendete den Omnibus-Begriff für (unpolitische) Allerweltthemen im Fernsehen. Hickethier bezieht seine Aussage auf den Zusammenhang zwischen Medien-

besondere Ereignisse im Nahbereich, Sportreportagen, ortsbezogene Servicedienste und Familiennachrichten sollten – ungeachtet der oftmals mangelhaften journalistischen Berichtsqualität – zahlreiche Bewohnerinnen und Bewohner ansprechen, was auch vielfach gelang. Denn als schließlich der Nachkriegs-Presseboom der 1950er Jahre – vor allem infolge des Fernsehens – allmählich nachließ und der Markt seit den 1960er Jahren zahlreiche Zeitungsfusionen erzwang, da waren es wiederum gerade die jeweiligen Lokal- und Regionalteile der Zeitungen, die das Überleben manch einer finanziell angeschlagenen überregionalen Zeitung erleichterten (vgl. Hassemer und Rager 2006, 250f.).

Handelt es sich bei den Zeitungslesern und -leserinnen primär um die Herstellung von gemeinsamer Zeitzeugenschaft innerhalb einer Stadt, aus der verschiedenartige kommunikative Figurationen entstehen konnten, so nutzten Werte- und Zweckgemeinschaften, seien es Parteien, Verbände, Vereine sowie Religions- und Erinnerungsgemeinschaften oder ethnisch geprägte Diasporas, ihrerseits die Medien zur Selbstverständigung und Verbreitung ihrer Anliegen. Häufig verliefen diesbezügliche Vergemeinschaftungsprozesse doppelgleisig, sowohl über *face-to-face*-Kontakte (etwa in Nachbarschaften und Vereinen) als auch über medial vermittelte Herausstellung gemeinschaftsverbindender Werte, Leitbilder und Zielsetzungen. Solcherart medial geformter Interessen-Gemeinschaften, die sich als spezifische kommunikative Figurationen fassen lassen, zeichneten sich ihrerseits vielfach durch multiple Raumbezüge aus, das heißt, ihr räumlicher Referenzhorizont war nicht allein auf eine bestimmte Stadt begrenzt, sondern oft auch translokal angelegt. Zudem unterschieden sich ihr Machtpotenzial sowie ihre jeweiligen In- und Exklusionsstrategien und deren Auswirkungen beträchtlich voneinander.[15]

Die mediale Konnektivierung von Stadtbewohnern und -bewohnerinnen diente nicht nur der Förderung und Verstetigung von Zweck- und Wertegemeinschaften, sondern führte auch zu einer stärkeren medialen Verknüpfung des Privatbereichs mit der Öffentlichkeitssphäre. Diese Verknüpfung wies einige Besonderheiten auf. So lieferten Medienberichte und Fotos Einblicke in Intimes, Privates und Geheimes, vor allem von Stars und anderen bekannten Persönlichkeiten. Spektakuläres Aufsehen erregten zum Beispiel die medial verbreiteten Abtreibungsbekenntnisse bekannter Frauen der 1970er Jahre. Das Private sei politisch, war die Devise der Neuen Frauenbewegung, womit sie bisherige Deutungsmuster über Geschlecht und

---

Dispositiven und Macht-Dispositiven.

15 Unterschieden wird häufig zwischen „bridging social capital" und „bonding social capital". Ersteres überbrücke Gruppen und Netzwerke, letzteres sei auf homogene, identitätssuchende Gruppenbildung bezogen und neige zu einer Exkludierungspolitik (Dilworth 2006; Putnam 2000).

Gesellschaft in Frage stellte. Umgekehrt drangen dank der medialen Vermittlungsinstanzen immer mehr und immer schneller öffentliche Ereignisse und Belange in die Privatsphäre, zum Beispiel Sportereignisse und Börsenberichte sowie Unfälle und Sensationen. Ein solches privat rezipiertes und individuell gespeichertes Informations- und Ereigniswissen konnte später als intersubjektiv verbindender Kommunikationsstoff genutzt und öffentlich diskutiert werden.

Übertragungen von Ereignissen im Rundfunk und später im Fernsehen schufen erstmals eine raumüberbrückende Gleichzeitigkeit, die die Zeitgenossen anfangs tief beeindruckte, wie die Reaktionen vor allem auf die Weihnachtsringschaltung 1941 und 1942 mit dem Titel *Von Narvik bis zur Biskaya. Wunschkonzert für die Wehrmacht* zeigen. Bereits um 1930 war es gelungen, bewegliche Einsatzwagen für Reportagen aller Art zu entwickeln, sodass die Medienakteure nicht mehr allein auf ihre Studios angewiesen waren. Die dadurch erzielte Gleichzeitigkeit von außerhäuslichen Geschehnissen und binnenhäuslichen Rezeptionsmöglichkeiten offerierte insbesondere für die an die Privatsphäre stark gebundenen Mütter und Hausfrauen eine neuartige, das heißt, eine mediale Form der direkten Teilnahme. Fotos aus der Zwischenkriegszeit zeigen dementsprechend nicht selten einen in der Küche aufgestellten Radioapparat.

Die verstärkte Überbrückung von Zeit und Raum durch audiovisuelle Medien verringerte auch die kulturellen Unterschiede zwischen Stadt und Land, und dementsprechend veränderten sich die Geschmacksvorlieben in ländlichen Gebieten, etwa mit Blick auf die wachsende Zustimmung zur Pop-Musik. Allerdings erfolgten Angleichungen nur bis zu einem gewissen Grad. Denn die jeweils eigensinnigen Aneignungsweisen der Medienprodukte im ländlichen Raum sowie das weiterhin auch ländlich geprägte *Framing* sorgten dafür, dass sich zwar die kulturellen Differenzen zwischen Stadt- und Dorf verminderten, dass diese aber nicht eliminiert wurden (Zimmermann 2010; Mahlerwein 2015).

Was für den Stadt-Land-Zusammenhang gilt, lässt sich bei größeren Raumeinheiten ebenfalls feststellen. Zeit- und raumüberbrückende mediale Übertragungen zogen auch im Zeitalter zunehmender Globalisierung zwar Angleichungen, aber keine kulturellen Einebnungen zwischen den Weltregionen nach sich. Dafür sorgten die transnational und translokal divergierenden Rahmungen, ebenso verschiedenartige kulturelle Dispositionen sowie eigenwillige Ausdrucks- und Aneignungsformen. Die globalisierte Rap-Musik und ihre zahlreichen regionalen und ethnischen Variationen machten besonders deutlich, wie Nachahmung und Neuschöpfung zu kulturellen Gemengelagen führten, die sich durch einen hybriden, mehrschichtigen und fluiden Charakter auszeichneten.

Im Kontext zunehmender Globalisierungsprozesse seit den 1980er Jahren ist die Ökonomisierung von Kultur sowie die Kulturalisierung der Ökonomie in den

Metropolen weiter vorangetrieben worden, wobei die Medien als bedeutsame ‚Mitspieler' agierten. Die Kultur- und Medienangebote haben sich weiter ausdifferenziert, und bestimmte Kulturangebote, wie Großevents, erwiesen sich vielfach als wirtschaftlich rentable Unternehmungen. In den Städten bildeten sich unter maßgeblichem Einfluss von Medienunternehmen „urbane Cluster der Kulturproduktion" heraus, deren kulturökonomische Funktionen sich zunehmend auf den Stadtraum und auf die Profile der Stadtgesellschaften ausgewirkt haben. Medien prägten mehr und mehr urbane Lebensstile und schufen somit die Voraussetzung für deren erfolgreiche Vermarktung, die zu einer auf mehrere Branchen bezogenen „Kulturalisierung der Wirtschaft" führte (Krätke, 2002, 223f.).

Repräsentationen und Imaginationen

Die in der modernen Stadt des 20. Jahrhunderts wohnenden Menschen benötigten für ihre Vergesellschaftung indessen nicht nur der mediengestützten, interpersonalen Konnektivierungen, sondern sie bedurften offensichtlich auch der medial erzeugten Bilder und Erzählungen über das, was eine Stadtgesellschaft nach innen und nach außen ausmachen und darstellen sollte. Dadurch wurden auch die jeweiligen kommunikativen Figurationen mitgeprägt.

Diesbezügliche Medienproduktionen umfassten ein breites Repertoire, angefangen von Stadtplänen (Köster und Schubert 2009),[16] Postkarten, Andenken, Ausstellungen und Stadtführern über stadtbezogene Werbung bis hin zu allerlei Radio- und Fernsehsendungen (Seegers und von Plato 2004; Minner 2012; von Saldern 2003, 2005). Ortsbezogene Medienberichte aktualisierten nicht selten die Stadtgeschichte samt den (imaginierten) Lokaltraditionen. Die variationsreichen Stadtbilder und Narrationen zeichneten sich oftmals durch ein Neben- und Ineinander von alten, gegenwärtigen, aber auch zukunftsbezogenen Stadtmarkern aus (Günther 2009). So gelang es vielfach, die Stadt in Abgrenzung zu anderen Städten als eine Art Persönlichkeit mit einem besonderen Charakter hochzustilisieren und ihr ein eigenlogisches, häufig pfadabhängiges Handeln zu attestieren (Berking und Löw 2008). Solche Profilbildung sollte nicht zuletzt deren Position im Ranking der Städte verbessern.[17]

Lange Zeit wurden in Stadtbildern allerdings meist nur Männer präsentiert (Langthaler und Schwarz 2015), und zwar als „Stadtväter", die sich zudem gerne mit

---

16 Karten vermittelten oftmals ein von der realen Welt abweichendes Bild von der Stadt, das Selbstwahrnehmungen überformen konnte.

17 Städtekonkurrenz hat es zwar schon während des ganzen 20. Jahrhunderts (und vorher) gegeben, diese hat aber in der Ära des Neoliberalismus seit den 1980er Jahren an Intensität und Relevanz bedeutend zugenommen.

dem Image der Überparteilichkeit schmückten.[18] Doch da die Medien-Institutionen ebenfalls während eines Großteils des 20. Jahrhunderts eine von Männern dominierte Arena blieb (Klaus 1998, 1995; Fröhlich 1992), wurden solche geschlechtsbezogenen Einseitigkeiten in den darauf beruhenden kommunikativen Figurationen weithin als natürlich erscheinende Selbstverständlichkeit angesehen und aus einem möglichen Machtdiskurs von vornherein ausgeklammert. Durch das Kohärenz-Regime zwischen Stadt und Medien gelang es bis in die 1960er und 1970er Jahre, traditionelle Bilder über die angeblich entpolitisierte, gemeinwohlorientierte Stadtpolitik sowie über konventionelle Geschlechterrollen aufrechtzuerhalten.

Die Vielschichtigkeit der Mediatisierungsprozesse zeigte sich an den nationalen Ein- und Rückbindungen. Die Produktion und Rezeption von Stadtbildern und -narrativen – vor allem deren Rahmung und Sinnsetzung – waren oftmals Einflüssen ausgesetzt, die von nationalen Leitbildern und nationalen Imaginationen der jeweiligen politischen Systeme herrührten. Dementsprechend waren stadtbezogene Narrative und Bilder vielfach mit nationalen Imaginationen verflochten.[19] Zum Beispiel symbolisierten die wuchtigen Repräsentationsbauten in den Städten, wie Rathäuser und Justizpaläste der Jahrhundertwende, das Macht-ausstrahlende Herrschaftsprofil des Kaiserreichs. Andersartige Sinnproduktionen kamen erwartungsgemäß nach dem Sturz des Kaiserreichs zum Zuge: Zahlreiche Medien-Narrative und -Bilder der 1920er Jahre waren nunmehr vor allem auf die Popularisierung der transatlantisch gefärbten, freizügig-modernen Metropolenkultur ausgerichtet (Ward 1996), obwohl sich gerade gegen eine solche Entwicklung die in der Gesellschaft stark vertretenen Kulturkonservativen stemmten – insbesondere in den Krisenjahren ab 1929/30. In der anti-urban eingestellten NS-Diktatur präsentierten die gleichgeschalteten Medien hauptsächlich Bilder und Narrative, in denen die Großstädte als integrale Bestandteile der jeweiligen Region samt deren regionalen volkskulturellen Traditionen erschienen. Und in den 1950er und 1960er Jahren wurde der leistungsstarke Wiederaufbau der Ost- und Weststädte in vielfacher Weise medial in Szene gesetzt und als *cross-mediales* Narrativ in die zwei sehr unterschiedlichen Großerzählungen des Kalten Krieges implantiert.

---

18 Im Unterschied zur Stadt wurde das platte Land – mit Blick auf die Figur der Bäuerin – als weiblich konnotiert.

19 Integriert in die Pflege einer so genannten Nationalkultur, sollten die regional verankerten Volkskulturen bereits gegen Ende der Weimarer Republik eine „Volksgemeinschaft" schaffen helfen, und zwar eben nicht nur durch die Überwindung aller Klassenschranken, sondern auch durch den Ausgleich zwischen Stadt- und Landinteressen. Die Integration von Volkskultur bzw. Heimatkultur in stadtbezogene Deutungshorizonte konnte das Konstrukt einer „Volksgemeinschaft" leichter vorstellbar machen.

Eine andere Dimension der Mediatisierung zeigt sich, wenn der Blick auf jene Medienproduktionen fällt, die nicht nur den städtischen Raum, sondern auch die jeweilige Stadtgesellschaft als attraktive Verarbeitungsobjekte entdeckten und ausgiebig nutzten. Das gilt beispielsweise für die um 1900 zahlreichen medial vermittelten Texte und Bilder über den City-Entstehungsprozess samt Infrastruktur (Porombka 2013). Ebenso nahm sich die Fotografie schon früh der Stadt an, und einige wenige Fotografen übermittelten in der Kaiserzeit bereits recht sozialkritische Bilder, so die im Auftrag der Berliner Ortskrankenkasse um 1910 erstellten Fotos über die in der deutschen Hauptstadt herrschende Armut. Auch im Film war die Stadt ein häufig genutztes Darstellungssujet. Zu erinnern ist zum Beispiel an Ruttmanns Doku-Kunstwerk „Berlin – *Symphonie einer Großstadt*" aus den 1920er Jahren (Schober 2012), ferner an die Stadtbilder im so genannten proletarischen Film, etwa in der Sozialtragödie *Kuhle Wampe* von 1932, sowie an den amerikanischen und französischen *film noir* der 1940er und 1950er Jahre. Und die langlebige Tatort-Serie des bundesrepublikanischen Fernsehens kann als ein Beispiel gelten, wie reale Räume mit neu komponierten Räumen gemischt wurden und werden (Zimmermann 2007, 632f.).

Mit der Repräsentation von Städten in diversen Medien war oftmals auch die Imagination von Stadt*gemeinschaften* (*imagined community*) verknüpft. Bindungskräfte sollten durch den medialisierten Bezug zu Region, Heimat und Nation erzeugt werden (siehe die Beiträge von Marszolek, Robel und Spanka sowie von Seegers in diesem Band). Weltanschaulich geprägte Rahmungen und Inszenierungen von gemeinschaftsbeschwörenden Versammlungen oder kommunikationsfreudigen Stadtfesten und geschichtsorientierten Erinnerungsfeiern bedienten zeitweise die auch unter der Stadtbewohnerschaft weitverbreitete Sehnsucht nach einer (homogenen) Gemeinschaft (Seegers und von Plato 2004; Minner 2012; von Saldern 2003 und 2005). Besonderes politisches Gewicht kam den führerbezogenen, kultreichen, rassistisch grundierten NS-Massen-Versammlungen zu. Bei solchen Gelegenheiten wurde eine rituell eingebundene, medial gestützte sowie durch gemeinsames Erleben situativ vernetzte Gemeinschaft herzustellen versucht. Diese besonders auf rassistische Inklusion und Exklusion ausgerichteten Figurationen versammelter Massen ließen ebenfalls eine Art von *Communitas* entstehen, die sich allerdings wegen des stark ritualisierten und hierarchisierten Führerbezugs von jenen unterschieden, die tendenziell bei populärkulturellen Events entstanden (Turner 1989 und 2009).[20]

---

20 Victor Turner unterscheidet drei (Zustands-)Typen von *Communitas*, die spontane bzw. existenzielle *Communitas*, etwa die Hippies oder eine *Communitas*, die im Kontext eines Happenings steht. Zweitens spricht er von einer ideologischen *Communitas*, bei dem es sich um ein dyadisches Gemeinschaftserlebnis mit visionären Zukunftsentwürfen

Bei all den Bestrebungen, offene Stadt*gesellschaften* zu geschlossene Stadt-*gemeinschaften* zu transformieren, waren neben den Inklusionen auch diverse Formen von Exklusionen vorprogrammiert. Dies geschah sowohl in Form medial gestützter Konstruktion von Zugehörigkeit, Halb-Zugehörigkeit, Randständigkeit und Nicht-Zugehörigkeit diverser Individuen und Gruppen. Die Randständigkeit konnte zum Beispiel zu einer Exotisierung von Fremden führen, wie der inszenierte Umgang mit den Sorben in der DDR und mit den ausländischen „Gastarbeitern" bei bundesrepublikanischen Stadtfesten der 1960er Jahre zeigt. Ausschluss-Kriterien und Ausschluss-Praktiken umfassten in den Gesellschaften des 20. Jahrhunderts bekanntlich eine große Bandbreite – von Gesten des Unerwünscht-Seins bis zu gewaltförmigen Ausweisungen oder gar Einsperrungen. Ein extremes Beispiel für die realitätswirksame Exklusionskraft solcher Gemeinschaftsentwürfe war die schrittweise, medial gestützte Exklusion der Juden aus den deutschen Stadtgesellschaften, die im Kontext der Umsetzung des rassistischen NS-(Volks-)Gemeinschaftsprojekts erfolgte. So wurde den Juden in den letzten Jahren vor ihren Deportationen unter anderem die Nutzung audiovisueller Medien in Form von Kinobesuchen und Radio-Hören bezeichnenderweise verboten. Auch wenn es sich hier um einen historischen Extremfall handelt, so zeigt dieses symbolträchtige Verbot doch auch, wie eng die Mediengeschichte mit der Geschichte von gewaltförmigen Exklusionen in den Städten des 20. Jahrhunderts verknüpft war.

4   Fazit

Wegen der früh einsetzenden und stark anwachsenden Vernetzungen und Bindungen zwischen Stadt und Medien kann von einem beide Seiten umfassenden Kohärenz-Regime gesprochen werden. Dieses Kohärenz-Regime, das mannigfache Machtpotenziale und machtbesetzte Praktiken implizierte, prägte schließlich wesentlich sowohl die Stadt- als auch die Mediengeschichte des gesamten 20. Jahrhunderts und führte einerseits zu einer Mediatisierung der Stadträume und des Stadtlebens. Andererseits trugen gerade die Medieninstitutionen und ihre Akteure dazu bei, dass ein urbanes, oftmals kreatives Milieu entstehen konnte, welches das kulturelle und ökonomische Profil einer Stadt prägte.

handelt, das durch eine Führerpersönlichkeit ausgelöst werden kann. Und drittens nennt er die normative *Communitas*, bei der versucht wird, einer spontan oder ideologisch formierten *Communitas* dauerhafte Strukturen zu verleihen.

Die Mediatisierung der Stadt vollzog sich im 20. Jahrhundert als ein nicht-linearer Prozess – eingebettet in die Kontexte gesellschaftspolitischer ,Großwetterlagen‘, technologischer Erfindungsschübe und lokaler Eigenheiten. Ihre polyvalenten Strukturen lassen mit Blick auf das 20. Jahrhundert keine generalisierende Bewertung zu.[21] Denn die Mediatisierung von Stadtgesellschaften vollzog sich im 20. Jahrhundert innerhalb von politisch und kulturell unterschiedlich ausgerichteten und unterschiedlich machtbesetzten Rahmungen und ist davon nicht zu lösen. Wenn unter „Urbanität" eine offene, auf bürgerschaftliche Teilhabe ausgerichtete und über öffentlich und frei zugängliche Stadträume verfügende, kommunikativ verdichtete Figuration verstanden wird, in der auch Fremde respektiert werden, dann ergibt sich daraus ein Maßstab, mit dessen Hilfe nicht nur Stadtprägungen, sondern auch ,ihre‘ Medien in den diversen Zeitphasen differenziert bewertet werden können.

Die Medien behielten dank ihrer jeweiligen Stadtbezogenheit zwar eine beachtliche Bodenhaftung, die aber die Globalisierung der Medienproduktionen und Medienverbreitung keineswegs behinderte, im Gegenteil: Lokalbezogenheit und Globalisierung der Medien ließen ein sich wechselseitig befruchtendes multiples Reichweiten-Spektrum entstehen. Denn die Globalisierung der Medien hat zwar zu einer mannigfachen global-kulturellen Konnektivierung ihrer Nutzer geführt, aber zu keiner kulturellen Einebnung der Aneignungsweisen ,vor Ort‘. Umgekehrt förderte das multiple Reichweiten-Spektrum der Medien die ökonomische und kulturelle Globalisierung zahlreicher Städte – bis hin zur Herausbildung von dienstleistungsorientierten Global Cities.

Weil sich das Kohärenz-Regime von Medien und Stadt im Verlauf des 20. Jahrhunderts stetig vergrößert und verdichtet hat, liegt die Schlussfolgerung nahe, dass sich dieser Mediatisierungsprozess im digitalen Zeitalter weiter intensivieren wird. Je umfassender die Stadt die digitale Technologie nutzt, desto mehr wird sie aber auch von dieser abhängig (zur *Smart City* siehe den Beitrag von Bieber in diesem Band). Zudem verstärken die digitalen Medien ihrerseits die lokale und translokale Vernetzung der Individuen einer Stadtgesellschaft in neuartiger Weise und damit auch die entsprechenden kommunikativen Figurationen. So hat der extensive Gebrauch von Handys, vor allem die hauptsächliche Nutzung von Navigatoren, die subjektiven Wahrnehmungsweisen des Stadtraums sowie die damit verbundenen individuellen Raumkonstituierungen stark verändert. Zwar sind Kontinuitäten zwischen der heutigen Medien-Vernetzung und derjenigen in vor-digitalen Zeitphasen feststellbar; aber die digitale Technologie führt bei vielen Menschen zu neuen Formen *innerer* Urbanisierung, zu einer neuen Intensität sub-

---

21 Frank Bösch und Norbert Frei sprechen von der „Ambivalenz der Medialisierung" (Bösch und Frei 2006, 7-24).

jekt- und raumbezogener Mediatisierungsprozesse und damit auch zu neuartigen kommunikativen Figurationen im Stadtraum.

Literatur

Binder, Beate. 2006. Urbanität als „Moving Metaphor". Aspekte der Stadtentwicklungsdebatte in den 1960er/1970er Jahren. In *Stadt und Kommunikation in bundesrepublikanischen Umbruchszeiten*, hrsg. A. von Saldern, 45-63. Stuttgart: Steiner.

Berking, Helmut und Martina Löw. 2008. *Die Eigenlogik der Städte: Neue Wege für die Stadtforschung*. Frankfurt: Campus.

Bösch, Frank. 2010. Europäische Medienereignisse. In *Europäische Geschichte Online (Ego)*. Zugegriffen: 20. April 2016.

Bösch, Frank und Norbert Frei. 2006. *Die Ambivalenz der Medialisierung. Eine Einführung.* In Dies., *Medialisierung und Demokatie im 20. Jahrhundert*. Göttingen: Wallstein.

Bourdieu, Pierre. 1998. *Über das Fernsehen*. Frankfurt/Main: Suhrkamp.

Couldry, Nick, Andreas Hepp und Friedrich Krotz (Hrsg). 2010. *Media events in a global age*. London: Routledge.

Dayan, Daniel und Elihu Katz. 1992. *Media events. The live broadcasting of history*. Cambridge: Harvard University Press.

Dilworth, Richardson (Hrsg). 2006. *Social capital in the city. Community and civic life in Philadelphia*. Philadelphia: Temple University Press.

Foucault, Michel. 1971. *Die Ordnung der Dinge*. Frankfurt am Main: Suhrkamp.

Foucault, Michel. 1978. *Dispositive der Macht. Über Sexualität, Wissen und Wahrheit.* Berlin: Merve.

Foucault, Michel. 2005. Subjekt und Macht. In Michel Foucault, *Analytik der Macht*, 240-263. Frankfurt a. M.: Suhrkamp.

Fröhlich, Romy (Hrsg). 1992. *Der andere Blick. Aktuelles zu Massenkommunikation aus weiblicher Sicht*. Bochum: Brockmeyer.

Günther, Lutz Philipp. *2009. Die bildhafte Repräsentation deutscher Städte. Von den Chroniken der Frühen Neuzeit zu den Websites der Gegenwart*. Köln u. a.: Böhlau.

Hassemer, Gregor und Günther Rager. 2006. Zur Bedeutung des Lokalen in den Medien. In *Stadt und Kommunikation in bundesrepublikanischen Umbruchszeiten*, hrsg. A. von Saldern, 239-255. Stuttgart: Steiner.

Hepp, Andreas. 2004. *Netzwerke der Medien. Medienkulturen und Globalisierung*. Wiesbaden: VS Verlag für Sozialwissenschaften.

Hickethier, Knut. 1992. Kommunikationsgeschichte: Geschichte der Mediendispositive. *Medien & ZEIT* (2): 6-28.

Holtz-Bacha, Christiana. 1999. Alternative Presse. In *Mediengeschichte der Bundesrepublik Deutschland*, hrsg. J. Wilke, 330-349. Köln u. a.: Böhlau.

Jarren, Otfried. 1987. Kommunikationsraumanalysen – Ein Beitrag zur empirischen Kommunikationsforschung?. In *Wege zur Kommunikationsgeschichte*, hrsg. M. Bobrowsky und W. Langenbucher, 560-588. München: Ölschläger.

Karl Christian Führer. 2008. *Medienmetropole Hamburg. Mediale Öffentlichkeiten 1930–1960.* Hamburg: Dölling und Galitz.

Klaus, Elisabeth. 1998. *Kommunikationswissenschaftliche Geschlechterforschung. Zur Bedeutung der Frauen in den Massenmedien und im Journalismus.* Opladen/Wiesbaden: Westdeutscher Verlag.

Klaus, Elisabeth. 1995. Medien und Geschlecht – theoretische und methodische Reflexionen. *Medien & Zeit* (1): 3-11.

Köster, Ingo und Kai Schubert (Hrsg). 2009. *Medien in Raum und Zeit. Maßverhältnisse des Medialen.* Bielefeld: Transcript.

Korff, Gottfried. 1985. Mentalität und Kommunikation in der Großstadt. Berliner Notizen zur „inneren" Urbanisierung. In *Großstadt. Aspekte empirischer Kulturforschung*, hrsg. T. Kohlmann und H. Bausinger, 343-361, Berlin: Museum für Deutsche Volkskunde.

Koszyk, Kurt und Gerhard Eisfeld. 1980. *Die Presse der deutschen Sozialdemokratie. Eine Bibliographie.* Bonn. Neue Gesellschaft.

Krätke, Stefan. 2002. *Medienstadt. Urbane Cluster und globale Zentren der Kulturproduktion.* Opladen, Westdeutscher Verlag.

Langthaler, Ernst und Ulrich Schwarz. 2015. Vom Gegenpol zum Maßstab. Stadt-Land-Beziehungen im Agrarmediendiskurs und bäuerliche Wirtschaftspraxis in Niederösterreich 1945-1985. In *Stadt-Land-Beziehungen im 20. Jahrhundert. Geschichts- und kulturwissenschaftliche Perspektiven*, hrsg. F.-W. Kersting und C. Zimmermann, 257-288, Paderborn: Ferdinand Schöningh.

Mahlerwein, Gunter. 2015. Zwischen ländlicher Tradition und städtischer Jugendkultur? Musikalische Praxis in Dörfern 1950-1980. In *Stadt-Land-Beziehungen im 20. Jahrhundert. Geschichts- und kulturwissenschaftliche Perspektiven*, hrsg. F.-W. Kersting und C. Zimmermann, 113-135. Paderborn: Ferdinand Schöningh.

Marszolek, Inge und Yvonne Robel. 2014. Mediengeschichte als Geschichte kommunikativer Figurationen. Überlegungen zur Untersuchung von Identitätskonstruktionen im urbanen Raum. *Communicative Figurations Working Paper No. 4* (2014), http://www.kommunikative-figurationen.de/fileadmin/redak_kofi/Arbeitspapiere/CoFi_EWP_No-4_Marszolek-Robel.pdf. Zugegriffen 10.5.2016.

Minner, Katrin. 2012. Lost in Transformation? Städtische Selbstdarstellung in Stadt(werbe)filmen der 1950er bis 1970er Jahre. In *Stadt und Medien. Vom Mittelalter bis zur Gegenwart*, hrsg. C. Zimmermann, 197-216. Köln u. a.: Böhlau.

Porombka, Wiebke. 2013. *Medialität urbaner Infrastrukturen. Der öffentliche Nahverkehr, 1870-1933.* Bielefeld: Transcript.

Putnam, Robert D. 2000. *Bowling Alone. The Collapse and Revival of American Community.* New York: Simon & Schuster.

Saldern, Adelheid von (Hrsg). 2003. *Inszenierte Einigkeit. Herrschaftsrepräsentationen in DDR-Städten.* Stuttgart: Steiner.

Saldern, Adelheid von (Hrsg). 2005. *Inszenierter Stolz. Stadtrepräsentationen in drei deutschen Gesellschaften (1935-1975).* Stuttgart: Steiner.

Saldern, Adelheid von. 2012. Radio und Stadt in der Zwischenkriegszeit. Urbane Verankerung, mediale Regionalisierung, virtuelle Raumentgrenzung. In *Stadt und Medien. Vom Mittelalter bis zur Gegenwart*, hrsg. C. Zimmermann, 97-130. Köln u. a.: Böhlau.

Schildt, Axel. 2002. Stadt, Medien und Öffentlichkeit in Deutschland im 20. Jahrhundert. Ergebnisse der neueren Forschung. *Informationen zu modernen Stadtgeschichte (IMS)* 1: 36-43.

Schober, Anna. 2012. Stadt im Film. Stadt als Film. Überlegungen aus der Sicht der Kulturwissenschaften. In *Stadt und Medien. Vom Mittelalter bis zur Gegenwart*, hrsg. C. Zimmermann, 217-248. Köln u. a.: Böhlau.

Schott, Dieter. 1999. *Die Vernetzung der Stadt. Kommunale Energiepolitik, öffentlicher Nahverkehr und die „Produktion" der modernen Stadt. Darmstadt, Mainz, Mannheim 1880-1918*. Darmstadt: Wissenschaftliche Buchgesellschaft.

Seegers, Lu und Alice von Plato. 2004. Städte, Stadtrepräsentationen und Medien in Deutschland im 20. Jahrhundert. In *Geschichte als Experiment. Studien zu Politik, Kultur und Alltag im 19. und 20. Jahrhundert*, hrsg. D. Münkel und J. Schwarzkopf, 369-380. Frankfurt a. M.: Campus.

Turner, Victor. 1989. *Das Ritual. Struktur und Antistruktur*. Frankfurt a. M.: Campus.

Turner, Victor. 2009. *Vom Ritual zum Theater. Der Ernst des menschlichen Spiels*, Frankfurt a. M.: Campus.

Ward, Janet. 2001. *Weimar Surfaces. Urban Visual Culture in 1920s Germany*. Berkeley: University of California Press.

Zielinski, Siegfried. 1989. *Audiovisionen. Kino und Fernsehen als Zwischenspiele der Geschichte*. Reinbek bei Hamburg: Rowohlt.

Zimmermann, Clemens. 2002. Zur Einleitung: Stadt, Medien und Lokalität. *Informationen zu modernen Stadtgeschichte (IMS)* 1: 5-14.

Zimmermann, Clemens. 2007. Wie Medien den Raum beschreiben. Informationen zur Raumentwicklung. *Informationen zur Raumentwicklung* (10/11): 627-637.

Zimmermann, Clemens. 2010. Mediennutzung in der ländlichen Gesellschaft. Medialisierung in historischer Perspektive. *Zeitschrift für Agrargeschichte und Agrarsoziologie* (2): 10-22.

Zur Autorin

Adelheid von Saldern, Dr. phil. habil. (em.), war Professorin für Neuere Geschichte am Historischen Seminar der Leibniz Universität Hannover. Jüngere Forschungsschwerpunkte betreffen die Medien-, Kultur- und Stadtgeschichte, nicht zuletzt im transatlantischen Kontext. Im Jahr 2013 veröffentlichte sie das Buch *Amerikanismus. Kulturelle Abgrenzung von Europa und US-Nationalismus im frühen 20. Jahrhundert*. Zuvor erschienen die Studie *Netzwerkökonomie im frühen 19. Jahrhundert*, Stuttgart 2009 sowie der von ihr herausgegebene Sammelband *Stadt und Kommunikation in bundesrepublikanischen Umbruchszeiten* (Stuttgart 2006).

Stadt, Heimat, Region
Cross-mediale Konstruktionen im Hamburg der 1950er Jahre

Inge Marszolek[1], Yvonne Robel und Lisa Spanka

1   Einleitung

„Mit der Heimat im Herzen die Welt umfassen …" – dies postuliert das *Hamburger Abendblatt* seit seiner ersten Ausgabe auf der Titelseite. Damit wählte die Tageszeitung 1948 ein eingängiges Zitat aus dem Werk des Hamburger Dichters Gorch Fock als ihren Leitsatz.[2] Die darin enthaltene Beschwörung einer Heimat, die auf den ersten Blick ein eher unbestimmter Raum zu sein scheint, ermöglichte es, gleichzeitig Hamburgs lokale und globale Bezüge zu betonen.

Der exponierte Rückgriff des *Hamburger Abendblattes* auf den Heimatbegriff im Logo ist zunächst wenig erstaunlich. Der Zusammenbruch des Nationalsozialismus und das Kriegsende hatten enorme demographische und geographische Verschiebungen zur Folge. Die neuen Grenzziehungen nach Osten, die Aufteilung in Besatzungszonen sowie die endgültige Auflösung Preußens durch die Alliierten zogen nicht nur territoriale Veränderungen nach sich. Vielmehr musste zugleich neu verhandelt werden, was Heimat sowie räumliche Zugehörigkeiten bedeuteten.

Für diese Aushandlungsprozesse spielten Medien eine immense Rolle. Die 1950er Jahre waren nicht nur die Zeit der sogenannten Heimatfilme, die zum Kassenschlager wurden; auch in Radioprogrammen war Heimat ein beliebtes Thema. Heimatsendungen im Hörfunk gewannen in dieser Zeit verstärkt an Hörerinnen und Hörern und liefen zur besten Sendezeit am Sonntagmorgen zwischen Kirchgang und Mittagessen. Die Beschwörung einer ‚neuen Heimat' diente dabei einerseits der Kompensation des Verlustes der ‚alten Heimat', andererseits einer Identifikation mit

---

1   Inge Marszolek ist im August 2016 unerwartet verstorben. Dieser Artikel ist noch gemeinsam mit ihr entstanden, nur die abschließenden Überarbeitungen wurden ohne sie getätigt.

2   Anno Domini 1241. In *Hamburger Abendblatt*, 14.10.1948, S. 3

© Springer Fachmedien Wiesbaden GmbH, ein Teil von Springer Nature 2018
A. Hepp et al. (Hrsg.), *Die mediatisierte Stadt*, Medien • Kultur • Kommunikation,
https://doi.org/10.1007/978-3-658-20323-8_3

der einen Hälfte der geteilten Nation im Zeichen des Kalten Krieges. Während das Konstrukt der Nation durch den Nationalsozialismus kontaminiert war, wurden nach 1945 vor allem Ideen von Lokalität und Regionalität gestärkt. Sie fungierten als Identifikationsangebote, die Orientierungswissen bereitstellten und deren Vielfalt und Ausgestaltung wesentlich durch die zunehmende Mediatisierung – zunächst besonders in den Städten – geprägt wurden.

Am Beispiel der Medienstadt Hamburg widmet sich dieser Beitrag der Frage, in welchem Verhältnis das städtische Ensemble von (Massen-)Medien sowie unterschiedliche mediale Formate zu Konstruktionen raumbezogener Zugehörigkeiten in den 1950er Jahren standen. Wie wurde der Heimatbegriff gefüllt? Wie verhielt sich in den 1950er Jahren der Heimatbegriff zu dem der Region? Kristallisierten sich hier widersprüchliche Raumkonstruktionen und Identifikationsangebote heraus, die sich unter anderem über das städtische Medienensemble erklären lassen?

Im Folgenden beleuchten wir dazu zunächst, wie der Begriff der Heimat während der 1950er Jahre im *Hamburger Abendblatt* verwendet wurde. Denn vor allem die regelmäßige Lektüre der Lokalzeitung eröffnet bis in die Gegenwart eine emotionale Identifikation (Schlottmann und Miggelbrink 2015, S. 20f.), die an Heimat als einem als kleinräumig imaginierten Ort gebunden zu sein scheint. Daran anschließend argumentieren wir, dass im Laufe der 1950er Jahre eine Verschiebung des Heimatbezugs hin zur Region zu beobachten ist. Diese Beobachtung lässt sich an die strukturelle Ausgestaltung der Medienlandschaft nach dem Krieg rückbinden. Was dies für die Konstruktion raumbezogener Identifikationsangebote bedeutet, illustrieren wir darauffolgend am Beispiel der *Nordschau* – dem ersten norddeutschen Regionalprogramm im Fernsehen. Abschließend soll diskutiert werden, inwiefern Hamburger Medien und deren Wandel variierende Zugehörigkeitsangebote schufen und damit die Stadt stets auch in changierenden Raumbezügen verorteten.

2   ‚Heimat Hamburg' als medial gestiftetes Identifikationsangebot

Das lokal verortete *Hamburger Abendblatt* stellt eine aufschlussreiche Quelle für raumbezogene Identifikationsangebote nach dem Kriegsende dar (vgl. auch Schildt 2012, S. 254). Zwar machten vor allem die in Hamburg erscheinenden überregionalen Tageszeitungen *Die Welt* und *Bild* sowie die Wochenzeitschriften und Magazine *Die Zeit*, *Der Spiegel* und *Stern* Hamburg zum wichtigen Presse-Standort im Nachkriegsdeutschland (Schildt 2012). Aber es war insbesondere das *Hamburger*

Abendblatt, das – etwa auf den „Hamburg-Seiten"[3] – einen Lokalpatriotismus pfleg-te, der Hamburg in der Welt verortete und gleichzeitig als Weltstadt konstruierte. Offensichtlich bediente es damit unter den Hamburgerinnen und Hamburgern bestehende Bedürfnisse, denn schnell entwickelte sich das Blatt zur auflagenstärksten Tageszeitung in der Stadt (Führer 2008, S. 515).[4]

Auffällig ist, dass der Heimatbegriff, wie er darin in den frühen 1950ern ver-wendet wurde, kaum auf Deutschland als nationalen Bezugsrahmen und Zuge-hörigkeitsraum einging. Dass Heimat im *Abendblatt* zunächst stark auf die Stadt zugeschnitten wurde, zeigt die Berichterstattung über „Deutsche im Ausland", die diejenigen Personen in den Blick nahm, die einen engen Bezug zu Hamburg hatten, aber aus verschiedenen Gründen nicht mehr dort wohnhaft waren. So hieß es etwa 1955 in einem Artikel: „Das wissen besonders die abertausend Deutschen, die überall in der Geographie leben und die Heimat im Herzen tragen. Für sie ist das Hamburger Abendblatt-Abonnement eine Brücke."[5] Bereits ab 1952 bot das *Abendblatt* ein solches Abonnement für Lesende im Ausland an. Unter dem Titel „Mit der Heimat im Herzen..." veröffentlichte es seither werbewirksam immer samstags Fotos von Menschen, die das *Abendblatt* an unterschiedlichen Orten in der Welt lasen, gemeinsam mit deren Briefen, die sie an die Redaktion geschickt hatten. Gleichsam vorweggenommen hieß es 1949 in einem Artikel, dass die Ver-gangenheit sie zwar der Staatsbürgerschaft beraubt habe, sie aber mit Hamburg „wie mit einer Nabelschnur verbunden" seien.[6]

Viele Beiträge hoben wiederholt besondere geografische Kennzeichen oder Orte in der Stadt als prägend für Hamburg hervor. Als Marker nutzte man dafür beispielsweise die Elbe und Alster, den Hafen sowie die Handelshäuser.[7] Diese Kartographierungen wurden häufig in Form von mentalen Stadtrundgängen durch Hamburg vermittelt. So zitierte das *Abendblatt* zum Beispiel 1951 einen vor 30 Jahren aus Hamburg ausgewanderten, inzwischen im japanischen Yokohama lebenden Kaufmann mit den folgenden Worten: „Ich erinnere mich noch genau: wir hatten von der Marine abgemustert und die ganze Nacht durchgebummelt. Im Kaiserhof am Altonaer Hauptbahnhof spielte er [ein „Kamerad", über den er

---

3   In den 1950er Jahren waren das die Seiten 3 und 4 der jeweiligen Ausgaben.

4   Die Bedeutung des *Hamburger Abendblatts* für die lokale Identitätsstiftung zeigt auch Lu Seegers in ihrem Beitrag in diesem Band auf, indem sie die Konstruktionen des ‚Han-seatischen' in den Blick nimmt und für die Zeit nach 1945 das *Hamburger Abendblatt* heranzieht.

5   Der schönste Gruß aus der Heimat. In *Hamburger Abendblatt*, 12./13.11.1955, S. 4.

6   Hamburger – drinnen und draußen. In *Hamburger Abendblatt*, 19.03.1949, S. 3.

7   Hamburger – drinnen und draußen. In *Hamburger Abendblatt*, 19.03.1949, S. 3.

hier berichtet] den Kapellmeister. Hinterher erlebten wir St. Pauli bei Nacht, und morgens um sechs brachten wir vor dem Elbtunnel den Arbeitern von Blohm & Voß ein Ständchen. Das ist nun 43 Jahre her."[8] Auch in kontinuierlichen Berichten über das Heimweh der sogenannten „Butenhamburger"[9] wurde der Heimatbegriff eindrücklich verhandelt. Wiederholt beschrieb das *Abendblatt* deren Wunsch sowie Forderung, nach Hamburg zurückzukehren, und schilderte deren Sehnsucht mittels Berichten über Kurzbesuche in der Stadt, wie zum Beispiel im folgenden Auszug: „Mit vollen Lungen atmeten sie die lange vermißte, würzige Luft des Hafens. Staunend wanderten sie über den Jungfernstieg und durch die Mönckebergstraße. Vor den Hochhäusern am Grindel verschlug es ihnen fast den Atem. Die Sehnsucht, wieder eingeordnet zu sein in diesen großen, lebendigen Organismus, wurde riesengroß."[10] Auch mit dieser Beschreibung zeichnete das *Hamburger Abendblatt* eine mentale Karte, die den Gedanken eines Stadtrundgangs durch Hamburg – die ‚alte Heimat' – heraufbeschwor.

Die Heimatkonzeptionen im *Hamburger Abendblatt* sind nicht neu. Heimat ist keine Erfindung der 1950er Jahre, sondern, wie unter anderem Alon Confino (1997) und Celia Applegate (1990) zeigen, tief in den Heimat- und Volkstumsbewegungen des 19. Jahrhunderts verankert. Darüber hinaus ist Heimat, so ein übereinstimmender Befund, eine variable identitätsstiftende Konstruktion und geht mit einer terminologischen Bedeutungsvielfalt einher, die sich jeder einfachen Definition entzieht (Gebhard et al. 2007, S. 9). Die ideologischen Vereinnahmungen des Begriffs Heimat im 19. Jahrhundert, in den 1920er Jahren sowie durch den Nationalsozialismus verweisen nicht nur auf die Notwendigkeit, den Begriff Heimat zu historisieren, sondern darauf, dass Heimat oft ein wesentlicher, durchaus wirkmächtiger Aspekt bei der Konstruktion von Wirklichkeit war und ist (Hüppauf 2007, S. 110). Heimat als identitätsstiftende Konstruktion bezieht sich allerdings in der Regel auf Räume, die changieren. Kusenbach und Paulsen argumentieren, dass ‚home' identifikatorische Bezüge zum ‚haven' einerseits und zum ‚heaven' andererseits implizieren (Kusenbach und Paulsen 2013), eine These, die durchaus auch auf Heimat übertragbar ist. Gerade in der Nachkriegszeit trafen identitätsstiftende Angebote von Räumen als ‚sicherer Hafen' auf einen fruchtbaren Resonanzboden,

---

8   Bei uns, bei uns in Altona. In *Hamburger Abendblatt*, 07./08.04.1951, S. 4

9   Mit diesem Begriff wurden nach 1945 jene Hamburgerinnen und Hamburger bezeichnet, die die Stadt während des Krieges verlassen mussten. Im *Hamburger Abendblatt* wurde der Begriff offensichtlich auf diejenigen Personen reduziert, die nach dem Krieg wegen Mangels an Wohnraum und Arbeitsplätzen nicht einfach nach Hamburg zurücksiedeln durften und auf ihre Rückkehr wartend im Umland lebten.

10 Ein Tag Hamburger Luft. In *Hamburger Abendblatt*, 28.07.1952, S. 3

auf dem die unterschiedlichen Erfahrungen des Krieges, der Vertreibung aber auch des Wiederaufbaus widerhallten. Heimat als utopischer Sehnsuchtsort wiederum konnte rückwärtsgewandt als Erinnerung an den Verlust des materiellen Raumes aktiviert werden: Heimat war immer auch der Verlust der Heimat, in den Medien der Vertriebenenverbände oftmals verknüpft mit dem Postulat des ‚Rechts auf Heimat' (Demshuk 2012; Hahn und Hahn 2010). Eine ganz ähnliche Verknüpfung von Verlust- und Sehnsuchtsmotiven mit Rückkehrforderungen prägte die Berichterstattung des *Hamburger Abendblattes* über die „Butenhamburger" (s. o.).

Das *Hamburger Abendblatt* konzipierte Hamburg aber nicht nur als ‚alte Heimat' für Menschen in aller Welt und bediente dabei jene Verlust- und Sehnsuchtsmotive, sondern bestimmte die Stadt auch als weltoffen. Hamburg wurde nicht nur als eine durch die ausgewanderten Hamburger und Hamburgerinnen mit der Welt verbundene Stadt betrachtet, sondern auch als eine Weltstadt, in der Menschen aus „dem ganzen deutschen Vaterland" eine neue Heimat fänden.[11] Dieses Vaterland konnte durchaus auch Schlesien, Pommern oder Rumänien umfassen,[12] womit das *Abendblatt* für die Beschreibung Deutschlands offensichtlich an früheren territorialen Grenzen festhielt.

3   Von der Heimat zur Region

Auffällig in unserem Kontext ist, dass in der zweiten Hälfte der 1950er Jahre neben dem Begriff der Heimat ein weiterer räumlicher Begriff aufscheint, der ebenfalls als identifikatorisches Angebot aufgeladen wurde – nämlich der der Region. Die Betonung des Regionalen, so Applegate (1999, S. 1179), dient häufig dem Beharren gegenüber einer vermeintlichen oder tatsächlichen Modernisierung, kann aber zugleich als Differenzmarker zur Nation fungieren. Der Begriff der Region teilt mit dem der Heimat zwar seine Einladung zur Identifikation, galt allerdings in den 1950er Jahren als weniger vorbelastet. Aus der Perspektive der Medien bot der Begriff der Region zudem den Vorteil, dass er auch territorial eindeutiger und damit abbildbar war. In den 1950er Jahren, in denen sich vor allem das Radio und noch mehr das junge Medium Fernsehen in den neu organisierten ‚Empfangsräumen' positionieren mussten, wurde mit der Region ein neues Territorium abgesteckt, das partiell jenseits von administrativen und politischen Grenzen existierte.

---

11 Ruten sind frisch geschnitten. In *Hamburger Abendblatt*, 12.04.1952, S. 3.
12 Ruten sind frisch geschnitten. In *Hamburger Abendblatt*, 12.04.1952, S. 3.

Befördert wurde dies durch eine regionale Medienstruktur der Bundesrepublik, die sich in den 1950er Jahren ausbildete und die auch das städtische Medienensemble in Hamburg maßgeblich prägte. Bereits am 4. Mai 1945 ging *Radio Hamburg* unter der Kontrolle der britischen Militärregierung auf Sendung. Im September 1945, nach dem Zusammenschluss mit Köln, wurde der *Nordwestdeutsche Rundfunk* (NWDR) gegründet, der sich auch noch nach seiner Umwandlung zu einer Anstalt des öffentlichen Rechts 1948 in seiner Reichweite an den Grenzen der britischen Besatzungszone orientierte. 1956 wurde diese gemeinsame Sendeanstalt in den *Norddeutschen Rundfunk* (NDR) und den *Westdeutschen Rundfunk* (WDR) mit Sitzung in Hamburg und Köln aufgeteilt (Rüden und Wagner 2005). Allerdings hatte diese Teilung ihren Vorlauf, da der NWDR bereits in der ersten Hälfte der 1950er Jahre spezielle Programme für den Norden und den Westen des UKW-Sendegebietes entwickelte. So sendete der NWDR seit 1950 mit der „Welle der Freude" ein spezielles Unterhaltungsprogramm aus Musik- und Wortbeiträgen für den Norden. Spätestens 1956 kehrte man dann endgültig zur regional organisierten Rundfunkstruktur in der Tradition der Weimarer Republik zurück (Führer 2008, S. 129ff.).

Diese Etablierung regionaler Medienstrukturen schlug sich auch auf der Ebene der seit 1946 in Hamburg erscheinenden Programmzeitschrift *Hör zu!* nieder, die bis weit in die 1960er Jahre eine separate Norddeutsche Ausgabe publizierte und damit ein Medium schuf, in dem verstärkt regionale oder lokale Themen behandelt wurden (Seegers 2001).

Offenbar war es besonders das Fernsehen, das es erlaubte, regionale Besonderheiten in den Blick zu nehmen (Schildt 2012, S. 259), nicht zuletzt wegen einer zunächst regional begrenzten Sendereichweite. Damit stärkte es zugleich einen regional geprägten Heimatbegriff. In Hamburg startete der *Nordwestdeutsche Fernsehdienst* des NWDR 1950 sein Versuchsfernsehen, bereits zwei Jahre darauf nahm er den offiziellen Fernsehbetrieb auf (Wagner 2008). Aber auch das 1954 gestartete *Erste Deutsche Fernsehen* der ARD griff schnell die Idee regionaler Programmformate auf. 1957 ging mit der mehrheitlich in Hamburg produzierten *Nordschau* ein regionales Fernsehmagazin für Hamburg, Bremen, Niedersachsen und Schleswig-Holstein auf Sendung. Insbesondere am Beispiel der *Nordschau* lässt sich anschaulich diskutieren, inwiefern jene regionale Medienstruktur zugleich mit analogen raumbezogenen Identifikationsangeboten einherging.

4 Die *Nordschau* und die Konstitution der Region als Identifikationsrahmen

Als am 1. Dezember 1957 die erste Sendung der *Nordschau* – zeitgleich mit dem WDR-Magazin „Hier und heute – der Westen in Bildern, Berichten und Begegnungen"[13] – über die Bildschirme flimmerte, wurden deren erste Schritte kritisch beobachtet. Moniert wurden dabei in der Anfangsphase vor allem Pannen in der technischen Umsetzung der *Nordschau*[14] sowie ihre Verortung im Abendprogramm des *Ersten Deutschen Fernsehens*,[15] die Konzeption und Inhalte hingegen ernteten viel Lob. Immer wieder hervorgehoben wurde der klare Regionalitätsbezug der Sendungen, die die Menschen in ihren „überschaubaren Lebensbereichen" abholten.[16]

Das Regionalprogramm für den norddeutschen Raum produzierte der *Nordwestdeutsche Rundfunkverband* (NWRV)[17] gemeinsam mit *Radio Bremen*,[18] so dass organisatorisch bereits eine regional-räumliche Vernetzung stattfand. In Studiogesprächen und Übertragungen berichtete die *Nordschau* über die Region und brachte Bilder aus der näheren Umgebung Hamburgs in diejenigen Wohnzimmer, die bereits mit einem Fernsehempfangsgerät ausgestattet waren.[19] Hierfür wurden einzelne Reihen entworfen:[20] Unter den Titeln „Die Regierung gibt Auskunft" und

---

13 Sieh fern mit Hör zu! In *Hör zu!* 49/1957, S. 60.

14 Etwa: Fernsehpremiere im Galopp. In *Welt am Sonntag*, 08.12.1957; Geburtswehen in Lokstedt. In *Fehmarnsches Tagblatt*, 11.01.1958.

15 Kritik erntete die Einführung der Regionalprogramme im Ersten deshalb, weil zu dieser Zeit bereits die Einführung eines zweiten Programmes diskutiert wurde, dessen Potential einige Beteiligte offensichtlich in einem eher regionalen Zuschnitt sahen. Vgl. etwa: Der falsche Weg. In *Hör zu!* 48/1957, S. 2; „Nordschau". In *Hamburger Abendblatt*, 22.11.1957, S. 13.

16 Nachrichten des Landesarbeitskreises Fernsehen im Landesverband der Volkshochschulen Schleswig-Holstein e. V. vom März 1960. In: NDR, Unternehmensarchiv, Nachlass Proske. Vgl. auch: Ein Beispiel für „Hier und Heute". In *Westdeutsche Allgemeine*, 15.08.1958.

17 Der NWRV wurde 1955 nach der Aufteilung des NWDR in NDR und WDR als Übergangslösung gegründet, um die technische Entwicklung des Fernsehens weiter voranzutreiben. Er hatte seinen Sitz in Hamburg und bestand bis 1961.

18 Aktennotiz Walter Hilpert: Zusammenarbeit Radio Bremen/NDR im Regionalen Fernsehprogramm, 29.10.1957. In: NDR, Unternehmensarchiv, Nachlass Proske.

19 Zur Ausstattung der Privathaushalte mit Fernsehgeräten und den Fernsehkonsum Ende der 1950er Jahre vgl. Schildt 1995, S. 262-300.

20 NDR, Unternehmensarchiv, Nachlass Proske. Vgl. auch Wagner, Hans-Ulrich: Nordschau – das Fenster zum Norden, unter: http://www.ndr.de/der_ndr/unternehmen/geschichte/ Das-Fernsehen-fuer-den-Norden-die-Nordschau,nordschau101.html [abgerufen am 06.02.2018].

„Stammtisch der Ministerpräsidenten" diskutierten Kommunalpolitiker lokale und regionale Fragen. Die Reihen „Wege übers Land" und „Die Nordschau kommt zu Besuch" berichteten aus den ländlichen Gebieten oder aus abgelegenen Gegenden der Region. Der „Kulturkalender" gab Tipps für die Freizeit im Nahraum; die „Sportschau der Nordschau" hielt die Zuschauerinnen und Zuschauer über das Sportive, und damit auch über ihre lokalen Clubs, auf dem Laufenden. Das Quiz „Wer kennt sich aus bei uns zu Haus?" rief raumbezogenes Wissen ab.[21] Über die Region hinaus blickte hingegen die Reihe „Jenseits der Zonengrenze" (später „Diesseits und Jenseits der Zonengrenze"), die Bilder aus der DDR mit politischen Kommentaren versah. Öffentlich besonders wahrgenommen wurde die „Aktuelle Schaubude", eine Unterhaltungsshow, die für alle Vorübergehenden einsehbar im Schaufenster eines Autosalons mitten im Hamburger Stadtzentrum produziert wurde.[22] Vorbild hierfür war die US-amerikanische „Today-Show", die seit 1952 aus einem Ausstellungssalon des Rockefeller-Centers sendete. Das Besondere an diesem Format war, dass das Publikum am noch jungen Medium Fernsehen selbst partizipieren konnte, indem es entweder durch das Schaufenster in die Kameras winkte oder einen Platz im Salon ergatterte (Ehrich 1997).[23] So entstand eine Unmittelbarkeit der Sendung, welche für die *Nordschau* als Regionalprogramm bedeutsam war.

Die Produzierenden der *Nordschau* waren integraler Bestandteil der Abteilung Zeitgeschehen und betonten entsprechend die Aktualität der Sendungen. Daran wurde ihre Arbeit durchaus gemessen. Immer wieder stand auch die Ausrichtung als Regionalprogramm unter kritischer Beobachtung, da Fernsehschaffende zeitgleich grundsätzlich über die Konzeption und Zielsetzungen von Regionalprogrammen diskutierten. Anlässlich der Einführung eines südwestdeutschen Regionalprogramms führte zum Beispiel der Medienwissenschaftler und Journalist Gerhard Eckert 1957 in den *Fernseh-Informationen* aus, welchen Ansprüchen ein Regionalprogramm genügen müsste. Seines Erachtens sollte das Regionalfernsehen in einem ausgeglichenen Verhältnis zum allgemeinen Abendprogramm stehen. Im Regionalprogramm liege schließlich das Potential, auf regionale Themen, die im Abendprogramm allenfalls als „Kostprobe" erscheinen könnten, vertieft einzu-

---

21 Der ansonsten gern kritische Kurt Wagenführ schrieb 1958 hierzu: „ein gutes Quiz, das genau einem Regionalprogramm angemessen ist". Ein Jahr „Nordschau" des NDR. In *Fernseh-Informationen*, 34/1958.

22 Die aktuelle Schaubude. In *Hör zu!* 41/1958, S. 36-37; Mehr Schaubuden! In *Hör zu!* 15/1960, S. 2; Licht unterm Scheffel. In *Hör zu!* 15/1960, S. 19

23 Vgl. auch Programm im Schaufenster. In *Funk und Familie*, 1/1958; Mehr Schaubuden! In *Hör zu!* 15/1960, S. 2.

gehen. Hierdurch würden regionale Interessen bedient, die so einen „Spiegel des Raumes" böten. [24] Im NWDR war Regionalisierung mit seiner räumlichen Inklusion sehr unterschiedlicher Regionen ein umstrittenes Aktions- und Deutungsfeld für die Programmverantwortlichen (Fuge und Wagner 2005). Kurt Wagenführ, der die Entwicklung des noch jungen Fernsehens in den von ihm publizierten *Fernseh-Informationen* akribisch beobachtete und zuweilen bissig kommentierte, wusste über Rüdiger Proske, den Leiter der Abteilung Zeitgeschehen und damit auch der *Nordschau*, zu berichten: „Proske ist (wie er selbst einmal sagte) zu sehr Grossraum-Berichter (ein tolles Wort für einen kleinen Mann). Die Nordschau aber braucht einen intensiven, liebevollen und kontaktreichen Kleinraum-Erschliesser. Denn wir wollen doch nicht übersehen, dass ein guter Regionaldienst eine Zierde für jede Rundfunkanstalt sein kann [...]."[25]

Als Erschließer des Nahraums sahen sich die Produzenten der *Nordschau* durchaus, wenngleich dies immer auch mit dem Anspruch einherging, den Anschluss über die Grenzen des Regionalen hinweg zu gewährleisten. Ähnlich wie im *Hamburger Abendblatt*, in dem Hamburg als Heimat stets mit der Welt verbunden wurde, verknüpfte die *Nordschau* auch das Regionale mit einem größeren Raum. Der NDR-Intendant Walter Hilpert verdeutlichte dies in der Eröffnungssendung mit den folgenden Worten: „Unser Ziel: Die Nordschau soll die Themen des Norddeutschen Raums in ihrer Vielfalt sehen und hören und natürlich vor allem die dabei wirkenden Menschen und Persönlichkeiten. Dieses Programm wird aus dem Raum leben, in dem wir ausstrahlen. Es wird aber zugleich für Norddeutschland gedacht sein, in dem keinerlei provinzielle Enge herrschen soll."[26]

Eine eindrückliche Visualisierung der damit verbundenen territorialen Grenzziehung war der Vor- und Abspann der Sendung: Im Hintergrund einen Dreiergong hörend, näherte man sich als Zuschauende aus der Vogelperspektive einer plastischen Karte Norddeutschlands, deren Kern herangezoomt und als Relief herausgehoben wurde. Auf dem solchermaßen visualisierten Sendegebiet erschienen anschließend Wahrzeichen der Bundesländer – zum Beispiel der Hamburger Michel, der Bremer Roland oder das Hannoversche Niedersachsenpferd. Laut Silke Betscher (2013, S. 37) dienen insbesondere Landkarten einer (scheinbar unschuldigen) Orientierung im Raum; allerdings basieren sie stets auf mentalen Projektionen – sowohl der Nutzenden als auch der Produzierenden. Damit haben sie wesentlichen Anteil an der Konstruktion von „imagined communities" (Anderson 2006). Auf ähnliche

---

24 Wie muss ein gutes Regionalprogramm aussehen? In *Fernseh-Informationen*, 8/1957, S. 160-162.

25 Die Entwicklung der „Nordschau". In *Fernseh-Informationen*, 3/1960, S. 53-54, hier S. 54.

26 Nordschau, 01.12.1957, 2.04-2.31 min. NDR Fernseharchiv, Nr. 0001009705.

Weise funktionierten auch die oben beschriebenen imaginierten Stadtrundgänge im *Hamburger Abendblatt*. Und auch die beliebte „Aktuelle Schaubude" bediente sich dieser Art der Visualisierung und zeichnete damit territoriale Grenzen via wiedererkennbarer lokaler Marker. Teil des Studioaufbaus im Autosalon war eine Stellwand hinter dem Moderatorentisch, auf der eine Karte Norddeutschlands abgebildet war, die ebenfalls Sehenswürdigkeiten wie das Holstentor in Lübeck, einen Leuchtturm, Schafe sowie den Bremer Roland zeigte.[27]

Innerhalb des damit kartographisch abgesteckten Raumes stellten die einzelnen Reihen der *Nordschau* durch ihren kleinräumigen Zuschnitt Identifikationsangebote verschiedener Art dar – für Politik-, Kultur-, Sport- oder Landwirtschaftsinteressierte. Die *Fernseh-Informationen* kündigten zum Start der Sendung gar „eine Art Norddeutsches Kaleidoskop" an.[28] Partizipationsangebote machte man dabei nicht nur mit der „Schaubude", denn kurz nach ihrem Start lud die *Nordschau* zum Beispiel Schmalfilmamateure zur Einsendung von Filmen ein – das erste Thema hieß „Eigenart und Schönheit unserer norddeutschen Heimat".[29]

Es lässt sich konstatieren, dass die *Nordschau* auf vielfältige Weise nahraumbezogene Identifikationsangebote schuf. Sie lassen sich in Anlehnung an Guntram Herb (2004) auch als Strategien eines territorial codierten, regionalen *bondings* verstehen. Mediale Angebote wie die *Nordschau* „create an emotional bond that makes the ‚belonging' tangible" (Herb 2004, S. 144). Durch die regional organisierte Medienlandschaft, die sich direkt auf das städtische Medienensemble Hamburgs auswirkte (Führer 2008; Schildt 2012), war der geeignete Rahmen für ein solches nahräumliches *bonding* geschaffen. Gerade jedoch in Hamburg ging das mit einer beständigen Rückbindung an das Globale einher, wie es auch anhand des Blickes in das *Hamburger Abendblatt* deutlich wurde.

Bereits der Hörfunk des NWDR hatte früh versucht, enge Kulturkonzepte von ‚Heimat' und ‚Abstammung' zu überwinden, wie sie etwa in Verlusterzählungen zum Ausdruck kamen (Marszolek 2014, S. 63ff.), und betonte deshalb das Weltläufige der eigenen Arbeit vor Ort (Fuge und Wagner 2005). In Hamburg selbst vermochte man hierbei leicht, an bestehende Motive anzuknüpfen. Insbesondere der Hafen galt als (auf den ersten Blick sehr unpolitischer) Inbegriff der Verbindung des Lokalen mit dem Globalen, was sich letztlich auch in der vielbeschworenen Formel vom „Tor zur Welt" niederschlug (Amenda 2008; Robel und Marszolek 2017).

---

27 Vgl. Programm im Schaufenster. In *Funk und Familie*, 1/1958.
28 Westdeutscher Rundfunk und Norddeutscher Rundfunk beginnen am 1. Dezember mit Fernseh-Regionalprogrammen. In *Fernseh-Informationen*, 33/1957, S. 708-10.
29 Vgl. Amateure in der Nordschau. In *Hamburger Echo*, 11.01.1958.

Die *Nordschau* musste sich an dem Anspruch, diese Verbindung herzustellen, ebenfalls messen lassen. Mit kritischem Ton hieß es bei Kurt Wagenführ etwa: „[...] das, was einmal die Stärke des Rundfunks in Norddeutschland gewesen ist, die tägliche Sendung, auf die der Hörer wartete, hat das regionale Fernsehen nicht übernommen. Man ist beim Zuschauen im Zweifel, ob Hamburg das ‚Tor zur Welt' ist."[30] Der Landesarbeitskreis Fernsehen im Landesverband der Volkshochschulen Schleswig-Holstein hingegen bewertete die *Nordschau* hinsichtlich der durch sie initiierten Verbindung des regionalen und globalen Raumes als durchaus gelungen. So formulierte er in einer äußerst positiven Bestandsaufnahme: „Die Nordschau erweitert das Blickfeld von dem vertrauten engeren Lebensbereich auf die weitere Heimat. [...] Die regionale, optisch und daher leicht erfaßbare Sendung schließt offensichtlich eine Lücke zwischen dem persönlich bekannten Lebensbereich des einzelnen und der ‚großen Welt', die zwar zur Kenntnis genommen wird, aber für den einzelnen doch weitgehend unpersönlich bleibt. Der weitere Bereich der Heimat interessiert, und in diesem Bereich ist der einzelne noch ansprechbar."[31] Ob die Hamburgerinnen und Hamburger auf diese Weise ansprechbar waren, lässt sich heute schwer messen. Aber angesprochen wurden sie offensichtlich auf vielfältige Weise.

5 Fazit

Der Heimatbegriff wurde in den 1950er Jahren keineswegs einheitlich gefüllt; darüber hinaus kam er als Identifikationsangebot auch nicht durchgängig zum Einsatz, wie die angeführten Beispiele verdeutlichen. Während das *Hamburger Abendblatt* in den frühen 1950er Jahren die Stadt Hamburg sowohl als ‚alte' als auch als ‚neue Heimat' mit besonders emotionalen Bezügen heraufbeschwor, stärkte die *Nordschau* die Region als Zugehörigkeitsraum. Adelheid von Saldern spricht in ihrem Beitrag in diesem Band von multiplen Raumbezügen und weist auf die von Medien geschaffene Konnektivität zwischen den räumlichen Bezugspunkten hin. Anhand unserer Beispiele hat sich zudem gezeigt, dass die Stadt und die Region auch im größeren globalen Raum verortet wurden. So wollte das *Hamburger Abendblatt* schließlich „[m]it der Heimat im Herzen die Welt umfassen" und beanspruchte die

---

30 Wagenführ, Kurt: Kritik an der Gestaltung der „Nordschau". In *Fernseh-Informationen*, 22/1959.

31 Material des Landesarbeitskreises Fernsehen im Landesverband der Volkshochschulen Schleswig-Holstein e. V., Nr. 3/1960. In: NDR, Unternehmensarchiv, Nachlass Proske.

Nordschau für sich, „provinzielle Enge" zu überwinden. Anschluss fanden solche Formulierungen und Ideen sicherlich bei der seit den 1920er Jahren verstärkt zu beobachtenden (Selbst-)Darstellung Hamburgs als ‚Tor zur Welt', die den kosmopolitischen Geist der Stadt nach innen und außen betonte (Amenda 2008).

Die Beispiele aus dem *Hamburger Abendblatt* lassen erkennen, dass raumbezogene Identifikationsangebote in den Nachkriegsjahren besonders durch den Heimatbegriff emotional aufgeladen wurden und dass Heimat zugleich stets zu Räumen in Bezug gesetzt wurde, die weit über die Stadt und Region hinausreichten. Indem die Tageszeitung vor allem die im Ausland lebenden Hamburgerinnen und Hamburger in den Blick nahm, wurde Heimat einerseits zum Sehnsuchtsort. Zum anderen ließen sich über den Heimatbegriff für viele eingesessene wie neue Hamburgerinnen und Hamburger Verlusterfahrungen formulieren. Vermutlich nicht inkludiert wurden dabei die aus Hamburg während des Nationalsozialismus vertriebenen jüdischen Bürgerinnen und Bürger. Zudem ist davon auszugehen, dass die Lesenden vielfältige räumliche Identifikationen miteinander verschränkten.

Die *Nordschau* ersetzte im letzten Drittel der 1950er Jahre mehr oder minder den emotional aufgeladenen Heimatbegriff durch den der Region. Sie verstand sich im Unterschied zum *Hamburger Abendblatt* weniger als Sprachrohr für das Lokale, denn als Stimme des Nahraumes ‚Norddeutschland'. Das Fernsehen präsentierte sich so als modernes Medium, das den Blick über den Tellerrand erweiterte, ohne jedoch auf räumliche Identifikationsangebote zu verzichten. Offensichtlich wurde in der zweiten Hälfte der 1950er Jahre besonders über dieses visuelle Medium ein territoriales *bonding* verhandelt, das versuchte, ideologischen Ballast zu vermeiden.

Die parallelen grundsätzlichen Diskussionen über Sinn und Inhalte von Regionalprogrammen verdeutlichen außerdem, dass Bezugsgrößen wie Region oder Heimat auch in Auseinandersetzungen über die Ausgestaltung der Medienlandschaft ständig neu justiert wurden. Nicht nur das weist darauf hin, dass die von uns beobachtete diskursive Verschiebung von Heimat zur Region zweifellos mit den Veränderungen im Medienensemble zu tun hat. Der Blick auf Hamburg verdeutlicht eine enge Verknüpfung zwischen dem städtischen Ensemble von (Massen-) Medien, den Sendeformaten und den medialen Konstruktionen raumbezogener Zugehörigkeiten in den 1950er Jahren. Auch scheinbar widersprüchliche Raumkonstruktionen und Identifikationsangebote lassen sich unter anderem mit einem Blick auf Veränderungen im städtischen Medienensemble erklären. Eine solche Verknüpfung lässt sich für andere Städte ebenfalls vermuten.

Dass sich hier neben den cross-medialen Gemeinsamkeiten auch Unterschiede zwischen einzelnen medialen Entwürfen auftun, ließe sich sicherlich mittels genauerer empirischer Untersuchungen auch für andere Lokal- und Regionalmedien in anderen Städten untermauern. Dabei wäre auch zu fragen, inwieweit neben medialen Neuerungen zugleich veränderte Infrastrukturen (öffentlicher Nahverkehr, zunehmende Arbeitspendler, demographischer Wandel etc.) dazu beitrugen, dass der Regionsbegriff den der Heimat überlagerte. Denn letztlich lassen sich die Veränderungen in der kommunikativen Konstruktion raumgebundener Zugehörigkeiten nur über das Wechselspiel politischer, sozialer und medialer Parameter verstehen.

Literatur

Amenda, Lars. 2008. „Tor zur Welt". Die Hafenstadt Hamburg in Vorstellungen und Selbstdarstellung 1890-1970. In *„Tor zur Welt". Hamburg-Bilder und Hamburg-Werbung im 20. Jahrhundert*, hrsg. L. Amenda und S. Grünen, 8-98. Hamburg: Dölling und Galitz.

Anderson, Benedict. 2006. *Imagined communities. Reflections on the origin and spread of nationalism*. London, New York: Verso.

Applegate, Celia. 1990. *A nation of provincials*. Berkeley: University of California Press.

Applegate, Celia. 1999. A Europe of regions. Reflections on the historiography of sub-national places in modern times. *The American Historical Review* 104 (4): 1157–1182.

Betscher, Silke. 2013. *Von großen Brüdern und falschen Freunden. Visuelle Kalte Kriegs-Diskurse in west- und ostdeutschen Nachkriegsillustrierten 1945–1949*. Essen: Klartext.

Confino, Alon. 1997. *The nation as a local metaphor*. Chapel Hill: University of North Carolina Press.

Demshuk, Andrew. 2012. Reinscribing Schlesien as Śląsk. Memory and mythology in a postwar German-Polish borderland. *History & Memory* 24 (1): 39–86.

Ehrich, Brigitte. 1997. *Die aktuelle Schaubude. Geschichte und Geschichten*. Hamburg: ZeiseVerlag.

Fuge, Janina und Hans-Ulrich Wagner. 2005. Das Gute liegt so nah? Föderalismus, Dezentralisierung und „Regionalisierung" in der NWDR-Zeit. In *Die Geschichte des Nordwestdeutschen Rundfunks*. Bd. 1, hrsg. P. von Rüden und H.-U. Wagner, 207–222. Hamburg: Hoffmann und Campe.

Führer, Karl Christian. 2008. *Medienmetropole Hamburg. Mediale Öffentlichkeiten 1930–1960*. Hamburg: Dölling und Galitz.

Gebhard, Gunther, Oliver Geisler und Steffen Schröter (Hrsg). 2007. *Heimat: Konturen und Konjunkturen eines umstrittenen Konzepts*. Bielefeld: Transcript.

Hahn, Eva und Hans Henning Hahn. 2010. *Die Vertreibung im deutschen Erinnern: Legenden, Mythos, Geschichte*. Paderborn et al.: Schöningh.

Herb, Guntram H. 2004. Double vision. Territorial strategies in the construction of national identities in Germany. 1949-1979. *Annals of the Association of American Geographers* 94 (1): 140–164.

Hüppauf, Bernd. 2007. Heimat – die Wiederkehr eines verpönten Wortes. Ein Populärmythos im Zeitalter der Globalisierung. In *Heimat. Konturen und Konjunkturen eines umstrittenen Konzepts*, hrsg. G. Gebhard, O. Geisler und S. Schröter, 109–140. Bielefeld: Transcript.

Kusenbach, Margarethe und Krista E. Paulsen (Hrsg). 2013. *Home. International perspectives on culture, identity, and belonging*. Frankfurt am Main: Peter Lang.

Marszolek, Inge. 2014. Unforgotten landscapes. The reconstruction of Europe in the fifties by the radio. Special issue. West Germany's cold war radio: The crucible of the transatlantic century. *German Politics and Society* 32 (1): 60–73.

Robel, Yvonne und Inge Marszolek. 2017. The Communicative Construction of Space-related Identities. Hamburg and Leipzig Between the Local and the Global. Communicative Figurations. In *Transforming Communications in Times of Deep Mediatization*, hrsg. A. Hepp, A. Breiter und U. Hasebrink, 151-172. London: Palgrave Macmillan.

Rüden, Peter von und Hans-Ulrich Wagner (Hrsg.). 2005. *Die Geschichte des Nordwestdeutschen Rundfunks*. Bd. 1. Hamburg: Hoffmann und Campe.

Schildt, Axel. 1995. *Moderne Zeiten. Freizeit, Massenmedien und „Zeitgeist" in der Bundesrepublik der 50er Jahre*. Hamburg: Christians.

Schildt, Axel. 2012. Großstadt und Massenmedien. Hamburg von den 1950er bis zu den 1980er Jahren. In *Stadt und Medien. Vom Mittelalter bis zur Gegenwart*, hrsg. C. Zimmermann, 249–263. Köln: Böhlau.

Schlottmann, Antje und Judith Miggelbrink. 2015. Ausgangspunkte. In *Visuelle Geographien. Zur Produktion, Aneignung und Vermittlung von RaumBildern*, hrsg. A. Schlottmann und J. Miggelbrink, 13–25. Bielefeld: Transcript.

Seegers, Lu. 2001. *Hör zu! Eduard Rhein und die Rundfunkprogrammzeitschriften (1931–1965)*. Potsdam: Verlag für Berlin-Brandenburg.

Wagner, Hans-Ulrich (Hrsg.), 2008, *Die Geschichte des Nordwestdeutschen Rundfunks*. Bd. 2. Hamburg: Hoffmann und Campe.

Zu den Autorinnen

Inge Marszolek, Prof. Dr. phil, († 2016), war Professorin für Kulturgeschichte am Institut für Kulturwissenschaften der Universität Bremen. Sie leitete das historische Projekt der am Zentrum für Medien-, Kommunikations- und Informationsforschung der Universität Bremen angesiedelten Creative Unit „Kommunikative Figurationen". Zu ihren Forschungsschwerpunkten zählten: Mediengeschichte, Erinnerungskulturen, Visual und Sound History, Alltagsgeschichte im Deutschland des 20. Jahrhunderts. Jüngste Veröffentlichungen: Der erste Nordatlantikflug von Europa nach Amerika. Transatlantische Aushandlungen über Helden, Ehre, Nation und Modernität. In *Ehrregime. Akteure, Praktiken und Medien lokaler Ehrungen in der Moderne*, hrsg. Dietmar von Reeken und Malte Thießen, Göttingen 2016, S. 69-88 sowie gemeinsam mit Yvonne Robel: The Communicative Construction of Collectivities: An Interdisciplinary Approach to Media History. In *Historical Social Research* 41 (1), 2016, S. 328–357.

Yvonne Robel, Dr. phil, ist Wissenschaftliche Mitarbeiterin an der Forschungsstelle für Zeitgeschichte in Hamburg (FZH). Zuvor war sie an den Universitäten

Bremen und Oldenburg tätig. Ihre Forschungsschwerpunkte sind u. a. Deutsche Kulturgeschichte des 20. Jahrhunderts, Wissens- und Wahrnehmungsgeschichte, Genoziderinnerung, Mediengeschichte. Jüngste themennahe Veröffentlichungen: *Suchkind 312: Cross-mediale Geschichtsschreibung im Unterhaltungsformat.* In *Geschichte(n), Repräsentationen, Fiktionen: Medienarchive als Gedächtnis- und Erinnerungsorte*, hrsg. Sascha Trültzsch-Wijnen et al., Köln 2016, S. 100–111 sowie gemeinsam mit Inge Marszolek: *The Communicative Construction of Collectivities: An Interdisciplinary Approach to Media History.* In *Historical Social Research* 41 (1), 2016, S. 328–357.

Lisa Spanka, M. A., ist Doktorandin am Zentrum für Medien-, Kommunikations- und Informationsforschung der Universität Bremen. Im Rahmen der Creative Unit „Kommunikative Figurationen" war sie wissenschaftliche Mitarbeiterin in einem historischen Teilprojekt, in dem die medialen Konstruktionen raumbezogener Identitäten untersucht wurden. In ihrem Dissertationsprojekt untersucht sie die Konstruktionen von Geschlecht und Nation in den Ausstellungen national-histo-rischer Museen. Ihre Forschungsschwerpunkte sind Kultur- und Geschlechterge-schichte des 19. und 20. Jahrhunderts, Erinnerungsstudien, Museumsforschung, sowie visuelle Kultur und Diskursforschung. Jüngste Veröffentlichung: *Zugänge zur Zeitgeschichte: Bild – Raum – Text. Quellen und Methoden* hrsg. mit Julia Lorenzen und Meike Haunschild, Marburg 2016, sowie der darin enthaltene Artikel Zugänge zur Zeitgeschichte mit dem Museum. Methodologie einer Ausstellungsanalyse, S. 183-219.

Deutungen des Hanseatischen in Hamburger Zeitungen als Kennzeichen einer mediatisierten Stadt

Eine Analyse der 1920er bis 1960er Jahre

Lu Seegers

1 Einleitung

Ein Blick in die lokale Hamburger Tagespresse zeigt: Der Begriff hanseatisch spielt eine zentrale Rolle in der öffentlichen Selbstbeschreibung der Stadt und ihrer Bewohner. Das Hanseatische kann damit als eine spezifische kommunikative Figuration des urbanen Zusammenlebens in Hamburg und als Kennzeichen einer mediatisierten Stadt beschrieben werden.

Dies wurde jüngst im November 2015 besonders deutlich beim anlässlich des Todes von Altbundeskanzler Helmut Schmidt. Er wurde in den Hamburger Medien wahlweise als „Hanseat und Staatsmann", als „unbeugsamer Hanseat" oder als hanseatischer Ausnahmepolitiker tituliert.[1] Es gibt aber auch weitaus weniger bedeutsame Anlässe, um den Begriff hanseatisch zu führen. So produzierte etwa das „Hamburger Abendblatt" im Februar 2014 ein Magazinheft mit dem Titel „Die Köpfe der Stadt – Hanseaten" und warb auf der letzten Seite um neue Abonnenten mit dem Slogan „So leicht werden Sie zum Hanseaten".[2] Etwas reflektierter nahm sich die „taz" nahezu zeitgleich des Themas an, indem sie kritisch-plakativ fragte: „Hanseatisch: Ethos oder Mumpitz?"[3] Warum wurde das Hanseatische zu einer so wirksamen kommunikativen Figuration der mediatisierten Stadt im 20. Jahr-

---

1 o. V., Hamburg trauert, in: Hamburger Abendblatt, Sonderausgabe vom 11.11.2015, S. 3. Siehe auch Franz Niggemeier, Einen wie ihn wird es nicht mehr geben, in: Hamburger Morgenpost, Sonderausgabe vom 11.11.2015, S. 2-3, S. 3. Redaktion, Verlag und Eigentümer, Traueranzeige für Helmut Schmidt, in: Die ZEIT EXTRA, Sonderausgabe zum Tod von Helmut Schmidt vom 11.11.2015, S. 14.

2 o. V., Hanseaten. Die Köpfe der Stadt", Hamburger Abendblatt, Magazin, Januar 2014, S. 32.

3 Titelseite „Hanseatisch", in: taz.nord, 8./9.2.2014, S. 41

© Springer Fachmedien Wiesbaden GmbH, ein Teil von Springer Nature 2018
A. Hepp et al. (Hrsg.), *Die mediatisierte Stadt*, Medien • Kultur • Kommunikation,
https://doi.org/10.1007/978-3-658-20323-8_4

hundert? Welche Rolle spielte der Begriff in der städtischen Identitätspolitik, die zentral durch die Medien geprägt wurde? Dabei wird von der These ausgegangen, dass der Begriff des Hanseatischen nach dem Ersten Weltkrieg nicht zuletzt wegen des Medialisierungsschubes seit der Weimarer Republik verstärkt in die politische Arena eintrat.

Eine zentrale Rolle spielte dabei die Hamburger Tagespresse. Eine wichtige Rolle spielten dabei die städtischen Medien, vor allem die Presse. Zeitungen wie der vor 1933 liberal ausgerichtete „Hamburger Anzeiger" oder das „Hamburger Abendblatt" nach 1945 betrieben eine publizistische Identitätspolitik, die „immer wieder ‚das Wesen' Hamburgs als norddeutsche Großstadt beschwor und den Lesern damit auch sagte, wie denn ihre Gemeinsamkeiten als Hamburger aussähen (Führer 2008, S. 321). Für den vorliegenden Beitrag wurden Artikel aus diesen Zeitungen, in denen der Begriff des Hanseatischen verwendet wurde, für den Zeitraum von 1918 bis 1965 kursorisch ausgewertet. Dazu wurden für die Zeit vor 1945 mit dem „Hamburger Anzeiger", dem „Hamburger Fremdenblatt", den „Hamburger Nach-richten" und dem „Hamburger Tageblatt" die auflagenstärksten lokalen Blätter sowie die „Deutsche Allgemeine Zeitung" und die „Vossische Zeitung", beide mit Sitz in Berlin, als überregionale Publikationen analysiert, in der häufiger auf das Hanseatische Bezug genommen wurde. Für die Zeit nach dem Zweiten Weltkrieg wurden das „Hamburger Abendblatt" und die „Welt" sowie als überregionale Wochenzeitung „Die ZEIT" untersucht.

2   Zur Begriffsgeschichte

Bis weit in das 20. Jahrhundert bezeichneten die Begriffe Hanseaten und hanse-atischnicht nur die geografische Herkunft aus den Hansestädten, sondern damit verbunden eine spezifische soziale Herkunft. Noch im Duden des Jahres 1977 bezog sich der Begriff Hanseat neben der historischen Zuschreibung als einem der Hanse angehörender Kaufmann auf die Bewohner der drei Hansestädte „besonders aus der vornehmen Bürgerschicht" (Duden 1977, S. 1147). Darunter wurden vor allem Großkaufleute sowie Juristen mit politischen Ämtern subsummiert.[4] Dabei stellten das Sozialprofil des Überseekaufmanns klassischen Zuschnitts sowie die im Han-delsbürgertum gepflegten Wertvorstellungen und Leitbilder wie vor allem das des „ehrbaren Kaufmanns" Kristallisationspunkte des Hanseatischen dar. Selbst- und

---

4   Laut Alexandra Ortmann (2005, S. 147) wurde eine exklusive Herkunft vor allem zu
     Beginn des 20. Jahrhunderts relevant.

Fremdzuschreibungen stets männlich gedachter Hanseaten waren verknüpft mit Attributen wie Ehrlichkeit, Vertrauenswürdigkeit, nüchterner Kalkulation und Solidität. Hinzu kamen Zuschreibungen eines Lebensstils, bei denen sich Wohlstand, Bescheidenheit und Zurückhaltung zu einer Gesamthaltung bürgerlicher Vornehmheit verdichteten. Anders als beim Begriff des Bajuwarischen ist deshalb davon auszugehen, dass hanseatisch nicht nur einen Regionalcharakter beschreibt, sondern darüber hinaus ein in politischer, wirtschaftlicher, sozialer und kultureller Hinsicht exklusiver und partiell exkludierender Begriff war und ist. Zugleich ist das Hanseatische auch als ein Legitimations- und Identifikationsbegriff anzusehen, der vor allem auf drei Feldern relevant zu sein scheint: zur Legitimation von Herrschaft und Politik, zur Durchsetzung wirtschaftlicher Interessen und im Bereich von Gesellschaft und Kultur. Denn mit dem Hanseatischen wurden nicht nur innerhalb, sondern auch außerhalb Hamburgs stets, wenn auch changierende, normative Vorstellungen einer idealen gesellschaftlichen Verfasstheit und des Allgemeinwohls verknüpft. Dementsprechend haben sich die Bedeutungsinhalte des Begriffs im 20. Jahrhundert und im Wechsel von Diktatur und Demokratie stark verändert. Allgemein bezeichnet das Wort hanseatisch heute diffus eine Grundhaltung, die durch Nüchternheit, Pragmatismus, Weltoffenheit, Toleranz und Liberalität gekennzeichnet ist. Viel spricht jedoch dafür, der Begriff erst seit den 1950er Jahren allmählich mit den heutigen Attributen konnotiert wurde. So bezeichnete der oft beschworene Hanseatengeist im „Dritten Reich" das genaue Gegenteil heutiger Zuschreibungen, nämlich eine rassistisch-kolonialistische Eroberungsmentalität, die Hamburger Kaufleute zu „Pionieren" im „Volkstumskampf" in Mittel- und Osteuropa stilisierte (vgl. Bajohr und Wierling 2012, S. 1f.).

3   Harmonie- und Konfliktbegriff in der Weimarer Republik

In den Hamburger Tageszeitungen der 1920er und frühen 1930er Jahre gab es vor allem zwei Verwendungsweisen des Begriffs hanseatisch. Er wurde zum einen verwendet im Sinne einer nostalgischen Selbstbeschreibung der Stadt etwa in Form von historischen Rückblicken sowie bei Geburtstagsgratulationen und Nachrufen bekannter Kaufleute oder Senatoren.[5] Zum anderen wurde der Begriff

---

5   Siehe z. B. o. V., Aus dem Leben und der Arbeit eines hanseatischen Kaufmanns im 15. Jahrhundert, in: Hamburger Fremdenblatt vom 18.11.1922; o. V., Die Versöhnung bei der Aalsuppe, in: Hamburger Anzeiger, Unterhaltungsbeilage vom 15.11.1924; o. V.,

in der politischen Arena bedeutsam. Anlässlich der jährlichen Treffen der Senate der drei Hansestädte dienten Rekurse auf die hanseatische Tradition dazu, eine gemeinsame Interessenspolitik der Hansestädte gegenüber dem preußischen Staat zu artikulieren. So stellte der Erste Hamburger Bürgermeister Carl Petersen, er war seit 1924 im Amt und gehörte der DDP an, bei einer diesbezüglichen Festansprache im Juni 1927 fest:

> „Ja, es will uns manches Mal scheinen, als wenn man sich in Deutschland nicht ganz klar darüber wäre, was die Hansestädte gerade dem neuen Staat bedeuten und was sie ihm zu geben haben. Was taten die Väter in solchen Situationen der Bedrängnis? Sie besannen sich auf sich selbst, auf die eigene Kraft, auf den starken hanseatischen Willen.“[6]

Diese Linie der stadtrepublikanischen Freiheitstradition und der staatlichen Eigenständigkeit der Hansestädte verfolgten die DDP und die SPD gemeinsam. Dabei konturierte Petersen das Hanseatische wiederholt als Begriff der „breiten Mitte“, um Bürgertum und Arbeiterschaft in Hamburg für die Weimarer Demokratie zu einen.[7] Die Redakteure des explizit der DDP nahe stehenden „Hamburger Anzeigers“ verwendeten den Begriff daher im Sinne der Stiftung von Konsens und Harmonie, wobei insbesondere in der Weltwirtschaftskrise immer wieder an Vernunft und Nüchternheit als Kennzeichen einer vermeintlichen Hamburger Wesensart verwiesen wurde. Dieses Anliegen wurde vor allem während der Weltwirtschaftskrise formuliert, wenn es in einem Aufruf der DDP zur Bürgerschaftswahl 1931 hieß:

> „Schart Euch um die Männer und Frauen, die von dem Willen beseelt sind, jenen Geist in Hamburg lebendig zu erhalten, der die von den Vätern überlieferte hanseatische Freiheit und Tüchtigkeit bewahrt und stärkt, und der allein unsere Vaterstadt im wahrhaft sozialen Verantwortungsgefühl und wahrhaft deutschem Nationalbewusstsein einer besseren Zukunft entgegenführen kann.“[8]

Arnold Paegel 70 Jahre alt, in: Hamburger Nachrichten, Abendausgabe vom 21.11.1936, S. 10, o. V., Rudolf Crasemann †, in: Hamburger Correspondent vom 15.11.1929, Abend-Ausgabe, S. 3; o. V., Eine Feier des Hamburgischen Bürgertums. 50 Jahre Bürgerverein Altstadt, in: Hamburger Anzeiger vom 13.10.1932, S. 2.

6   o. V., Die Solidarität der Hansestädte. Zusammenkunft der Senate von Hamburg, Bremen und Lübeck, in: Hamburger Correspondent vom 10.6.1927.

7   StaHH, 135-1 Staatliche Pressestelle I-IV, Akte 7684, Manuskript anlässlich des Empfangs leitender Redakteure Hamburger Zeitungen, 9.1.1924.

8   o. V., Aufruf des Hamburger Senats: Hamburger, tut Eure Pflicht, in: Hamburger Anzeiger vom 25.9.1931.

Zugleich avancierte der Ausdruck des Hanseatischen zu einem politischen Kampf-
begriff, der den ungebrochenen Herrschaftsanspruch jener hansestädtischen Kauf-
mannseliten transportierte, die zumeist der DVP oder der DNVP nahestanden.
Hintergrund war, dass der Abstieg des Handelsbürgertums in Hamburg mit dem
Ersten Weltkrieg eingesetzt hatte. Es büßte seine wirtschaftliche Vormachtstellung
ein und verlor mit dem Fall des Klassenwahlrechts abrupt seine angestammten
politischen Bastionen (Bajohr und Wierling 2012). In diesem Sinne forderten die
der DNVP nahen „Hamburger Nachrichten" anlässlich der Bürgerschaftswahl
am 27. September 1931 „Hanseaten heraus – wählt rechts" und favorisierten auch
und gerade in Anbetracht der Wirtschaftskrise eine Stadtpolitik jenseits parla-
mentarischer Verfahren.[9] Ein knappes Jahr später betonte die Zeitung, der Staat
Hamburg müsse eine „straffe, verantwortungsbewusste Regierung" erhalten, bei
der ein auf Jahre gewählter Bürgermeister „unabhängig von den Parteien und der
Bürgerschaft seines Amtes walten" könnte.[10] Die Bürgerschaft wiederum sollte nach
Berufsgruppen gebildet werden, im Sinne einer Rückkehr „zu der „erbeingesessenen
Bürgerschaft von 1712 mit ihren Kollegien".[11] Die unterschiedlichen Verwendungs-
formen in der Tagespresse verweisen auf die Polyvalenz des Hanseatischen in der
Weimarer Republik: Der Begriff konnte zur Legitimierung eines demokratischen
Senats genauso in Anspruch genommen werden wie für autokratische Varianten.

4   Deutungen des Hanseatischen im Nationalsozialismus

Mit der nationalsozialistischen Machtübernahme in Hamburg im März 1933 endete
das Hanseatischen als kommunikative Figuration in der Hamburger Tagespresse
keineswegs. Vielmehr ist die Bedeutung des Hanseatischen bzw. hanseatischer
Traditionen als kommunikative Konstruktion für die Legitimierung des Nationalso-
zialismus in Hamburg weitaus größer als bislang angenommen. So wurde etwa der
Antritt des im März 1933 eingesetzte „Regierenden Bürgermeister", Carl Vincent
Krogmann, Sohn einer großbürgerlichen Hamburger Familie und Gesellschafter der
Firma Wachsmuth & Krogmann in den nunmehr gelenkten bürgerlichen Tageszei-

---

9   o. V., Hanseaten heraus – wählt rechts, in: Hamburger Nachrichten, Morgenausgabe
    vom 27.9.1931, S. 1. Zur politischen Einstellung der „Hamburger Nachrichten" und zu
    ihrer Auflage, siehe Führer, Medienmetropole, S. 287.
10 o. V., Revolution über Hamburg? Ist die Verfassung Hamburgs noch zeitgemäß?, in:
    Hamburger Nachrichten, Morgenausgabe vom 2.10.1932, S. 6
11 Ebd.

tungen im Sinne einer selbstverständlichen Kontinuität interpretiert. So begrüßten die „Hamburger Nachrichten" es, „dass mit der Auswahl Krogmanns „Brücken zur alten hamburgischen Tradition geschlagen worden sind".[12] Und das „Hamburger Tageblatt", die Parteizeitung der NSDAP, schwärmte, dass mit dem „Sproß einer alteingesessenen und angesehenen Hamburger Familie ein Bürgermeister gefunden sei, der „wie kein zweiter, in den guten Traditionen unserer Hansestadt und unseres Vaterlandes zugleich verwurzelt ist."[13] Aber auch der ortsfremde Gauleiter Karl Kaufmann wurde anlässlich seiner Ernennung zum Reichsstatthalter Hamburgs mit vermeintlichen hanseatischen Traditionen in Verbindung gebracht. Im „Hamburger Anzeiger" hieß es am 20. Mai 1933: „Möge der Statthalter des Reiches sein schweres und verantwortungsvolles Amt führen, zum Segen unserer Stadt, auf dass hanseatischer Wagemut wieder zur Stellung gelange."[14]

Zudem diente das Hanseatische dazu, die „Gleichschaltung" der Länder und die Zentralisierung der Hamburger Verwaltung zu legitimieren – in wie außerhalb Hamburgs. So schrieb etwa die „Vossische Zeitung" mit Sitz in Berlin am 26. April 1933, der „Geist der Hanse" würde als „Vorbild deutscher Einigkeit" nun wieder erstehen.[15] Und der ehemals der DDP nahestehende Journalist Alfred Frankenfeld lobte 1935 im „Berliner Tageblatt" erst die „Überwindung des parlamentarischen Systems in Hamburg" habe die „Überwindung eines dem hanseatischen Geist fremden Zustands" erbracht.[16] Darüber hinaus rekurrierten die Hamburger Tageszeitungen häufig auf das Hanseatische, wenn es um die Wirtschaftskraft Hamburgs ging. So betonten die „Hamburger Nachrichten" am 24. Oktober 1933 bezugnehmend auf eine Rede von Karl Kaufmann, es entspreche dem „hanseatischen Geist, dass er seine Kräfte verdoppelt, und um so kühner und erfindungsreicher zupackt, je mehr die Schwierigkeiten sich häufen."[17] Damit sollte überspielt werden, dass die vorrangig auf den Außenhandel fokussierte Handelsstadt durch die NS-Autarkie- und Aufrüstungspolitik strukturell benachteiligt wurde, auch wenn sich Reichsstatthalter Karl Kaufmann ab 1934 verstärkt um Kompensationen für die Überseekaufleute sowie um die Ansiedlung

---

12 o. V., Die neuen Männer, in: Hamburger Nachrichten vom 8.3.1933.
13 o. V., Hamburgs neuer Senat. Karl Vincent Krogmann Erster Bürgermeister, in: Hamburger Tageblatt vom 7.3.1933.
14 o. V., Hamburg begrüßt den Statthalter des Reiches. Bekenntis und Gelöbnis, in: Hamburger Anzeiger vom 20.5.1933
15 o. V., Neubau d.er Hanse, in: Vossische Zeitung vom 26.4.1933.
16 Alfred Frankenfeld, Moderne Hanseaten. Die junge Generation an der Spitze – „Hanseatische Freiheit" von heute, in: Berliner Tageblatt, Nr. 48 vom 29.1.1935.
17 o. V., Praktischer Nationalsozialismus, in: Hamburger Nachrichten, Abendausgabe vom 18.10.1934, S. 1.

von Industrien bemühte (Weinhauer 2005, S. 193ff.). Zugleich wurde immer wieder betont, dass Hamburg mit Deutschland eng verwachsen sei und nur in Einklang mit dem Reich neue wirtschaftliche Blüte entfalten könne.[18] Diesen Eindruck schienen auch das „Groß-Hamburg-Gesetz" von 1937 und die „Führerstadtplanungen" zu belegen. Die mit dem Groß-Hamburg-Gesetz 1938 in Kraft tretende Eingemeindung von Altona, Wandsbek und Harburg bezeichneten die „Hamburger Nachrichten" im April 1938 als „bisher größtes Ereignis" in der „über tausendjährigen schicksalsreichen Geschichte der alten Hansestadt".[19] Wenige Monate, später im September 1938, wurden in dem Artikel „Alte und neue Kaufmannshäuser – Handelskontore umgreifen die Welt" im „Hamburger Anzeiger" anlässlich des Baus der Elbehochbrücke Bilder einer schon entstandenen modernen Zukunft der Stadt gezeichnet:

„Den Hafen umrahmt die City mit ihren modernen Kontorhäusern. [...] Ein Rädchen greift ins andere, und im wahrsten Sinne des Wortes sitzt in Hamburg die Seele einer über Kontinente gespannten Absatzorganisation".[20]

Wichtig seien dafür die typischen Merkmale des hanseatischen Handels, der ständig nach neuen „Einschaltungsmöglichkeiten" Ausschau halte: „das persönliche Verantwortungsgefühl, die wirtschaftliche Initiative und das Verständnis und das Einfühlungsvermögen in fremde Sitten und Gebräuche".[21] Hier zeigte sich, dass die persönliche Initiative und die Weltoffenheit konnotativ Bestand hatten, trotz oder gerade weil sich der Kontext durch die nationalsozialistische Außenpolitik schon deutlich geändert hatte.

5   „Hanseatengeist" im Zweiten Weltkrieg

Während des Zweiten Weltkriegs avancierte die kommunikative Konstruktion des hanseatische Kaufmanns in zweierlei Hinsicht zur ideologisch aufgeladenen Leitfigur. Zum einen galt „hanseatischer Unternehmergeist" nun vor allem für jene ehemals in Afrika agierenden Überseehändler, die mit dem Zweiten Weltkrieg ihre überseeischen Absatzgebiete verloren hatten. So betonte das „Hamburger

---

18 o. V., Praktischer Nationalsozialismus, in: Hamburger Nachrichten vom 18.10.1934.

19 o. V., Weltstadt Hamburg, in: Hamburger Nachrichten, Nr. 89 vom 31.3.1938.

20 o. V., Alte und neue Kaufmannshäuser – Handelskontore umgreifen die Welt, in: Hamburger Anzeiger vom 1.9.1938.

21 Ebd.

Fremdenblatt" bereits im Dezember 1939 auf Grundlage einer Presseansprache des Präses der Handelskammer, Joachim de la Camp, dass die Hamburger Kaufleute „neue Möglichkeiten der Verbindung mit dem Ausland" nutzten, womit konkret Geschäfte in den besetzten Gebieten gemeint waren.[22] Im Zeichen des von Goebbels propagierten „totalen" Kriegs betonte Alfred Frankenfeld im Februar 1943, dass die „hanseatischen Kaufleute freiwillig nach dem Osten gegangen sind, um dort unter oft schwierigsten äußeren Bedingungen kriegswichtige Wirtschaftsarbeit zu leisten."[23] Die Kaufleute wurden hier als erfahrene Pioniere dargestellt, die Osteuropa und die Sowjetunion als „Ergänzungsraum" erschlossen und damit ihre menschliche wie wirtschaftliche Flexibilität und Stärke unter Beweis stellten.

Zum anderen wurde „hansischen Kaufleuten" eine reichsweit vorbildhafte Rolle bei der mentalen Bewältigung der Folgen des Bombenkriegs, insbesondere nach dem schweren Luftangriff der Briten auf Hamburg im Juli 1943, bis heute bekannt als „Operation Gomorrha" zugeschrieben. So betonte Alfred Frankenfeld im August 1943 in der „Deutschen Allgemeinen Zeitung", dass „der Krieg als großer Gestalter die hansische Kaufmannschaft mit jener illusionslosen Entschlossenheit und Härte erfüllt, die notwendig sind, um nicht nur seine Heimsuchungen zu ertragen, sondern auch immer neue Taten zu wagen"[24]. Trotz der massiven Zerstörungen „immer wieder von vorne anzufangen und niemals zu verzagen", beschrieb Frankenfeld als „hansisches Lebensgesetz". Carl Düsterdieck verstand einen Monat später im „Hamburger Mittagsblatt" in diesem Sinne unter Hanseatengeist „Einsatzbereit-schaft, Energie und unbeugsamen Willen zum Leben", der sich in allen Notzeiten der Stadt immer wieder bewährt habe.[25] Ein solches Verhalten, so schrieb auch der „Hamburger Anzeiger", entspreche dem „alten hanseatischen Geist, der nach einer Harvarie fester in die Seile fasst und nach einem Schiffbruch nicht klagend am Ufer steht, sondern den Blick auf ein neues Schiff lenkt, das mit allen Mitteln besserer Technik neue Wege durch den Ozean sucht."[26] Damit reproduzierten die Hamburger Tageszeitungen die Linie, die Propagandaminister Goebbels vorgegeben

---

22 H.K., Hamburgs Einsatz, in: Hamburger Fremdenblatt vom 30.12.1939, S. 9
23 Alfred Frankenfeld, Nur größere Härte imponiert dem Feind. Totaler Einsatz auch die Parole der Hanseaten, in: BZ am Mittag vom 22.2.1943.
24 Alfred Frankenfeld, Hamburger Lebensgesetze, in: Deutsche Allgemeine Zeitung, Nr. 400/401 vom 22.8.1943. Zur politischen Haltung Frankenfelds und seiner Laufbahn nach 1945 siehe Christian Sonntag, Medienkarrieren. Biografische Studien über Hamburger Nachkriegsjournalisten, München 2006, S. 181-191.
25 Alfred Frankenfeld, Hamburger Lebensgesetze, in: Deutsche Allgemeine Zeitung, Nr. 400/401 vom 22.8.1943.
26 o. V., Aufbau! Zum Wiedererscheinen unserer Zeitung, in: Hamburger Anzeiger, Nr. 182 vom 18.8.1943.

hatte. Die Bevölkerung wurde ein großer Durchhaltewillen zugeschrieben während die konkreten Schäden keine Beachtung fanden (vgl. Führer 2008, S. 419, 426f.). Hamburgs „Unverzagtheit" als „Lebensgesetz" sollte auch nach 1945 die städtische Erinnerungskultur prägen. Dies war möglich, weil das Hanseatische auch im „Dritten Reich" kein ganz eindeutig fixierter ideologischer Begriff war, sondern auch genutzt werden konnte, um sich subtil bzw. partiell vom Nationalsozialismus zu distanzieren. Hamburger Kaufleute konnten für sich in Anspruch nehmen, während der NS-Zeit nicht nur Vorbilder, sondern auch als Negativfiguren medial dargestellt worden zu sein. So hatte es etwa in den Jahren 1935/36 vor allem im „Hamburger Tageblatt" Artikel gegeben, die sich z. B. auf Grundlage eines Berichts über eine Kundgebung der SA gegen Hamburger Großhandelskaufleute richteten, die als „Geldsäcke" oder als „Gesindel aus Harvestehude und Uhlenhorst" bezeichnet wurden.[27] Auf den positiv aufgeladenen Begriff der Hanseaten wurde dabei interessanterweise verzichtet. Nach 1945 konnte die Erinnerung an solche Artikel aber dazu beitragen, die Kaufleute als Kerngruppe des Hanseatischen in der öffentlichen Wahrnehmung jenseits des Nationalsozialismus zu verorten.

6   Die Inszenierung des Hanseatischen als demokratische Tradition nach 1945

Eine wichtige Rolle spielte das Hanseatische dementsprechend bei der Interpretation eines Hamburger „Sonderwegs" nach 1945. Es war Rudolf Petersen, der von den britischen Alliierten eingesetzte Erste Bürgermeister, der im Mai 1945 in einem Memorandum konstatierte, der Nationalsozialismus sei in Hamburg im Vergleich zum übrigen Reich deutlich weniger eingedrungen.[28] Der auf Petersen folgende Bürgermeister, der Sozialdemokrat Max Brauer, rekurrierte ebenfalls darauf, besaß die Idee eines gemäßigten hanseatischen Nationalsozialismus doch gemeinschaftsstiftende Wirkung. Dementsprechend begrüßte die CDU-nahe Hamburger Allgemeine Zeitung am 10. Dezember 1946 Brauers Forderung, die Entnazifizierung müsse ein baldiges Ende finden, damit wieder Ruhe in die Verwaltung

---

27 o. V. „Nazi-Asteker" rechnet ab. Eine Massenversammlung wie in Kampfzeiten – Sagebiel polizeilich gesperrt – Reaktion am Pranger – Begeisterte Zustimmung der Tausende, in: Hamburger Tageblatt vom 26.4.1935.

28 Anlässlich seiner Antrittsrede als Bürgermeister am 15. Mai 1945 dankte Rudolf Petersen Karl Kaufmann für seine angeblichen Verdienste um die kampflose Übergabe der Stadt Hamburg und machte somit die „Kaufmann-Legende" publik (vgl. Roth 1997, S. 140).

einziehen könne. Auf diese Weise würde der Vernunft eine Bresche geschlagen werden, lobte die Zeitung.[29] Zugleich diente das Hanseatische dazu, Hamburger Traditionen für den demokratischen Wiederaufbau freizulegen. Denn es bot durch die ihm nun wiederum zugeschriebenen Elemente wie Rationalität, Pragmatismus und Weltoffenheit Potential zur Abgrenzung gegenüber dem Nationalsozialismus, der mit Fanatismus, Verantwortungslosigkeit und Gewalt assoziiert wurde. Dies wurde auch außerhalb Hamburgs so gesehen. Bereits 1947 betonte Hans Hajek, ein Österreicher in der Wochenzeitung „Die ZEIT" die besondere Atmosphäre bei seinem Besuch in der Hansestadt: „Ich spürte: hier ist wirkliche Demokratie ohne viele und große Worte; hier ist würdige und seiner selbst sichere Tradition".[30] In der Tat setzte Max Brauer gezielt „auf den Geist der Hanse", wobei nicht mehr nur die hanseatischen Kaufleute, sondern alle Bürger Hamburgs gemeint waren, um die Verantwortung des Einzelnen für das Gemeinwohl zu betonen. So betonte er in einer Sonderbeilage der „Welt" am 14. Juni 1952, dass in der Zeit des Wiederaufbaus das „stolze Bewusstsein" entstanden sei, „dass das Wohl des Ganzen nicht abhängt von dem Schutz, dem Einfluss oder der Macht großer Herren, sondern von der Verantwortung, die der Einzelne, der gemeine Mann für alle zu tragen hat".[31] Das Hanseatische fungierte hier in erster Linie als Integrationsklammer für breite Teile der Bevölkerung und stellte einen wichtigen mentalen Kitt dar, um die heterogene Nachkriegsgesellschaft in Hamburg zu einen. Gegner des Nationalsozialismus und politische Remigranten wie Max Brauer konnten auf diese Weise mit ehemaligen „Mitläufern" des NS-Regimes zusammengeführt werden (Thießen 2007, S. 104). Als gut anschließbar erwies sich zudem das dem Hanseatischen zugeschriebene Element der Weltoffenheit und Völkerverständigung. Nach 1945 spielten Hinweise auf die hohe Respektabilität Hamburger Kaufleute im Ausland und auf ihr langjährig gepflegtes wirtschaftliches und persönliches Netzwerk auch in der Presse eine Rolle, um Hamburg wieder als Außenhandelszentrum zu profilieren.[32]

Nicht als Integrationsklammer, sondern letztmalig als politische Kampfparole wurde das Hanseatische in dem polemisch geführten Bürgerschaftswahlkampf des Jahres 1953 eingesetzt. Dabei zeigte sich noch einmal jene Polarisierung der politischen Kultur, die für die Hansestadt lange Zeit typisch gewesen war, wobei das Hanseatische den so genannten Bürgerblock-Parteien dazu diente, ihre Kompetenz für das Allgemeinwohl zu dokumentieren (Stubbe da Luz 2001). In diesem Sinne

---

29 o. V., Der Vernunft eine Bresche, in: Hamburger Allgemeine Zeitung vom 10.12.1946.
30 Hans Hajek, Melancholische Liebe zu Hamburg, in: Die Zeit vom 6.3.1947.
31 Max Brauer, In jedem Hamburger lebt die große Tradition der Hanse fort, in: Stadt Staat, Sonderausgabe »Die Welt« vom 14.6.1952.
32 Vgl. z. B. o. V., Geist des guten Willens, in: Hamburger Abendblatt vom 13.10.1949.

wurde insbesondere die Ernennung von Kurt Sieveking zum Spitzenkandidaten der im so genannten „Hamburg-Block" zusammengeschlossenen Parteien interpretiert. Zunächst war der parteilose Kurt Sieveking Syndikus im Hamburger Senat unter Max Brauer gewesen, bevor er 1951 zum Gesandten des Bundes in Stockholm ernannt worden war. Der Redakteur Georg Zimmermann kommentierte in dem sich überparteilich-neutral gebenden „Hamburger Abendblatt" Sievekings Kandidatur am 3. Oktober 1953 folgendermaßen:

> „Hier wird in diesem Wahlkampf ein Name angeleuchtet, der wie die alten Türme mit Patina überzogen ist und vielen vertraut aus dem Dämmer der hanseschen Vergangenheit herauswächst. Dahinter wird ein Mensch sichtbar. Ein Zeitgenosse. Unter seinen Ahnen waren Kaufleute, Bürgermeister, Senatoren, Diplomaten und Gelehrte von hohem Rang. Nun ruft man auch ihn".[33]

Außerdem gründeten die Bürgerblock-Parteien die Zeitschrift „Hanseat", um gegen Max Brauer und die Politik der SPD zu agitieren.[34] Zwar gelang es dem konservativen Parteienbündnis tatsächlich, die Macht in der Stadt zu übernehmen, doch zerbrach es bereits drei Jahre später. Nachfolgend arbeiteten maßgebliche Protagonisten der SPD daran, so meine These, das Hanseatische möglichst tief im Traditionsbestand der Hamburgischen SPD zu verankern. Darauf weist zum einen der Bürgerschaftswahlkampf 1961 hin, den die SPD mit Paul Nevermann und dem werbewirksamen Slogan „Gute Hanseaten – Sozialdemokraten" führte.[35] Zum anderen war es Helmut Schmidt, der sich publizistisch als Hanseat konturierte. Nachdem er als Innensenator eine herausragende Rolle bei der Bewältigung der Sturmflut gespielt hatte, artikulierte er als Anonymus in einem Artikel in der Tageszeitung „Die Welt" im Jahr 1962 freundlich-kritisch seine Liebe zu Hamburg, indem er der Stadt „Toleranz, Prinzipientreue, Weitblick und Wagemut" zuschrieb – mithin Eigenschaften, die er wohl auch mit seiner eigenen Person und der Sozialdemokratie in der Hansestadt assoziierte.[36] Seit Mitte der 1960er Jahre wurde Helmut Schmidt regelmäßig in der regionalen Presse wie in überregionalen Medien als Hanseat und sein Politikstil als hanseatisch tituliert.[37]

---

33 o. V., Hamburg-Block hat sich entschieden. Ein Name mit hanseatischer Tradition. Bürgermeister-Kandidat Dr. Sieveking, in: Hamburger Abendblatt vom 3.10.1953.

34 Bajohr/Wierling, Hanseaten, S. 1.

35 FZH-Archiv, 834-93 SPD Hamburg, Plakate, SPD-Plakat zur Bürgerschaftswahl 1961.

36 Zusammenfassung des Artikels in Helmut Schmidt, Weggefährten. Erinnerungen und Reflexionen, Berlin 1996, S. 524.

37 z. B. o. V., Der Hanseat und die Narren, in: Hamburger Abendblatt, 30.1.1975; o. V., Kanzler Schmidt: Hoffen auf den Macher, in: Der Spiegel (1974), Nr. 20, S. 19-34, besonders S. 33f.

7   Fazit

In Hamburg setzte sich der Begriff des Hanseatischen als kommunikative Figuration des urbanen Zusammenlebens auch und gerade in der Sphäre des Politischen seit der Weimarer Republik verstärkt durch. Mehr noch: Er wurde zum Kennzeichen der mediatisierten Stadt, bei der städtische Identitätspolitik auch und gerade über die Medien ebenso konstruiert wie konturiert wurde. Das Hanseatische fungierte als schillerndes lokales Identifikationsangebot, dem zugleich Vorbildlichkeit für die Nation und damit für das herrschende politische System zugeschrieben wird. Im Untersuchungszeitraum war die Präsenz der Begriffe in den lokalen Medien so stark, dass sie eine gewissermaßen „fühlbare Selbstverständlichkeit" annahmen.[38] Dabei spielte eine Rolle, dass die Begriffe in einer engen Wechselwirkung von Politik und Medien verwendet wurden, die genauer untersucht werden müsste. In der Tagespresse diente das Hanseatische als Formel für eine gemeinschaftsstiftende Hamburger Wesensart, die wahlweise auf die soziale Kerngruppe der Kaufmannschaft, die allgemeine Bevölkerung oder die Stadt projiziert werden konnte. Hervorzuheben ist, dass das Hanseatische und die Hanseaten durch ihre Einbindung in die Vorstellung von der nationalsozialistischen „Volksgemeinschaft" nicht an Resonanzkraft verloren haben – im Gegenteil.

Sie gewannen nach 1945 sogar an Zugkraft, weil das Hanseatische trotz ideologischer Einbindung stets ein Stück weit polyvalent blieb. Dabei spielte eine Rolle, dass nationalsozialistische Funktionsträger wie Karl Kaufmann mit den alteingesessenen Hamburger Familien zumindest in Fragen des sozialen Habitus und gesellschaftlichen Umgangs „fremdelten", wenn der Reichsstatthalter etwa 1936 in einer Rede öffentlich monierte, dass an der Hamburger Börse nicht mit „Heil Hitler" gegrüßt werde und dies in der Presse sogleich aufgenommen wurde.[39] Nach dem Zweiten Weltkrieg dienten Hanseatisches und Hanseaten jedenfalls maßgeblich dazu, das Bild eines Hamburgischen „Sonderfalls" für die Zeit des Nationalsozialismus zu konstruieren und gravierende Mitverantwortungen zu marginalisieren. Vor allem das „Hamburger Abendblatt" setzte auf eine allgemein-menschliche Ansprache, bei der Nationalsozialismus und Zweiter Weltkrieg als schicksalshafte Naturgewalten gesehen wurde, derer sich Hamburgs Einwohner sowohl mit Zähigkeit und Wagemut als auch mit Vernunft, Pragmatismus und Weltoffenheit erwehren konnten. Besonders interessant ist die partielle Verschiebung der Zuschreibung des Hanseatentums von der sozialen Trägergruppe der Kaufmannschaft auf die breite Bevölkerung im Allgemeinen und die Hamburger Sozialdemokratie im Besonderen.

---

38   Den Begriff verdanke ich Yvonne Robel.

39   o. V., 30.000 hörten des Gauleiters Parole, in: Hamburger Tageblatt vom 25.9.1936.

Es war vor allem Helmut Schmidt, an dem sich die Loslösung der Begriffe von der sozialen Herkunft hin zu politischer Verantwortung in Verbindung mit einem als pragmatisch und nüchtern bezeichneten Politikstil vollzog.

Literatur

Bajohr, Frank und Dorothee Wierling. (2012) „Hanseat" und „hanseatisch" – Konturen eines möglichen Forschungsfelds. Unveröff. Konzeptpapier, Hamburg o. D.

Duden. Das große Wörterbuch der deutschen Sprache in sechs Bänden. 1977. Band 3. Mannheim, Wien, Zürich: G-Kal.

Führer, Karl Christian. 2008. Medienmetropole Hamburg. Mediale Öffentlichkeiten 1930-1960. Hamburg: Dölling und Galitz.

Ortmann, Alexandra. 2005. „…mit den Tugenden eines echten Hanseaten". Zur Konstruktion einer Identität um 1900. Unveröff. Magisterarbeit, Universität Göttingen.

Roth, Karl-Heinz. 1997. Ökonomie und politische Macht. Die „Firma Hamburg" 1930-1945. In Kein abgeschlossenes Kapitel: Hamburg im „Dritten Reich", hrsg. A. Ebbinghaus und K. Linne, 15-166, Hamburg: Europäische Verlagsanstalt.

Sonntag, Christian. 2006. Medienkarrieren. Biografische Studien über Hamburger Nachkriegsjournalisten. München: Medienbauer.

Stubbe da Luz, Helmut. 2001. „Hanseatische" Parteipolitik in der Weimarer Zeit und in den Jahren nach dem Zweiten Weltkrieg. Die Sammlungs- und Bürgerblock-Bestrebungen des Hanseatischen Volksbundes sowie der Deutschen Sammlung (Lübeck), der Bremer Demokratischen Volkspartei und des Vaterstädtischen Bundes Hamburg. In Geschichte als Verpflichtung. Hamburg, Reformation und Historiographie. Festschrift für Rainer Postel zum 60. Geburtstag, hrsg. M. Hundt und L. Jockheck, 183-214, Hamburg: Krämer.

Thießen, Malte. 2007. Eingebrannt ins Gedächtnis. Hamburgs Gedenken an Luftkrieg und Kriegsende 1943 bis 2005. Hamburg: Dölling und Galitz.

Weinhauer, Klaus. 2005.Handelskrise und Rüstungsboom. Die Wirtschaft. In Hamburg im „Dritten Reich", hrsg. von der Forschungsstelle für Zeitgeschichte in Hamburg, 191-224, Göttingen: Wallstein.

Zur Autorin

Lu Seegers, PD Dr., ist Privatdozentin an der Universität Hamburg, assoziierte wissenschaftliche Mitarbeiterin an der Forschungsstelle für Zeitgeschichte in Hamburg (FZH) und Geschäftsführerin der Schaumburger Landschaft. Ihre Forschungsschwerpunkte liegen in der deutschen und europäischen Geschichte des 20. Jahrhunderts, insbesondere in der Kultur-, Medien-, Stadt-, Geschlechter- und Erinnerungsforschung. Jüngere Buchveröffentlichungen: (Hg.), Hot Stuff. Gender, Popkultur und Generationalität in West- und Osteuropa nach 1945, Göttingen 2015; »Vati blieb im Krieg«. Vaterlosigkeit als generationelle Erfahrung im 20. Jahrhundert – Deutschland und Polen, Göttingen 2013.

„Provinzblättchen" zwischen linksalternativer Vergemeinschaftung und lokalpolitischer Provokation
Jugendzentrums- und Alternativzeitungen in westdeutschen Klein- und Mittelstädten der 1970er Jahre

David Templin

1   Einleitung

„Unsere Zeitung soll nicht nur anklagen und die Sauereien aufzeigen, die im Land so ablaufen, sondern sie soll den Lesern auch was über andere Leser vermitteln. Damit mensch merkt, daß es hier in Bingen noch mehr als einen selbst gibt, die sich polit. und menschl. einsetzen. Wir müssen uns untereinander verständigen, das müßte doch gerade bei uns in der Provinz leichter möglich sein", erläuterte die Redaktion der im rheinland-pfälzischen Bingen herausgegebenen *Landpost* Ende 1978 ihren Leserinnen und Lesern die eigene Motivation.[1] Neben der als obligatorisch erachteten Kritik an Missständen bestand diese vor allem im Bestreben nach Kommunikation mit Gleichgesinnten – deren Zahl in „der Provinz" deutlich überschaubarer zu sein schien als in Großstädten. Die *Landpost* mit dem Untertitel *Zeitung für Bingen u. Umgebung* war zu dieser Zeit nur eine von hunderten alternativen Jugend-, Stadt- oder Regionalzeitungen, die seit Beginn des Jahrzehnts in westdeutschen Klein- und Mittelstädten sowie Gemeinden entstanden waren.

Der Zeithistoriker Sven Reichardt spricht in seiner Darstellung der linksalternativen Presse in den 1970er und frühen 1980er Jahren von einer „imaginäre[n] Gemeinschaft", die durch die Zeitungen, Zeitschriften und Blätter erzeugt worden

---

[1]   *Landpost. Zeitung für Bingen u. Umgebung*, Nr. 3, 1978/79, S. 2, in: International Institute of Social History, ID-Archiv (IISG/ID), ZK 47343. Der Begriff „Provinzblättchen" im Titel stammt als Selbstbezeichnung aus: *Grundblick. Die Zeitung aus dem Ebsdorfer Grund*, Nr. 4, August 1979, S. 2, in: Archiv der Forschungsstelle für Zeitgeschichte in Hamburg (FZH), 14-9, 55, 06.

© Springer Fachmedien Wiesbaden GmbH, ein Teil von Springer Nature 2018
A. Hepp et al. (Hrsg.), *Die mediatisierte Stadt*, Medien • Kultur • Kommunikation,
https://doi.org/10.1007/978-3-658-20323-8_5

sei (Reichardt 2014, S. 223, 277). Entstanden aus Ansätzen und Konzepten von „Gegenöffentlichkeit" in den 68er-Protesten (Stamm 1988, S. 17-53) und parallel zum Aufkommen einer Vielzahl alternativer Projekte, von Bürgerinitiativen, selbstorganisierten Zentren und Wohngemeinschaften war es seit etwa 1975 zu einem regelrechten „Alternativzeitungsboom" gekommen (Stamm 1988, S. 142; Reichardt 2014, S. 241, datiert den „Gründungsboom" auf 1977/78). Ziele und Charakter dieser Publikationen schwankten dabei zwischen der Wirkung nach innen, in Form der Vermittlung „authentischer" subjektiver Erfahrungen sowie der Schaffung von Kommunikationsstrukturen innerhalb des alternativen Milieus, und einer in die breitere Öffentlichkeit gerichteten „Gegeninformation", bei der es darum ging, „unterdrückte" Nachrichten öffentlich zu machen.

Alternative Printmedien fungierten auch vor dem Hintergrund einer leseversessenen Zielgruppe nicht selten als „Kristallisationspunkte, um die sich soziale Arbeits- und Lebenszusammenhänge strukturier[t]en" (Stamm 1988, S. 140). Als Milieu- und Bewegungsmedien dienten sie diesen als Plattformen, mit dem steten Anspruch kollektiver, basisdemokratisch und selbstorganisierter Produktionsbedingungen. Ihre Aufmachung reichte dabei von zusammengehefteten Blättern bis zu aufwendig gestalteten Magazinen. Zeitgenössische Schätzungen gingen für 1980 von rund 390 linksalternativen Zeitschriften mit einer monatlichen Gesamtauflage von rund 1,6 Millionen Exemplaren aus (Reichardt 2014, S. 241).

Nadja Büteführ hat in Rückgriff auf zeitgenössische Einteilungen vier Typen von Alternativzeitungen unterschieden: Neben den oftmals stadtteilbezogenen „Initiativzeitungen" einzelner Bürgerinitiativen mit dem Schwerpunkt auf konkreten lokalen Themen und den BI-nahen, aber themenübergreifen „Volksblättern" lassen sich „Sceneblätter" oder „Underground-Zeitungen" ausmachen, die stärker subkulturell orientiert waren und eine spezifische Szene adressierten, sowie Stadtmagazine, die sich vor allem gegen Ende der 1970er Jahre in Großstädten ausbreiteten und eine starke Freizeit-, Service- und Kulturorientierung für ein alternatives Publikum im weiteren Sinne aufwiesen (Büteführ 1995, S. 177-198; vgl. Reichardt 2014, S. 247-257; Brüseke und Große-Oetringhaus 1981, S. 13-17).

Die bisherige Forschungsliteratur zur Alternativpresse der 1970er und 1980er Jahre bezieht sich allerdings zum überwiegenden Teil auf Publikationen in Groß- oder Universitätsstädten. Die Verbreitung vergleichbarer Projekte und „Blätter" in ländlich-kleinstädtischen und suburbanen Räumen ist dagegen bislang kaum in den Blick der zeithistorischen Forschung geraten. Der folgende Beitrag fragt mit Blick auf diese alternative Medienproduktion nach ihrer Bedeutung für die Konstruktion kollektiver Identitäten zwischen jugendlichen Protestbewegungen und linksalternativem Milieu und nach ihrer Rolle in einer klein- bzw. mittelstädtischen Öffentlichkeit und in lokalpolitischen Konflikten. Dabei konzentriere ich mich auf

Zeitungen und Publikationen, die im Kontext der Jugendzentrumsbewegung und selbstverwalteter Jugendzentren (JZ) in Klein- und Mittelstädten oder Gemeinden entstanden sind (vgl. Templin 2015). Alternativ- und Jugendzentrumszeitungen wirkten dabei in zwei kommunikativen Räumen: zum einen dem sozialen und kommunikativen Raum, den das selbstverwaltete Jugendzentrum bzw. weiter gefasst die linksalternative Szene vor Ort konstituierte, und zum anderen dem Raum der lokalen und lokalpolitischen Öffentlichkeit. Beide Räume verweisen, so ließe sich mit Bezug auf das Konzept der kommunikativen Figurationen argumentieren, auf unterschiedliche Akteurskonstellationen und Machtverhältnisse: Während die Alternativblätter als zentrales Druckerzeugnis für „die Szene" eine wichtige kohäsive Binnenwirkung entfalteten, stellten sie im Kommunikationsraum der lokalen Öffentlichkeit nur ein Nischenphänomen dar, das sich dominanten Akteuren und einer etablierten Lokalpresse gegenübersah. Dass sich alternative, jugendkulturell und linksoppositionell orientierte Printmedien in Klein- und Mittelstädten, ja sogar in Dörfern ausbreiteten, war in der Geschichte der Bundesrepublik ein neues Phänomen. Jugendzentrumsbewegung und linksalternatives Milieu trugen damit nicht nur zur Ausbreitung urbaner, alternativer Lebensstile in der „Provinz" mit bei, sondern gingen auch mit der Produktion alternativer Medien und der Schaffung eigener Kommunikationsräume einher.

Im folgenden Beitrag sollen in einem ersten Schritt Charakter und Funktion der Publikationen zwischen der Schaffung lokaler „Gegenöffentlichkeit", der Gewährleistung bewegungs- bzw. szeneinterner Kommunikation und der Vergemeinschaftung unter linksalternativen Vorzeichen skizziert werden. In einem zweiten und dritten Schritt frage ich nach den Konflikten zwischen Initiativen und Kommunen, die sich an Veröffentlichungen entzündeten, und allgemeiner nach dem Verhältnis alternativer Printmedien in der „Provinz" zur kleinstädtischen Öffentlichkeit. Deutlich wird dabei, dass die Grenzen zwischen Jugendzentrums- und alternativer Stadt-, Dorf- oder Regionalzeitung fließend waren.

Für die historiographische Auswertung herangezogen wurde mehr als ein Dutzend solcher Publikationen aus Städten und Gemeinden unter 10.000 (Bad Nenndorf, Calmbach, Dreihausen, Mellendorf, Niebüll), Kleinstädten bis zu 20.000 (Bad Oldesloe, Kalletal, Rellingen, Schlüchtern, Stemwede) und Mittelstädten bis zu 50.000 Einwohnerinnen und Einwohner (Bad Homburg, Bingen, Bünde, Reinbek, Schorndorf, Weinheim). Diese Zeitungen und Blätter sind in mehreren Archiven mit Beständen sozialer Bewegungen der 1970er Jahre überliefert, in vielen Fällen allerdings nur unvollständig (vgl. Templin 2014, S. 33-36): Während die zehn Ausgaben der Jugendzentrumszeitung *Die Zange* aus dem schleswig-holsteinischen Reinbek etwa vollständig erhalten sind, waren von anderen nur einzelne Exemplare zugänglich (was in manchen Fällen aber auch auf die Kurzlebigkeit der jeweiligen Publikation verweist).

2 Gegenöffentlichkeit, Kommunikation, Vergemeinschaftung

Mit der Herausbildung erster Jugendzentrumsinitiativen um 1970/71 entstanden auch erste Ansätze, über eigene Publikationen wie „Infoblätter" eine alternative Öffentlichkeit im lokalen Raum herzustellen. Dabei war die Grenze zwischen Flugblatt und Zeitung noch fließend. Im Vordergrund stand die Information der Bevölkerung und einer breiteren Öffentlichkeit mit dem Ziel, die Position der Initiative vor Ort zu stärken. So bestand das Anliegen der 1973 vom lokalen Jugendclub ins Leben gerufenen *Dorfzeitung* im hessischen Dreihausen darin, „die Interessen des Clubs in der Bevölkerung vertreten [...] und [...] bestehende Vorurteile abbauen zu können", wie zwei Redakteure drei Jahre später konstatierten.[2] Und die *Zeitung ohne Namen* des Vereins Jugendzentrum Bünde sollte die „Verbindung zwischen Öffentlichkeit und Jugendzentrum" gewährleisten und Informationen publik machen, „die in der Tageszeitung nicht erscheinen (z. B. über Vorgänge in Schulen und Betrieben)".[3]

Hinter dem Bedürfnis nach Schaffung einer lokalen Gegenöffentlichkeit stand insofern vielfach eine Kritik an der Berichterstattung etablierter Tageszeitungen vor Ort. So sollte die Gründung der Jugendzentrumszeitung *Embryo* im Herbst 1972 in der baden-württembergischen Gemeinde Calmbach dazu beitragen, die Aktion Jugendhaus unabhängiger von lokalen Tageszeitungen wie dem *Calmbacher Boten* zu machen, da – wie die Aktivistinnen und Aktivisten betonten – „es sich gezeigt hatte, daß diese Zeitungen über unsere Angelegenheiten oft nur sehr gekürzt, teilweise sinnentstellend und manchmal auch erst nach längerem Drängen berichtet hatten".[4] Probleme der Jugend würde generell, so die Kritik der jugendlichen Zeitungsmachenden, zu wenig Raum in den Massenmedien eingeräumt. Kritik an der etablierten Kleinstadtpresse formulierte auch der Verein Jugendzentrum e. V. im schleswig-holsteinischen Bad Oldesloe, der in der ersten Ausgabe seiner

---

2 *Dreihäuser Dorfzeitung*, Jubiläumsausgabe, November 1976, S. 12, in: Archiv der deutschen Jugendbewegung (AdJb), A202, Nr. 890.
3 *ZON. Zeitung ohne Namen*, Nr. 1, September 1973, S. 2, in: Deutsche Nationalbibliothek (DNB), DZb 18914.
4 *Embryo*, extra: Dokumentation Aktion Jugendhaus, März/April 1973, S. 21, in: AdJb, A202, Nr. 885.

Zeitung *Oldeslohe* Ende 1975 bemerkte, dass seitens der etablierten Presse „viele Dinge nicht so dargestellt worden sind, wie sie sich wirklich abgespielt haben".[5] Die lokale Tageszeitung, das *Stormarner Tageblatt*, hatte wenige Monate zuvor in Artikeln mit Schlagzeilen wie „Bestimmen die Kommunisten Ton und Tun im Haus?" Stimmung gegen das Jugendzentrum gemacht.[6] Zwar gab es in manchen Tageszeitungen durchaus auch eine gewisse Offenheit für die Anliegen jugendlicher Initiativgruppen, ein signifikanter Teil der Presse stand diesen jedoch kritisch bis ablehnend gegenüber und brachte Jugendzentren – ähnlich wie es viele konservativ eingestellte Stadtvertreterinnen und -vertreter taten – mit Drogenexzessen, kommunistischen Tendenzen und der Untergrabung bürgerlicher Wertvorstellungen in Verbindung (Templin 2015, S. 256-261). Für Initiativen, die von einer solchen Berichterstattung betroffen waren, lag es nahe, stärker auf eigene Informationsverbreitung und das um 1968 entwickelte Konzept der Schaffung einer „Gegenöffentlichkeit" zu setzen (vgl. Stamm 1988, S. 17-53).

Den Jugendzentrums- und Initiativzeitungen wohnte jedoch von Beginn an auch ein zweites Moment inne – das der Kommunikation und Vergemeinschaftung der Jugendlichen untereinander. Mit der Gründung selbstverwalteter Jugendzentren und regionaler Zusammenschlüsse dieser Zentren trat dieses stärker in den Vordergrund. Die Konstituierung eigener Räume und Strukturen beförderte insofern die Etablierung spezifischer Kommunikationsräume bzw. der kommunikativen Figuration einer alternativen Jugend- bzw. Jugendzentrumsszene. Eine „Zeitung von Jugendlichen für Jugendliche" sollte etwa *Die Zange* sein, die vom Jugendzentrum in Reinbek bei Hamburg seit 1974 herausgegeben wurde.[7] *Embryo* setzte sich zum Ziel, die Kommunikation Jugendlicher untereinander zu verbessern, und die im hessischen Schlüchtern herausgegebene Zeitung *Die Faust* wollte „eine möglichst breite Diskussion der Jugendlichen des Kreises" über das Projekt eines geplanten Jugendclubs in Gang setzen.[8] Das proklamierte Ziel bestand darin, neue Jugendliche zu erreichen, für eine aktive Mitarbeit zu gewinnen oder die vielfach beklagte Kluft zwischen „aktiven" und „passiven" Nutzerinnen und Nutzern bestehender Jugendzentren zu überwinden.

---

5   *Oldeslohe. Zeitung des Vereins Jugendzentrum e. V.*, Nr. 1, [ca. November/Dezember 1975], S. 1, in: Stadtarchiv (StA) Wedel, S04-13, Nr. 2.

6   *Stormarner Tageblatt*, 31.7.1975, in: Stadtverwaltung (StV) Reinbek, Akte „Jugendzentrum V".

7   *Die Zange. Zeitung des JZ-Reinbek*, Nr. 1, September 1974, S. 2, in: StV Reinbek, Jugendzentrum IV.

8   *Embryo*, extra: Dokumentation Aktion Jugendhaus, März/April 1973, S. 21, in: AdJb, A202, Nr. 885; *Die Faust. Sprachrohr der Initiativgruppe Schlüchtern*, Nr. 0, Dezember 1973, S. 3, in: ebd. (Zitat).

Faktisch wirkten die Publikationen aber vor allem als Medium der Vergemeinschaftung der linksalternativen Trägergruppen der Initiativen und Zentren,
deren Vorstellungen und Interessen sich in den von ihnen produzierten Zeitungen
niederschlugen. Die Mischung aus alternativer Kultur und linker Politik, die die
Jugendzentrumsbewegung insgesamt ausmachte, prägte auch ihre Publikationen.
Selbstdarstellungen und programmatische Stellungnahmen von Initiativen standen
neben subjektiven Erfahrungsberichten, Artikel über allgemein- und gesellschaftspolitische Themen wie Atomkraft, Schulpolitik oder Drogen, die die linksopposi-
tionelle und alternative Szene in der Republik oder Region bewegten, wechselten
sich ab mit lokalen „JZ-News". Hinzu kamen Terminankündigungen, Comics,
Gedichte, Kleinanzeigen und Buch-, Film- oder Schallplattenbesprechungen. Die
enge Verknüpfung zur lokalen (oder regionalen) Jugendzentrumsbewegung schlug
sich in ausführlichen Texten zum Stand der jeweiligen Initiative, den Konflikten
mit der Stadtverwaltung oder der aktuellen Situation im Jugendzentrum nieder.
Insofern lassen sich in Jugendzentrumszeitungen sowohl Elemente klassischer
„Initiativzeitungen" als auch solche subkulturell ausgerichteter „Scene-Blätter"
wiederfinden.

Der Blick auf einzelne Titelbilder des „Jugend-" bzw. „Alternativ-Blätte" *Motzer* aus der oberschwäbischen Kleinstadt Bad-Schussenried kann den Aspekt
linksalternativer jugendlicher Vergemeinschaftung verdeutlichen. So war auf der
14. Ausgabe vom März 1978 das Bild einer alten Frau mit Gehstock abgebildet, in
krakeliger Handschrift illustriert mit dem Text „Bei uns hat es früher auch kein
Juze gegeben, und wir sind doch ordentliche Menschen geworden!" (vgl. Abbildung
1). Auf anderen Titelblättern waren dagegen lachende, zum Teil bärtige Jugendliche abgebildet, die mit einem Transparent für ihr „Juze" demonstrierten, Gitarre
spielten oder mit Sprühdose „Juze bleibt" an eine Hauswand schrieben, während
ein Polizeiauto sich näherte (vgl. Abbildung 2).[9] Während die Macherinnen und
Macher der Zeitung sich auf der einen Seite von stereotyp dargestellten „Alten"
abgrenzten, die mit Verweis auf ihre eigenen generationellen Erfahrungen gegen
ein Jugendhaus argumentierten, portraitierten sie sich selbst als lebendig, kämpferisch und unangepasst. Die starke generationelle und kulturelle Aufladung der
lokalpolitischen Auseinandersetzung um ein Jugendhaus wird an solchen Illus-
trationen deutlich, ebenso wie die Konstruktion einer alternativen Identität auf
Seiten der Jugendlichen.

---

9   *Motzer. A Schussariader Jugend-Blättle*, Nr. 14, 7.3.1978, S. 1, und Nr. 15, 21.3.1978, S. 1,
    in: FZH, 14-9, 52; *Motzer. A oberschwäbischs Alternativ-Blättle*, Nr. 19, 17.5.1978, S. 1,
    in: ebd.

Abb. 1

Abb. 2

Während manche Zeitungen gewissermaßen als „offizielle" Organe der jeweiligen Jugendzentrumsinitiative, des Jugendzentrums oder eines regionalen Zusammenschlusses fungierten, wurden andere lediglich in den Zentren hergestellt. Manche hatten auch direkte Verbindungen zu Schülergruppen. Die Grenze zu Schülerzeitungen war nicht selten fließend – auch weil sowohl Macherinnen und Macher als auch die Leserinnen und Leser der Zeitungen in der Regel das Gymnasium besuchten.[10] Entsprechende Publikationen wirkten auch in den kommunikativen Raum der schulischen Öffentlichkeit hinein, um Schülerinnen und Schüler für die Anliegen und Aktivitäten der Jugendzentren zu interessieren.

Die Blätter umfassten zwischen zwei und 40 Seiten und erschienen im DinA4- oder DinA5-Format, mit Auflagen zwischen 100 und 2.000 Stück. Die Aufmachung war geprägt von einem collagenhaften Stil, dem Abdruck von Presseartikeln und der Verwendung von Karikaturen, die aus anderen Zeitungen übernommen wurden oder selbst entworfen worden waren. Damit dominierte auch in Jugendzentrumszeitungen ein Stil, der für die westdeutsche Alternativpresse generell prägend war (vgl. Reichardt 2014, S. 278-312). Die Lebensdauer der Zeitungen war in der Regel kurz. War die Existenz selbstverwalteter Jugendzentren an sich bereits eine prekäre Angelegenheit, da sie nicht nur vom Wohlwollen der Stadtvertreterinnen und -vertreter, sondern auch von einem festen Kern engagierter Jugendlicher abhängig war, so galt dies umso mehr für deren alternative Publikationen. Von manchen Zeitungen wurden nur eine, zwei oder ein halbes Dutzend Ausgaben herausgebracht, die wenigsten von ihnen erschienen über mehrere Jahre hinweg. Das lag auch darin begründet, dass das Engagement in einer Jugendzentrumsinitiative, einem selbstverwalteten Jugendzentrum oder einer dort angesiedelten Zeitungs-AG für viele Jugendliche eine Erfahrung von kurzer Dauer darstellte, bevor sie beispielsweise die Schule abschlossen, ein Studium aufnahmen und/oder in eine andere Stadt zogen.

Die Zeitungen fungierten aber nicht nur als Medium der Vergemeinschaftung der im Jugendzentrum Aktiven, sondern sie boten auch eine Kommunikationsplattform, über die sich die Leserschaft bzw. die Nutzerinnen und Nutzer eines Jugendzentrums austauschen konnten. Die *Weinheimer JZ-Presse* etwa sollte dem „Erfahrungs- und Informationsaustausch" unter den Jugendlichen und auch den verschiedenen Initiativgruppen der Region dienen – mit dem Ziel, die Bewegung „zusammenzuführen und zu vereinheitlichen".[11] Insbesondere regionale und überregionale Zeitungen, die parallel zur Gründung entsprechender Netzwerke und Dachverbände von Jugendzentrumsgruppen entstanden (vgl. Templin 2015, S. 516-537), ermöglichten den Informationsfluss und Erfahrungsaustausch zwischen

---

10 Vgl. Info Koordinationsbüro für JZ und Initiativen Ostwestfalen-Lippe, [Dezember 1974], in: FZH, 14-9, 61, 01; *Stärke12. Die Niebüller Jugendzeitung*, Nr. 0, Mai 1976, S. 2, in: DNB, DZb 76/1252; *Der Verreckling. Zeitung der freien Jugendclubs und Jugendzentren im Rheingau Taunus*, Nr. 8, April 1978, S. 2, in: FZH, 14-9, 55, 01.

11 *Weinheimer JZ-Presse*, Nr. 1, Dezember 1973, S. 2, in: AdJb, A202, Nr. 885.

den lokalen JZ-Gruppen auch jenseits persönlicher Zusammenkünfte. Sie waren gewissermaßen Bestandteil eines spezifischen Kommunikationszusammenhangs von JZ-Aktivistinnen und -Aktivisten, der sich jenseits der oftmals überschaubaren lokalen Kommunikationsräume formierte.

Die Zeitungen boten aber auch Raum für Kritik. So musste sich die Redaktion der im JZ Bad Nenndorf produzierten Zeitung *Chaos* Kritiken gefallen lassen, dass ihre politischen Artikel „zu einseitig" ausfielen. Einer Leserin missfiel die Kritik an der Sozialistischen Deutschen Arbeiterjugend (SDAJ) im Blatt, während der Vorsitzende der örtlichen Jungsozialisten dem Unabhängigen Jugendzentrum vorwarf, Sozialdemokratinnen und Sozialdemokraten eine Wahlkampfplattform zu verweigern.[12] Umgekehrt warf die Jugendzentrumszeitung des Rems-Murr-Kreises, das *Inforum*, seiner Basis in den Zentren vor, sich nicht ausreichend zu beteiligen oder zu schlechte Artikel einzusenden und beschimpfte diese als „Scheisss Leser [...] Lahmärsche, Schloofhauben, Mieslinge, Tranfunzeln, Wasserköpfe, Schnapsdrossle, Leisetreter, Leberwürste, Radfahrertypen".[13] Der provokative Ton sollte die Leserinnen und Leser animieren, sich an einer Umfrage zu beteiligen – mit dem Ziel, die Zeitung stärker in den Jugendzentren und ihrer Nutzerschaft zu verankern. Intensiv gestritten wurde im *Inforum* über das Verhältnis der Bewegung zum Massenmedium Fernsehen, da einer der Aktivisten aus dem Kreis Jugendsendungen für die ARD produzierte, in denen regelmäßig Initiativgruppen zu Wort kamen (Templin 2015, S. 180-182). Hitzige Debatten wurden auch im *Motzer* geführt, der sich sogar explizit als „Leserzeitung" verstand und in diesem Sinne lokale „Leserkreise" ins Leben rief.

Die Publikationen boten damit nicht nur Raum, inhaltliche Debatten zu führen und bewegungsinterne politische Konflikte auszutragen, sondern sie versuchten nicht selten auch – ganz im Sinne des Selbstverwaltungsgedankens und der intendierten Aufhebung der Trennung von Produzierenden und Konsumierenden – in ein gewissermaßen symbiotisches Verhältnis zu ihrer Leserschaft zu treten.

---

12 *Chaos*, Nr. 2, September 1976, S. 7-9, Zitat: S. 7, in: IISG/ID, ZK 45973.

13 *Inforum. Zeitung der Jugendzentren im Kreis Rems/Murr*, Nr. 4, Mai 1973, S. 4, in: Privatarchiv Eberhard Kögel (Kernen im Remstal), Schuber „Inforum".

3   Lokalpolitische Konflikte um Jugendzentrumszeitungen

In den Jugendzentrumszeitungen wurden jedoch nicht nur bewegungs- bzw. sze-neinterne Auseinandersetzungen ausgetragen, sondern die Publikationen wirkten auch in den kommunikativen Raum der lokalen Öffentlichkeit – und wurden dabei selbst zum Gegenstand lokalpolitischer Konflikte. Das beruhte in manchen Fällen darauf, dass die Initiativgruppen von den Kommunen finanzielle Zuschüsse für die Herstellung einer eigenen Zeitung forderten.[14] In den meisten Fällen gingen die Konflikte um Zeitungsprojekte jedoch darauf zurück, dass sich Bürgermeister, Stadtvertreter oder kommunale Verwaltungen durch einzelne Artikel provoziert oder attackiert fühlten und in den Publikationen eine Bestätigung für die linke bis kommunistische Ausrichtung des Jugendzentrums erblickten. Umgekehrt sahen manche Aktivistinnen und Aktivisten, wie die Macher der Reinbeker *Zange*, in ihrem Blatt ein „Kampfinstrument", mit dem sie die Politik der Stadt kritisieren und die Jugendzentrumsbewegung vor Ort stärken wollten.[15]

Insbesondere direkte Kritik an der Stadt oder linksradikale Äußerungen erregten den Unmut städtischer Gremien. So hatte etwa die *Zündschnur*, die Zeitung des Jugendzentrums Stemwede, den Jugend- und Sportausschuss in einer Karikatur als schlafmützig portraitiert, was die Mitglieder des städtischen Gremiums nicht besonders witzig fanden (Bundesvorstand der Jungsozialisten 1977, S. 54 f.). Die im schleswig-holsteinischen Niebüll herausgegebene Jugendzeitung *Stärke12* sah sich bereits nach ihrer Nullnummer heftiger Kritik in der Stadtvertretersitzung ausgesetzt. Ein Vertreter der CDU kritisierte u. a. die Befürwortung der Kriegs-dienstverweigerung und sah in der Publikation eine „Keimzelle ultralinker Infilt-ration".[16] Ähnliche Angriffe vor allem konservativer Stadtverordneter lassen sich auch für andere Klein- und Mittelstädte nachweisen. Mitunter ging dies so weit, dass Bürgermeister – wie im saarländischen Neunkirchen – den Druck oder die Verteilung einer JZ-Zeitung in städtischen Einrichtungen verboten oder bestimmte Artikel zu zensieren versuchten.[17]

---

14 Vgl. Schreiben Verein Jugendzentrum Reinbek e. V., 1.8.1974, in: StV Reinbek, Jugendzentrum V; Protokoll Stadtverordnetenversammlung Reinbek vom 10.10.1974, in: ebd.

15 *Die Zange*, Nr. 8, Oktober 1975, S. 1, in: IISG/ID, ZK 56233.

16 So wiedergegeben in einem Leserbrief im *Nordfriesland Tageblatt*, abgedruckt in: *Stärke12*, Nr. 1, November 1976, S. 2, in: DNB, DZb 76/1252.

17 *Nachrichten. Nachrichten- und Informationsschrift des Verbandes saarländischer Jugendzentren in Selbstverwaltung e. V. (VSJS)*, Nr. 7, März/April 1978, S. 3, in: IISG/ID, ZK 45383; *Traum-A-Land. Provinz-Zeitung für Franken-Hohenlohe*, Nr. 0, November

Insofern war das Medium Zeitung nicht nur in der Lage, die Basis für jugendliche Initiativgruppen in der „Provinz" zu verbreitern und so deren Position zu stärken, sondern sein Einsatz konnte sich auch kontraproduktiv auswirken oder zur Polarisierung von Konflikten beitragen. Im nordrhein-westfälischen Kalletal etwa rief ein Artikel des *Kalletaler Trödel* im Sommer 1975 heftige Reaktionen der lokalen CDU hervor, die sich vom Jugendzentrum (JZK) verunglimpft fühlte. „Solange [...] das JZK sich nicht in aller Form von diesen gegen die CDU in beleidigender Form agitierenden Mitglieder[n] distanziert, sehen wir die Basis einer Zusammenarbeit [...] mit dem JZK nicht gegeben, so bedauerlich es auch sein mag", erklärte die Partei in einer Gegendarstellung, die in der Zeitung nach Androhung gerichtlicher Schritte abgedruckt wurde.[18]

Neben als unverschämt oder politisch tendenziös eingestuften Artikeln waren es vor allem kommunistische Tendenzen oder als gewaltbefürwortend eingestufte Texte, die die Kommunen zum Anlass nahmen, einzuschreiten. In der vom Konflikt zwischen Staat und RAF geprägten und entsprechend aufgeheizten Atmosphäre des Jahres 1977 führte etwa ein Artikel zur Schleyer-Entführung in der Jugendzeitschrift *Motzer*, die im Jugendzentrum von Bad Schussenried produziert wurde, zu einem Aufschrei in der lokalen Öffentlichkeit. In dem von Oswald Metzger, einem 22-jährigen Jura-Studenten und JZ-Aktivisten, verfassten Artikel war die Entführung zwar verurteilt worden, seine Kritik galt aber vor allem den staatlichen Reaktionen, die mit Begriffen wie „Hexenjagd", „Gesinnungsschnüffelei" und „Polizeistaat" umschrieben wurden. Metzger sah die Bundesrepublik vor diesem Hintergrund auf dem Weg in den Faschismus.[19] Der Gemeinderat und der Kreistag verweigerten dem „Juze" daraufhin den Zuschuss und forderten von der Einrichtung, sich von der Zeitung zu distanzieren. Während sich das Jugendzentrum über Erpressung und versuchte Zensur beklagte, sprach das Landratsamt von strafrechtlich relevanten Beleidigungen und Angriffen auf den Staat.[20] Die Auseinandersetzung eskalierte schließlich und führte Anfang Mai 1978 zur polizeilichen Räumung des Jugendhauses (vgl. Templin 2015, S. 363). Ähnliche Konflikte um etwaiges „Terror-Sympathisantentum" gab es auch in anderen Klein- und Mittelstädten – etwa wenn *s´ Schorndorfer Blättle* den Text des Göttinger „Mescalero" zum Mord am

---

1977, S. 24f., in: FZH, 14-9, 65, 01; *Dorn*, Extra, [Ende 1977], S. 11, in: StA Wedel, S04-13, Nr. 2.

18   *Kalletaler Trödel*, Nr. 7/8, Juli/Oktober 1975, S. 12f., hier: S. 13, in: FZH, 14-9, 62, 06.

19   *Motzer*, Nr. 7, 29.11.1977, S. 11, in: FZH, 14-9, 52.

20   Vgl. die Dokumentation von Presseartikeln und Stellungnahmen in: ebd., S. 12-18.

Generalbundesanwalt Buback abdruckte und damit einen handfesten Skandal in der lokalen Öffentlichkeit auslöste.[21]

Entsprechende Veröffentlichungen in alternativen Zeitungen dienten kommunalen Gremien als Argumentationshilfen, da sie die Verfassungsfeindlichkeit der jugendlichen Aktivistinnen und Aktivisten gewissermaßen „schwarz auf weiß" zu belegen schienen. Stadtvertreterinnen und Stadtvertreter, die selbstverwaltete Jugendzentren sowieso schon skeptisch beäugten, da diese ihnen als Orte von Sittenverfall, Delinquenz und Subversion erschienen, sahen sich angesichts links orientierter Publikationen in ihrem Bild bestätigt. Auffallend ist, dass alternative Blätter in der überschaubaren Öffentlichkeit der Kleinstadt trotz ihres Nischencharakters von Akteurinnen und Akteuren aus Politik und Verwaltung wahrgenommen und rezipiert wurden – was allerdings auch auf die schwelenden Konflikte um die Jugendzentren zurückzuführen ist. Im Unterschied zur Medienvielfalt in Großstädten stachen alternative Zeitungsprojekte in den kommunikativen Figurationen klein- oder mittelstädtischer Räume dennoch eher heraus, ihre potentielle Wirkmächtigkeit war hier größer. Die alternative Jugendzentrumspresse war zwar nicht die Ursache der Spannungen und Konflikte zwischen aktiven Jugendlichen und kommunalen Vertreterinnen und Vertretern, sie wirkte aber nicht selten eher konfliktfördernd als dass sie zur Deeskalation beitrug.

4   Verhältnis zur kleinstädtischen Öffentlichkeit

Während Sven Reichardt den Alternativzeitungen Tendenzen von „Aggression" gegenüber dem Staat und einen „Gestus des Ausgegrenztseins" attestiert (Reichardt 2014, S. 293-301), muss dieser Befund für die Jugendzentrums- und Alternativpresse in der „Provinz" differenziert werden. Abgrenzungsbemühungen gegenüber der kleinstädtischen Gesellschaft und ihren Eliten wechselten sich ab mit Bemühungen, auf die örtliche Bevölkerung zuzugehen und Resonanz und Anerkennung zu erreichen.

Der überschaubare Rahmen kleinstädtischer Öffentlichkeit ermöglichte es, dass selbst mit geringem Einsatz größere lokalpolitische Provokationen zu erzielen waren. Die erwähnte Alternativzeitung *Motzer* etwa schoss sich seit dem Konflikt um das Jugendzentrum auf den Bürgermeister Hubert Kohler ein. Noch vor der Räumung der Einrichtung hatte die Zeitung anlässlich der Bürgermeisterwahl im Januar 1978 ein Extrablatt an alle Haushalte des Ortes verteilt, in dem dazu aufgerufen wurde,

---

21 s '*Schorndorfer Blättle*, Nr. 15, [ca. Oktober 1977], S. 4.

Kohler, der als einziger kandidierte, nicht zu wählen. In satirischen Texten wurde dieser als „Stadthäuptling" und „Choleriker" verspottet, fiktive Kurzgeschichten schilderten Attentate auf den Bürgermeister, und in einem gefälschten Brief ließ der *Motzer* Kohler sich über die „infame" Berichterstattung beschweren und mit seinem Rücktritt drohen. Die Texte führten schließlich dazu, dass der Bürgermeister Strafantrag gegen die Redakteure stellte. Die *Stuttgarter Zeitung* sprach vom Konflikt zwischen Alternativzeitung und Bürgermeister als einer „Privatfehde [...], die bisweilen kabarettreife Formen angenommen" habe.[22]

Angesichts der überschaubaren Größe des lediglich rund 7.000 Einwohnerinnen und Einwohner zählenden Ortes Bad Schussenried kam den Polemiken der Alternativzeitung eine ungleich größere Bedeutung zu, als es bei vergleichbaren Veröffentlichungen in Großstädten der Fall gewesen wäre. Konflikte liefen in der „Provinz" in stärker personalisierten Formen ab. Dass dabei nicht nur Stadtoberhäupter in den Fokus der jugendlichen Aktivistinnen und Aktivisten gerieten, lässt sich an der Reinbeker *Zange* zeigen. Das Blatt portraitierte 1974 in einem Artikel mit dem Titel „Der Demokratenbohrer" einen namentlich genannten ortsansässigen Zahnarzt. Die Jugendlichen warfen diesem vor, für die regierende CDU seine Kundinnen und Kunden auszuspionieren, um belastendes Material gegen das selbstverwaltete Jugendzentrum zu sammeln. In der folgenden Ausgabe hieß es dann, am Artikel hätten „sich viele Gemüter erhitzt".[23] Angesichts der Tatsache, dass der Arzt als „Spitzel" angegriffen und so gewissermaßen öffentlich an den Pranger gestellt wurde, scheint es wenig verwunderlich, dass nicht nur Anhängerinnen und Anhänger der CDU ein solches Vorgehen ablehnten.

Während derart personalisierte Attacken zumeist noch im Kontext des Konfliktes um ein Jugendzentrum erfolgten, lässt sich mit der zunehmenden Etablierung einer alternativen JZ-Zeitung auch eine Ausweitung der Berichterstattung auf andere kommunalpolitische Themen feststellen. Ob es städtische Subventionen an den örtlichen Schützenverein, die Schließung einer Badeeinrichtung, bevorstehende Maßnahmen der Stadtsanierung oder die Situation im Ortsjugendring waren: Viele jugendliche Aktivistinnen und Aktivisten entdeckten, nachdem sie im Konflikt um ein selbstverwaltetes Jugendhaus erste Erfahrungen mit der Kommunalpolitik gesammelt hatten, nach und nach auch andere lokalpolitische Themen, die die Menschen vor

---

22 *Stuttgarter Zeitung*, 10.5.1979, abgedruckt in: *Motzer*, Nr. 45, 17.-30.5.1979, S. 26, in: FZH, 14-9, 52. Vgl. die Texte über den Bürgermeister in: *Motzer*, Nr. 9, 28.12.1977, S. 9-11, Nr. 26, 23.8-5.9.1978, S. 4, Nr. 28, 21.9.-4.10.1978, S. 3, Nr. 29, 5.10.-19.10.1978, S. 10f., Nr. 30, 18.10.-1.11.1978, S. 2, Nr. 34, 14.12.-28.12.1978, S. 6f., Nr. 38, 8.-21.2.1979, S. 2f., in: ebd.

23 *Die Zange*, Nr. 2, November 1974, S. 2, in: StV Reinbek, Jugendzentrum V. Vgl. *Die Zange*, Nr. 1, September 1974, S. 17, in: StV Reinbek, Jugendzentrum IV.

Ort bewegten, für sich. Dass eine entsprechende „Gegenöffentlichkeit" durchaus auch jenseits der jugendlichen „Scene" wahrgenommen wurde, zeigt das Beispiel von Artikeln im *Motzer*, die sich kritisch mit Psychiatrie im Allgemeinen und der Situation im Psychiatrischen Landeskrankenhaus Bad Schussenried im Speziellen auseinandersetzten. „Manche Leute vom Pflegepersonal fühlten sich anscheinend persönlich auf den Schlips getreten", hieß es in der darauffolgenden Ausgabe. Ein Patient, der einen Artikel verfasst hatte, berichtete von Sanktionen „wegen meines MOTZER-Artikels", und flüchtete daraufhin kurzerhand aus der Anstalt.[24]

Die Alternativzeitungen attackierten aber nicht nur Institutionen, Politiker und Werte der kleinstädtischen Gesellschaft, sondern warben auch um Zustimmung und Anerkennung durch deren Bevölkerung. So gab das Jugendzentrum in der Kleinstadt Rellingen im Hamburger Umland eine Zeitung mit dem Titel *Das geht auch Sie was an* heraus, die in einer Auflage von 1.500 Exemplaren herausgebracht und kostenlos an Familien mit Kindern verteilt werden sollte. „Wir wollen mit unserer Zeitung vor allem die Eltern ansprechen", wurde die 22-jährige Aktivistin Gerda Noreisch im *Hamburger Abendblatt* zitiert.[25] Das Projekt stand im Kontext von Bemühungen des Zentrums, im Konflikt mit der regierenden CDU über die Zukunft der Einrichtung insbesondere unter Eltern um Unterstützung zu werben.

Auf eine Beziehung gegenseitigen Vorteils verweisen die Annoncen lokaler Geschäfte, die in manchen Jugendzentrums- und Alternativzeitungen zu finden waren und über die sich diese eine Finanzierung sichern konnten. Veröffentlicht wurden nicht nur Anzeigen anderer alternativer Projekte, sondern auch solche ortsansässiger Sparkassen, Fahrschulen, Optiker, Schreibwaren- und Modegeschäfte oder Modellbauläden. Dass entsprechende Anzeigen kleiner lokaler Betriebe von der alternativen Leserschaft akzeptiert wurden, diese Toleranz aber bei Geschäften mit industriellen Großkonzernen ein Ende fand, zeigte sich im Mai 1979, als der *Motzer* eine Anzeige des Chemiekonzerns BASF veröffentlichte. Ein Sturm wütender Leserreaktionen, in denen die Redaktion als „Chemiefreaks" beschimpft, ihr „Opportunismus" und „Unterstützung des Kapitalismus" vorgeworfen wurde und Leserinnen und Leser mit Abo-Kündigungen drohten, folgte.[26] Die Grenzen des Akzeptablen wurden seitens des linksalternativen Publikums des *Motzer* damit deutlich markiert.

Nur vereinzelt meldeten sich Erwachsene, die nicht einer jugendlichen oder linksalternativen Szene angehörten, in den Publikationen zu Wort. Das *Jot-Zet*, die Zeitung des Jugendzentrums im niedersächsischen Mellendorf, erhielt bereits

---

24 *Motzer*, Nr. 26, 23.8-5.9.1978, S. 2, in: FZH, 14-9, 52.
25 *Hamburger Abendblatt/Pinneberger Zeitung*, 3.2.1977, S. 1.
26 *Motzer*, Nr. 44, [Mai 1979], S. 36, und Nr. 45, 17.-30.5.1979, S. 2, S. 5 (Zitate), in: FZH, 14-9, 52.

nach seiner 1973 veröffentlichten Nullnummer eine Zuschrift des Gemeinderats-
mitglieds und Polizeibeamten Heinz Winkelhake. Winkelhake betonte in seinem
Leserbrief, dass er die Zeitung „mit Interesse gelesen" habe und „die kritischen, mit
Schalk und ‚Hintergedanken' gebrachten Beiträge" durchaus begrüße. Kritik übte
er allerdings an einem Artikel, in dem das Rauchverbot an Schulen angegriffen und
Mitglieder des Gemeinderates und des Schulelternrates als „Herdenvieh" bezeichnet
worden waren.[27] Insbesondere sozialdemokratische Stadtverordnete zeigten sich
mitunter offen, was Kontakte zu den Alternativzeitungen anging. So druckte die
Bad Homburger JZ-Zeitung *Schinderhannes* den kritischen „Augenzeugenbericht"
eines SPD-Stadtverordneten ab, nachdem die Polizei eine Protestaktion jugendlicher
Aktivistinnen und Aktivisten in der Stadtverordnetenversammlung gewaltsam
aufgelöst hatte. Andere Blätter interviewten Kreis- oder Kommunalpolitiker der
SPD zu Fragen der Jugendpolitik oder zum Thema Berufsverbote. Die Jugendzent-
rumszeitung *Meine Fresse* aus dem Kreis Pinneberg betonte am Ende eines solchen
Gesprächs, dass die Bereitschaft zu Interviews keineswegs selbstverständlich sei:
„viele Politiker wären sich für ein Gespräch mit uns sicher ‚zu schade'".[28] Kreis- oder
Kommunalpolitiker, die sich zu entsprechenden Interviews bereitfanden oder in
Leserbriefen mit den Alternativblättern in Kommunikation traten, erkannten diese
damit als legitime Gesprächspartner an – ein Umstand, der angesichts konservativer
Einstellungen und Vorbehalte gegenüber linksalternativen Jugendlichen in vielen
westdeutschen Kleinstädten durchaus bemerkenswert war.

Die Bemühungen um verstärkte Resonanz und Akzeptanz in breiteren Kreisen der
lokalen Bevölkerung spiegelten sich auch darin wider, dass sich etliche Jugendzentrumszeitungen seit Mitte der 1970er Jahre in alternative Stadt-, Dorf- oder Regionalzeitungen transformierten – mit dem Anspruch, über kommunalpolitische Themen
zu berichten, die nicht unbedingt nur die Jugend betrafen. Solche Initiativen waren
oft eng verbunden mit Ansätzen einer linken bzw. alternativen Kommunalpolitik.
Ein Vorreiter dieser Entwicklung war die *Dorfzeitung* im hessischen Dreihausen,
die 1973 vom lokalen Jugendclub gegründet worden war. Als sich in der kleinen
Gemeinde zwei Jahre später eine Bürgerinitiative gegen eine geplante Mülldeponie
gründete, griff die *Dorfzeitung* im Unterschied zur etablierten Lokalzeitung deren
Anliegen auf. Ende 1976 hatte sich die Publikation in der Gemeinde bereits so

---

27 *Jot-Zet. Zeitung des Jugendzentrums Mellendorf*, Nr. 1, Dezember 1973/Januar 1974, S. 3,
    in: DNB, DZb 74/812.

28 *Meine Fresse. Nachrichten aus den Jugendzentren im Kreis Pinneberg*, Nr. 3, Juli/
    August [1978], S. 12-14, hier: S. 14, in: StA Wedel, S04-13, Nr. 2. Vgl. *Schinderhannes*,
    Sonderausgabe, März/April 1976, S. 11, in: IISG/ID, ZK 56250; *Grundblick*, [Nr. 1], Winter
    1978/79, S. [13]f., in: FZH, 55, 06; *Kalletaler Trödel*, Nr. 5, März/April 1975, S. 4-6, in:
    FZH, 62, 06.

weit etabliert, dass der Bürgermeister Otmar Wiegand (SPD) in einem Grußwort erklärte, die Zeitung gehöre „zum festen Bestandteil unserer Gemeinschaft" (vgl. Templin 2015, S. 606-608). Eine solche Etablierung einer Alternativzeitung, die damit der bisher dominierenden Lokalzeitung im medialen Gefüge vor Ort ernsthafte Konkurrenz machte, blieb jedoch die Ausnahme. Allerdings erklärte auch der deutlich anarchistischer ausgerichtete *Motzer*, zwei Drittel seiner Käuferschaft in Bad Schussenried seien „Erwachsene zwischen 30 und 75" Jahren: „Das hängt [...] sicher damit zusammen, daß die kommunalpolitische Berichterstattung über Bad Schussenried auch diese Leute direkt anspricht."[29] Insbesondere Lehrerinnen und Lehrer zeigten sich an der Zeitung interessiert.

Entwicklungen wie in Dreihausen oder Bad Schussenried zählten sicherlich eher zu den Ausnahmefällen – der Großteil der Publikationen bewegte sich weiterhin primär an der Schnittstelle zwischen einem Infoblatt für die kleinstädtische Jugend und einem Vergemeinschaftungsmedium des lokalen oder regionalen linksalternativen Milieus. Dennoch fanden Alternativzeitungen im ländlich-kleinstädtischen Raum in der zweiten Hälfte der 1970er Jahre immer stärkere Beachtung. Auch etablierte Printmedien nahmen sie als relevantes gesellschaftliches Phänomen wahr. Der Journalist Helmut Groß plädierte dabei in der *Stuttgarter Zeitung* für eine offene Haltung ihnen gegenüber: „Flüchtige Leser mit konservativer Grundhaltung werden an den Alternativzeitungen keine große Freude haben. Der Ton ist rauh, gelegentlich auch beleidigend, die Texte anti-bürgerlich, kämpferisch. Polizisten sind ‚Bullen‘, Geistige nennt man ‚Pfaffen‘, der Landrat ist ein ‚Scheißer‘ und der Gemeinderat eine ‚üble Clique‘. Trotzdem: Hinter der Vulgärsprache werden jugendpolitische Probleme sichtbar, formuliert von den Betroffenen selbst."[30]

5 Fazit

Alternative „Blätter", Zeitungen und Magazine entstanden seit den frühen 1970er Jahren im ländlich-kleinstädtischen und suburbanen Raum insbesondere in Verbindung mit jugendlichen Szenen und Bewegungen, die sich für ein selbstverwaltetes Jugendzentrum einsetzten oder nach Freiräumen für kulturelle oder politische Betätigung suchten. Indem sie Plattformen zum Austausch für Gleichaltrige (und mehr oder weniger Gleichgesinnte) schufen, politische und kulturelle

---

29 *Motzer*, Nr. 29, 5.10.-19.10.1978, S. 3, in: FZH, 14-9, 52.
30 *Stuttgarter Zeitung*, 10.5.1979, abgedruckt in: *Motzer*, Nr. 45, 17.-30.5.1979, S. 26, in: FZH, 14-9, 52.

Entwicklungen von überregionaler Bedeutung aufgriffen, in die „Provinz-Scene"
vor Ort vermittelten und Jugendlichen so Identifikationsangebote lieferten, trugen
sie einen wichtigen Teil zur Konstituierung eines linksalternativen Milieus in der
westdeutschen „Provinz" und entsprechender Kommunikationsräume mit bei.
Dennoch lässt sich die Bedeutung der Publikationen nicht auf ihre Funktion im
kommunikativen Raum von Jugendzentrum, Szene oder Milieu, die insbesondere
in der Vergemeinschaftung unter linksalternativen Vorzeichen zum Ausdruck kam,
und auf die Rolle kultureller Übersetzung von den urbanen Zentren in die Peripherie
reduzieren. Als provozierendes Element in der „heilen Welt" der Kleinstadt sorgten
sie nicht selten für lokalpolitische Skandale und führten zu erbitterten Auseinandersetzungen mit Bürgermeistern und Stadtvertreterinnen bzw. -vertretern. Gleichzeitig bemühten sich einzelne der Blätter um eine stärkere Vermittlung in die lokale
Öffentlichkeit und versuchten erwachsene Bürgerinnen und Bürger anzusprechen.
Mit der Etablierung selbstverwalteter Jugendzentren und dem Älter-Werden ihrer
Protagonistinnen und Protagonisten wurden aus Jugendzentrumszeitungen alternative Dorf-, Stadt- und Regionalzeitungen, die sich verstärkt kommunalpolitischen
Themen zuwandten und damit zum Teil auch Bevölkerungsgruppen jenseits einer
mehr oder weniger alternativen Jugendszene ansprachen. Damit trugen sie nicht
selten dazu bei, das mediale Monopol etablierter Lokalzeitungen in der „Provinz"
aufzubrechen und in den lokalen Öffentlichkeiten westdeutscher Klein- und Mittelstädte eine, wenn auch minoritär bleibende, Gegenposition zu hegemonialen
Wertvorstellungen und politischen Positionen zu artikulieren.

Literatur

Brüseke, Franz, und Hans-Martin Große-Oetringhaus. 1981. *Blätter von unten. Alternati-
vzeitungen in der Bundesrepublik*. Offenbach: Verlag 2000.
Büteführ, Nadja. 1995. *Zwischen Anspruch und Kommerz: Lokale Alternativpresse 1970-1993.
Systematische Herleitung und empirische Überprüfung*. Münster/New York: Waxmann.
Bundesvorstand der Jungsozialisten in der SPD (Hrsg). 1977. *Arbeitsfeld JZ. Materialien zur
Theorie und Praxis der Jugendzentrumsarbeit*. Bonn: Selbstverlag.
Reichardt, Sven. 2014. *Authentizität und Gemeinschaft. Linksalternatives Leben in den
siebziger und frühen achtziger Jahren*. Berlin: Suhrkamp.
Stamm, Karl-Heinz. 1988. *Alternative Öffentlichkeit. Die Erfahrungsproduktion neuer sozialer
Bewegungen*. Frankfurt a. M./New York: Campus.
Templin, David. 2014. Wie die Geschichte der Jugendzentrumsbewegung erforschen?
Quellenbestände, Überlieferungslage und Materialrecherche. In *Sammeln – erschlie-*

ßen – vernetzen. Jugendkultur und soziale Bewegungen im Archiv, hrsg. G. Fiedler, S. Rapper-Weber und D. Siegfried, 27-43. Göttingen: V&R unipress.

Templin, David. 2015. *Freizeit ohne Kontrollen. Die Jugendzentrumsbewegung in der Bundesrepublik der 1970er Jahre*. Göttingen: Wallstein.

Zum Autor

David Templin, Dr. phil, ist Postdoc-Stipendiat am Institut für Migrationsforschung und Interkulturelle Studien (IMIS) der Universität Osnabrück. Seine Forschungsschwerpunkte liegen im Bereich der Stadtgeschichte, der Migrationsgeschichte und der Geschichte von Jugendkulturen und sozialen Bewegungen. Jüngste Buchveröffentlichungen: *Wasser für die Volksgemeinschaft. Wasserwerke und Stadtentwässerung in Hamburg im „Dritten Reich"* (Hamburg/München 2016) und *Freizeit ohne Kontrollen. Die Jugendzentrumsbewegung in der Bundesrepublik der 1970er Jahre* (Göttingen 2015).

II
Vergemeinschaftung
in der mediatisierten Stadt

Zusammenleben in der mediatisierten Stadt
Die kommunikativen Figurationen der urbanen Vergemeinschaftung junger Menschen

Andreas Hepp, Piet Simon und Monika Sowinska

1 Einleitung

Das Thema Stadt hat in der Kommunikations- und Medienforschung in den letzten Jahren eine zunehmende Aufmerksamkeit erfahren. Die Gründe dafür sind unterschiedlich. So ist die Stadt generell wieder ins verstärkte Interesse der Sozialwissenschaften geraten, allein vor dem Hintergrund weiter zunehmender Prozesse der Urbanisierung (United Nations 2015). Die wichtigsten Schlagworte dabei sind vermutlich das der Gentrifizierung und Segregation (Smith und Williams 2010). Ein anderes Thema ist das der Veränderung der Stadt mit der Verbreitung von Informations- und Kommunikationstechnologien (Castells 2000, S. 407-459). In einer solchen allgemeinen sozialwissenschaftlichen Diskussion ist auch die Kommunikations- und Medienforschung positioniert. Hierbei hat sie gleichwohl spezifische Forschungsfragen entwickelt, die letztlich in einer Auseinandersetzung mit der tiefgreifenden Mediatisierung der Stadt kumulieren. Das Themenspektrum reicht dabei von den Visionen aber auch Grenzen einer „Smart City" (Townsend 2013), über eine Beschäftigung mit „Locative Media" (Evans 2015) und „(hyper)lokalen Journalismus" (Nielsen 2015) bis hin zu dem mediengestützten Zusammenleben in der Stadt (Georgiou 2013).

Es ist der letzte Forschungsstrang, in dem wir diesen Artikel verorten. Dabei wollen wir uns mit der folgenden Frage auseinander setzen: Was bedeutet die tiefgreifende Mediatisierung für urbane Vergemeinschaftung junger Menschen aus deren alltagsweltlichen Sicht? In dieser Frage ist „urbane Vergemeinschaftung" erstmals eine offene Chiffre, die empirisch gesehen Unterschiedliches bedeuten kann. Zu denken ist an verschiedene Formen der Vergemeinschaftung in der Stadt, für die das „Urbane" der Kontext von Vergemeinschaftung ist. Es kann aber auch sehr konkret um städtische Vergemeinschaftung als solche gehen, d. h. um „urbane Gemeinschaft" im engeren Sinne des Wortes. Wir haben es also mit einem Spektrum

© Springer Fachmedien Wiesbaden GmbH, ein Teil von Springer Nature 2018
A. Hepp et al. (Hrsg.), *Die mediatisierte Stadt*, Medien • Kultur • Kommunikation,
https://doi.org/10.1007/978-3-658-20323-8_6

von Vergemeinschaftung in der Stadt zu tun: Die auf verschiedenen Ebenen statt-findende zunehmende Durchdringung der Stadt mit Medien hat keine geradlinigen Folgen für die Vergemeinschaftung junger Menschen. Vielmehr hat man es mit einer Multidimensionalität verschiedener möglicher Vergemeinschaftungsprozesse und deren Veränderung mit dem Medienwandel zu tun.

Die empirische Herausforderung besteht darin, wie man eine solche Multidimen-sionalität fassen kann, ohne dass die eigenen Analysen zu einem „anything goes" der Beschreibung werden. In diesem Aufsatz wollen wir deutlich machen, dass gerade für eine solche multidimensionale Analyse eine figurationsanalytische Perspektive große Potenziale hat. Dies hängt nicht nur damit zusammen, dass das Konzept der Figuration erstmals dezidiert für die Analyse von Konfliktkonstellationen in einem Stadtteil entwickelt wurde (Elias und Scotson 1994 [orig. 1965]). Vor allem hängt dies damit zusammen, dass ein kommunikations- und medienwissenschaftliches Weiterdenken der Figurationsanalyse es uns ermöglicht, die verschiedenen Dimen-sionen der Vergemeinschaftung in der Stadt in ihrer Mediatisierung zu erfassen, ohne dabei deren Widersprüchlichkeit aus dem Blick zu verlieren. Unser Fokus sind dabei allerdings nicht wie ursprünglich bei Elias Konfliktkonstellationen, sondern solche die Vergemeinschaftung.

Dies wollen wir im Weiteren anhand der urbanen Vergemeinschaftung junger Menschen in Bremen und Leipzig verdeutlichen, zwei Städten in Deutschland mit jeweils rund 550.000 Einwohnern. Hierzu werden wir zuerst unser Anliegen im weiteren Forschungsstand um Medien, Vergemeinschaftung und Stadt einordnen. Auf dieser Basis wollen wir dann im Detail unser empirisches Vorgehen darlegen. Anhand unserer empirischer Daten werden wir zeigen, inwieweit – neben der Familie, Bekannten und Kollegen – für junge Menschen der Freundeskreis der primäre Figuration des Erlebens von Vergemeinschaftung in der Stadt ist. Dieser ist gleichwohl in erheblichem Maße ein mediatisiertes Phänomen geworden. Ausge-hend von dieser Analyse interessiert uns das, was wir figurative Qualität einzelner Vergemeinschaftungsorte nennen wollen. Es geht uns darum, dass einzelne Lo-kalitäten in der Stadt in ihrer Mediatisierung für junge Menschen eine bestimmte Qualität der Vergemeinschaftung haben, sich hierbei aber ortsbezogene Prozesse der Segregation ausmachen lassen. Dies führt uns zu der Frage, inwieweit für junge Menschen die Stadt so etwas wie eine vorgestellte Gemeinschaft sein kann.

Eine Untersuchung, wie die von uns hier präsentierte, hat ihre Beschränkungen. Zumindest zwei sind offensichtlich: Erstens bezieht sich unser Datenmaterial auf zwei bestimmte Großstädte in Deutschland und wir nicht wissen, inwieweit un-sere Aussagen auch für andere Städte zutreffend sind. Zweitens rücken wir junge Menschen zwischen 16 und 30 Jahren in den Vordergrund unserer Betrachtung und man kann zu recht fragen, ob unsere Ergebnisse auch für Menschen anderen

Alters zutreffend wären. Während wir solche Beschränkungen im Blick haben, gehen wir doch – ähnlich wie damals Norbert Elias und John Lloyd Scotson – davon aus, dass die herausgearbeiteten grundlegenden Zusammenhänge ebenfalls in anderen Städten zu finden und für verschiedene Altersgruppen charakteristisch sind. Hierin sehen wir unseren allgemeineren Beitrag für eine kommunikations- und medienwissenschaftliche Forschung zu Medien und Stadt.

2 Medien, Stadt und Vergemeinschaftung

Eine Auseinandersetzung mit dem Verhältnis von Medien, Stadt und Vergemeinschaftung lässt sich bis zu den Anfängen der Kommunikations- und Medienforschung rückverfolgen. In vielfacher Hinsicht bemerkenswert ist bis heute der klassische Aufsatz von Robert E. Park (1967 [orig. 1915/1925]). In diesem betont Park einerseits das Zerfallen von Städten in ein „Mosaik kleiner Welten" (Park 1967, S. 40), was – wie er in einer Parallele zu Georg Simmel (2006 [orig. 1903]) feststellt – eine „Mobilisierung des individualisierten Menschen" (Park 1967, S. 40) vorantreibt. Andererseits sieht er eine herausgehobene Rolle öffentlicher Kommunikation, auf deren Grundlage sich eine „öffentliche Meinung" (Park 1967, S. 38) in der Stadt herausbildet. Diese sei über die verschiedenen „kleinen Welten" hinweg eine „Quelle sozialer Kontrolle" (Park 1967, S. 38). Park betont damit, dass es kaum zielführend sein kann, die Stadt als *eine* Gemeinschaft zu begreifen. Für ihn war die „städtische Umgebung" (Park 1967, S. 1) vielmehr ein spezifischer Kontext, in dem sich verschiedene Prozesse der Vergemeinschaftung vollziehen, die zum Teil gegeneinander gerichtet und damit in Teilen konfliktär sind. Dort, wo es für ihn um Medien ging, waren diese dann in erster Linie Mittel der Massenkommunikation, die in einer vielfach segregierten Stadt „öffentliche Meinung" und entsprechend „Kontrolle" herstellen helfen.

Die Erstveröffentlichung der Überlegungen von Park liegt nun mehr als 100 Jahre zurück. Gerade deswegen sind sie dazu geeignet, uns dafür zu sensibilisieren, was sich geändert und was sich nicht geändert hat. Aus heutiger Sicht ist Park nach wie vor zuzustimmen, dass wir die Stadt eher als einen spezifischen Kontext für verschiedene Prozesse der Vergemeinschaftung begreifen sollten, denn notwendigerweise als eine in sich kohärente Gemeinschaft: Konstruktionen von Stadt als Gemeinschaft sind zwar durchaus *möglich*. Sie sind aber gleichwohl eher auf der Ebene der öffentlichen Kommunikation zu sehen, wo sie Appellfunktionen bis hin zur „sozialen Kontrolle" haben können.

Was sich hingegen grundlegend in diesen 100 Jahren geändert hat ist das, was wir als „Medien" begreifen: Die heutige Medienumgebung der Städte besteht gerade nicht mehr nur – neben dem Brief und dem Telefon – aus wenigen Druckmedien der öffentlichen Kommunikation. Sie ist mit der tiefgreifenden Mediatisierung der Stadt vielfältiger, komplexer und auch widersprüchlicher geworden. Dies wirft wiederum die Ausgangsfrage von Park nach der Rolle von Medien in dem „Mosaik kleiner Welten" der Stadt auf neue Weise auf.

Hierauf weist auch die jüngere Forschung zum mediengestützten Zusammenleben in der Stadt hin, wie wir sie breiter in der Einleitung zu diesem Band dargestellt haben (siehe dort den Abschnitt 3, aktuelle Forschungsdiskussionen zur mediatisierten Stadt). Diese Forschungsdiskussion macht deutlich, dass wir Mehrebenenkonzepte der Betrachtung benötigen, wenn wir den Zusammenhang von Medien, Stadt und Vergemeinschaftung erfassen wollen. Aber wie kann ein solches Mehrebenenkonzept aussehen?

Ähnlich wie in der Kommunikations- und Medienforschung im Allgemeinen, werden auch in Bezug auf Medien und Stadt immer wieder zwei Konzepte für eine solche Mehrebenenbetrachtung genannt. Dies ist das Konzept des Netzwerks und das der Assemblage. Es geht dann darum, die verschiedenen sozialen Netzwerke in der Stadt bzw. Netzwerke zwischen Städten zu beschreiben (siehe u. a. Neal 2013), oder die verschiedenen Assemblagen von Menschen in der Stadt (siehe u. a. Farías 2010). Wie wir an anderer Stelle argumentiert haben (Couldry und Hepp 2016, S. 60-63), haben beide Konzepte zwar ihre Stärken, sind allerdings nicht geeignet, die Widersprüchlichkeit alltagsweltlicher Bedeutungsproduktion bzw. die nach wie vor bestehenden sozialen Skalierungen und Hierarchisierungen zu erfassen.

Vor diesem Hintergrund erscheint es uns – in Einklang mit den anderen Beiträgen in diesem Band – zielführend, urbane Vergemeinschaftung in der mediatisierten Stadt in einer figurationsanalytischen Perspektive zu erfassen. Diese ermöglicht eine differenzierte Mehrebenenanalyse, die eine Betrachtung von (Akteurs-)Netzwerken und der Materialität von Medien einbezieht, dabei allerdings gleichzeitig anschlussfähig bleibt für eine kritische sozialwissenschaftliche Betrachtung von Urbanität, wie sie bereits die Chicago School einforderte.

Betrachten wir Vergemeinschaftung in heutigen mediatisierten Städten, handelt es sich hierbei insofern um eine *mediatisierte* Vergemeinschaftung, weil diese umfassend mit der Aneignung von Medien als Inhalten und als Technologien verwoben ist. Als *Inhalte* sind Medien wichtige Ressourcen, mit denen Gemeinschaft konstruiert wird. Dies ist beispielsweise der Fall, wenn beim „public viewing" gemeinsam Identifikation stiftende Inhalte rezipiert werden (Krajina 2014) oder wenn in der kommunikativen Konstruktion von Gemeinschaft auf bestimmte Medieninhalte Bezug genommen wird (Keppler 2014). Als *Technologien* sind Medien grundlegend für die Herstellung von Vergemeinschaftung, wenn Gemeinschaften durch einen fortlaufenden Gebrauch von Mobiltelefonen, digitalen Plattformen und anderen Medientechnologien aufrecht erhalten werden, mittels derer sich ihre Mitglieder in einer fortlaufenden Kommunikation ihre enge Bezogenheit bestätigen (Baym 2015, S. 80-111).

Im Hinblick auf die urbane Vergemeinschaftung erscheint es uns notwendig, zumindest drei Zusammenhänge zu unterscheiden. Erstens haben wir es mit bestimmten *Figurationen von Gemeinschaften in der Stadt* zu tun, d. h. bestimmten Gruppen von Menschen, die sich als Gemeinschaft verstehen. Wir können für diese Gemeinschaften eine charakteristische Konstellation von Akteuren ausmachen, die bestimmte Relevanzrahmen und (kommunikative) Praktiken teilen.

Betrachtet man solche Gemeinschaften in der Stadt genauer, stößt man allerdings auf ein zweites Phänomen, das wir als *figurative Qualität* einzelner mediatisierter Vergemeinschaftungsorte bezeichnen wollen. Damit fassen wir, dass (mediatisierte) Orte in der Stadt – Shopping Malls, Vereinsorte, Kinos etc. – Charakteristika aufweisen, wegen derer sie ein spezifisches Potenzial für einzelne Figurationen von Gemeinschaft haben. Dies heißt nicht, dass diese Orte solche Qualitäten ‚an sich' hätten. Vielmehr werden diese Qualitäten in menschlicher Praxis hervor gebracht, aber durch die ortsbezogene Materialisierung sozial auf Dauer gestellt. Bemerkenswert erscheint uns die enge Kopplung solcher figurativer Qualitäten mit dem Charakter dieser Orte.

Drittens schließlich kann die Stadt selbst der Referenzpunkt für die Konstruktion einer *vorgestellten Gemeinschaft* im Sinne von Benedict Anderson (1983) sein. Damit ist nicht gemeint, dass die Stadt als vorgestellte Figuration einer Gemeinschaft eine in sich homogene Konstruktion wäre. Gleichwohl ist sie ein geteilter Bezug der Konstruktion von Gemeinschaft – wenn auch für unterschiedliche in verschiedenen Graden.

Ausgehend von dieser Unterscheidung wollen wir im Weiteren das Argument entwickeln, dass eine Betrachtung entlang dieser drei Ebenen ein angemessener Ansatzpunkt ist, um die Komplexität der Vergemeinschaftung junger Menschen in der mediatisierten Stadt zu fassen.

3   Zum methodischen Vorgehen

Das Datenmaterial, das unseren Analysen zugrunde liegt, stammt aus zwei Quellen. Dies ist erstens ein von der deutschen Forschungsgemeinschaft (DFG) gefördertes Projekt zur Untersuchung der kommunikativen Vernetzung und mediatisierten

Vergemeinschaftung von Menschen unterschiedlicher Mediengenerationen. Im Folgenden interessieren uns aus diesem Projekt die Daten zu jüngeren Menschen. Zweitens haben wir im Rahmen eines Forschungsseminars eine vertiefende Studie zu verschiedenen mediatisierten Vergemeinschaftungsorten junger Menschen durchgeführt.

Unsere Forschung zur kommunikativen Vernetzung und mediatisierten Vergemeinschaftung basiert auf einer *kontextualisierte Kommunikationsnetzwerkanalyse* (vgl. Hepp et al. 2016). Diese legt ihren Schwerpunkt auf die Kommunikationsbeziehungen von Menschen und die damit verbundenen Sinnzuschreibungen zu einzelnen Gemeinschaften samt der Praktiken und Prozesse ihrer kommunikativen Herstellung. Die *Datengrundlage* bilden qualitative Interviews von durchschnittlich 125 Minuten Länge. In deren Verlauf wurden die Gesprächspartnerinnen und -partner gebeten, auf zwei unstrukturierten Karten aus ihrer je subjektiven Sicht ihre Kommunikationsnetzwerke zu zeichnen und diese zu erläutern. Schließlich haben wir die fortlaufende kommunikative Vernetzung mithilfe von halbstandardisierten Medientagebüchern erfasst.

Der *Auswahl* der Interviewpartnerinnen und -partner lag die Strategie des „theoretischen Sampling" (Glaser und Strauss 1998, S. 53-83; Strauss 1996, S. 148-165; Strübing 2008, S. 29-32) zugrunde. Das im Weiteren analysierte Material wurde zwischen November 2010 und September 2011 erhoben und umfasst insgesamt 60 Fälle von Jugendlichen und jungen Erwachsenen im Alter zwischen 16 und 30 Jahren. Die Datenerhebung wurde in Bremen und Leipzig sowie dem jeweiligen Umland durchgeführt. Die *Auswertung* der Daten geschah mittels einer qualitativen Kodierung, die auf eine materialbasierte Theoriebildung abzielte. Im Kodierprozess interessierten uns Muster der Vergemeinschaftung sowie Strukturen, Prozesse und Sinnzuschreibungen kommunikativer Vernetzung und diesen zugrundeliegende Medienaneignungspraktiken.

Im Rahmen solcher Auswertungen sind wir auf das Phänomen einzelner mediatisierter Vergemeinschaftungsorte gestoßen. Hierbei handelt es sich um Orte, die für die jungen Menschen eine besondere Qualität für Vergemeinschaftung haben. Für eine vertiefende Analyse solcher Orte haben wir zwischen April 2014 und Januar 2015 eine Untersuchung im Rahmen eines Forschungsseminars durchgeführt. Diese erfolgte in zwei Schritten: In einem ersten Schritt wurde in Bremen ein Aufruf verbreitet, in dem (junge) Menschen gebeten werden, die aus ihrer Sicht jeweils „wichtigsten" Vergemeinschaftungsorte zu nennen. Explizit haben wir nach Orten gefragt, an denen „etwas los ist". Aufgerufen wurde über verschiedene lokale Medien (Zeitung, Radio, Web) und es fand ein Rücklauf insbesondere durch jüngere Menschen statt bzw. Menschen, die den jeweiligen Orte nahe standen. Die von ihnen genannten Orte wurden dann in einer Karte der Stadt visualisiert. In einem zweiten Schritt haben wir exemplarische Vergemeinschaftungsorte einer vertiefenden Analyse unterzogen. Hierzu fanden Beobachtungen statt und es wurden Interviews erhoben, wobei das Datenmaterial wiederum mittels einer an der Grounded Theory angelehnten Kodierung ausgewertet wurde. Insgesamt ermöglicht uns dieses Datenmaterial, ein Verständnis der urbanen Vergemeinschaftung junger Menschen über die genannten drei Ebenen hinweg zu entwickeln: die Figurationen von Gemeinschaften, in denen sie leben; die mediatisierten Vergemeinschaftungsorte und deren figurative Qualitäten; und die Konstruktionen von Stadt als vorgestellter Gemeinschaft.

4   Der Freundeskreis als Figuration der Vergemeinschaftung junger Menschen in der Stadt

Unsere Forschung zur kommunikativen Vernetzung und mediatisierten Vergemeinschaftung macht die vielfältigen Horizonte von Gemeinschaftsleben deutlich, die für junge Menschen wichtig sind: Sie fühlen sich nicht einfach *einer* Gemeinschaft zugehörig, sondern verschiedenen – wenn auch in Abstufungen, was lokale Erstreckung, thematische Orientierung und Pluralität betrifft. Auffallend ist jedoch der herausgehobene Stellenwert des Lokalen für Vergemeinschaftungsprozesse: Auch wenn junge Menschen stark auf bestimmte Themen in ihrer Vergemeinschaftung orientiert sind (eine Populärkultur bzw. Szene, eine Religion etc.) oder sehr plural und damit mitunter auch global orientiert sind, bleiben es vor allem Gemeinschaften vor Ort, die für sie wichtig sind. In unterschiedlichen Graden betrifft dies die Familie, die Schul- oder Ausbildungsklasse, die Arbeitskollegen, die Gemeinschaft einzelner Vereine und das Gemeinschaftserleben mit losen Bekannten. Ein herausgehobenes Gewicht hat aber gerade für junge Menschen ihr engerer Freundeskreis, d. h. wie sie es selbst oft nennen, ihre „Clique". Dies ist der Grund, warum wir im Weiteren unser Augenmerk vor allem darauf richten wollen. Im Fokus stehen dabei solche jungen Menschen, die in Bremen oder Leipzig bzw. im Umland leben und in ihrem Vergemeinschaftungserleben stark auf diese Städte ausgerichtet sind.

Drei Aspekte fallen bei einer Betrachtung der kommunikativen Figuration des Freundeskreises auf. Erstens ist die Stadt ein wichtiger Kontext für den Freundeskreis, wenn es um gemeinsame Unternehmungen geht. Zweitens ist in diesem Kontext der Freundeskreis der stabile Bezugsrahmen von Vergemeinschaftung. Und drittens wird diese Figuration durch ein Medienensemble gestützt, das ein Potenzial wie auch Restriktion für die (Kommunikations-)Praktiken der Freundeskreismitglieder bedeutet.

Betrachtet man die Akteurskonstellation des Freundeskreises, lässt sich feststellen, dass zum engeren Freundeskreis zumeist die Freunde gezählt werden, die „alle hier so aus der Gegend" sind (Mala Hempel, 21 Jahre, Bremer Umland, Auszubildende zur Krankenschwester) und „mit denen man dann auch regelmäßig Kontakt hält" (Konstanze Mitscherlich, 26 Jahre, Leipzig, Druckerin). Der geteilte Raum des Lokalen ist wichtig für die Erfahrung des Freundeskreises, wie Mala verdeutlicht, wobei sie zwischen engeren und weniger engeren Beziehungen unterscheidet. Der geteilte Raum des Lokalen ermöglicht vor allem die direkte Kommunikation:

> *„also mit einer [engen Freundin] bin ich ziemlich dick befreundet ((lacht)) [...] telefonieren tun wir eigentlich nich, wenn dann eher über's Studi [StudiVZ, eine Online-Plattform] schreiben oder mal SMS schreiben, sowas. Also mit der bin ich eigentlich überwiegend in Kontakt. Und ansonsten mit den andern Mädels, geht so. Also klar schreiben wir auch mal, wenn sich's gerade anbietet. Aber jetzt nich so, dass wir meinetwegen zusammen telefonieren würden oder so." (Mareike Bonitz, Leipzig, 19 Jahre, Studentin)*

Die Größe der Freundeskreise der von uns Interviewten liegt zwischen zwei und zehn Personen. Konstanze meint beispielsweise, dass sie ihren Freundeskreis in „Ringe" aufteilt, wobei der „innere Ring", also die Kernclique, aus 8 Personen besteht und „der wichtige" für sie ist. Dabei betont Konstanze, dass die Verbindungen der Personen untereinander nicht unbedingt gleichmäßig sind – ihr Freundeskreis „würfelt sich dann so zusammen [...] das heißt *nicht*, dass die Leute, die ich jetzt als am wichtigsten ansehe, dass die genauso gut miteinander connected sind". Konstanze sieht sich selbst im Zentrum ihres Freundeskreis und betont, dass die Verbindungen der anderen untereinander unterschiedlich sind.

Ähnlich beschreibt es auch Lara-Marie Michaelis (28 Jahre, Leipzig, Köchin) ihren engeren Freundeskreis. Dieser besteht aus „so sechs sieben Mädels [und] [...] vielleicht noch drei drei Jungs". Allerdings „trifft man sich eigentlich eher getrennt voneinander, weil es durch die Arbeitszeiten ja doch immer 'n bisschen komplizierter ist". Einen festen Kern von Freundeskreis zu haben geht in diesem Fall mit wechselnden Konstellationen für einzelne Treffen einher. Hierbei besteht in den Freundeskreisen der von uns Interviewten über die Zeit hinweg eine gewisse Fluktuation. Exemplarisch stellt dies Mareike, die Studentin aus Leipzig, fest:

> *„also es hat sich dann so'ne feste Clique [...] entwickelt. Und da sind dann so über die Jahre immer mehr Leute dann auch wieder ausgestiegen, weil's halt dann einfach sin weggezogen oder Schule, Arbeit, je nachdem. Also irgendwie*

*hat sich das dann alles so'n bisschen gesplittet. Aber der feste Kern der is eben
immer noch da."*

Die von uns Interviewten empfinden es als sehr wichtig, mit den engen Freundinnen
und Freunden verschiedene Dinge gemeinsam zu unternehmen. Dies sind nicht
zuletzt spontane Treffen: „Och, was machst'n heute Abend, ach, lass uns 'n Fläsch-
chen Sekt aufmachen oder sowas, so 'n ganz gemütlicher Abend." (Katja Hosner, 21
Jahre, Azubi zur Ergotherapeutin). Oder wie Henning Rowohlt (17 Jahre, Bremen,
Schüler) solche spontanen Treffen beschreibt: „Im Sommer sind wir eigentlich nur
draußen [...] an der Weser [der Fluss, der durch Bremen fließt] [...], da hinten beim
Stadion und machen Musik, trinken 'n Bierchen sowas halt."

Neben diesen spontanen Unternehmungen, die entsprechend kurzfristig verabredet werden, gibt es Treffen, die längerfristig organisiert sind. Hier spielen insbesondere Medien wechselseitigen Kommunikation eine Rolle. Man plant gemeinsame
Abende mit Handyanrufen, nutzt Informationsmöglichkeiten im WWW und
stimmt sich auf vielfältige Weise vor dem Treffen ab. Teilweise geschieht dies beim
gemeinsamen Ausgehen selbst. Henning berichtet beispielsweise davon, dass sich
seine Freunde oft im Internet über verschiedene Veranstaltungen informieren und
„dann wenn man [in der Kneipe] sitzt, samstags abends, 'n Bierchen trinkt, dann
wird man halt angeschnackt von den Kumpels: ey, hast du bock da hin zugehen?"

Solche Verabredungen erfolgen nicht nur mit dem Handy und beim gemeinsamen
Ausgehen. Es sind besonders digitale Plattformen wie Facebook, die für deren Planung genutzt werden. Felicitas Franke (Leipzig, 17 Jahre, Schülerin) beispielsweise
betont, dass Facebook im Gegensatz zu Emails aus ihrer Sicht viel besser dazu
geeignet ist, sich gegenseitig auf Veranstaltungen aufmerksam zu machen und zu
verabreden: „dann is dann immer so 'ne Veranstaltung und man weiß dann halt, wer
hingeht und dann kann man auch hingehen". Emails sind unpraktisch, denn „viele
Leute gucken ja gar nich nach ihren Emails" (Felicitas). Auch andere Interviewte
betonen, dass man sich über Facebook innerhalb des Freundeskreises darüber informieren kann, „was so Sache ist, was am Wochenende ist, was am Wochenende
gewesen ist [...] und sonst mal eben hören wie es sonst so geht" (Mala Hempel,
21 Jahre, Bremer Umland, Auszubildende zur Krankenschwester). Aus Sicht von
Henning hat sich solche Kommunikation „halt jetzt verschoben nach Facebook".
Die digitale Plattform bietet für die jungen Leute die Möglichkeit, sich mit ihren
Freunden und Freundinnen zu verabreden, sie auf Veranstaltungen aufmerksam
zu machen oder einfach in Kontakt zu bleiben.

In jedem der Freundeskreise der von uns Interviewten ist ein bestimmtes
Ensemble von Medien etabliert, das die Kommunikation in der Gruppe und
weitere Praktiken stützt. Dieses Medienensemble ist damit stabilisierend für die

Aufrechterhaltung des Freundeskreises. Durch die Nutzung gemeinsamer Medien – Mobiltelefon, Medieninhalte, insbesondere aber digitale Plattformen – ist man eingebunden in einen kontinuierlichen Fluss der Gruppenkommunikation. Hiermit ist aber ein gewisser Druck verbunden, die entsprechenden Medien auch zu nutzen, um von der Kommunikation nicht ausgeschlossen zu werden. Besonders deutlich wird dies wiederum bei digitalen Plattformen, allen voran Facebook. Dieses ist für viele der Freundeskreise zum „zentralen" (Henning) Kontakt- und Verabredungsmedium geworden. Das spüren vor allem diejenigen, die sich der Mitgliedschaft (bisher) verweigern. Sie müssen andere Wege finden, um nicht aus der Gruppenkommunikation ausgeschlossen zu werden. Konstanze beschreibt ihre diesbezüglichen Erfahrungen wie folgt:

> *„Also es gibt dann auch so Situationen, wo's dann heißt ‚Ja Mensch, Mittwoch, bist du dabei?' – Wo ich dann sage: ‚Mittwoch?' – ‚Naja, hab ich doch gepostet' – Wo ich sage: ‚Ja, tut mir leid, hab ich nich, kann ich nich gucken!' – Und dann krieg ich nochmal so'ne Sondereinführung, was denn Mittwoch nun wirklich los is' und dann klappt das auch."*

Auch Lara-Marie ist nicht bei Facebook angemeldet, und sagt, dass sie „ständig gefragt" wird, warum sie „nicht bei Facebook" bzw. deswegen „nicht googlebar" ist und ob sie „sich denn da nicht mal anmelden kann". Auf solche Nachfragen reagiert sie dann folgendermaßen: „Das muss ich dann aber großzügig überhören. Und da hab ich mir fest vorgenommen, das mach ich übermorgen, und dann, ja, ist das glaub ich auch kein Problem." Lara-Marie hat sich also dazu entschlossen, zumindest perspektivisch dem Druck nachzugeben und sich bei Facebook anzumelden – wie es auch viele der anderen Befragten schildern. Mala sagt im Interview mit uns, dass sie nur getrieben durch ihren Freundeskreis Mitglied bei Facebook geworden ist, „weil's alle hatten". Und sie fährt fort: „Bis vor ein paar Monaten war ich da noch nicht. Aber da hatten auch schon alle Facebookị und dann […] musste [ich] auch". Auch für sie gilt es, den Ausschluss aus der für den Freundeskreis relevanten Kommunikation zu verhindern. Selbst wenn Telefon, SMS und Emails ebenfalls Teil des Medienensembles des Freundeskreises sind – ein richtiger Ersatz für digitale Plattformen sind sie nicht, denn „wieso sollte man 'ne Email schreiben, wenn man bei Facebook viel schneller schreiben kann?" (Felicitas)

Der Druck, der hier artikuliert wird, kann sich auch auf produzierte Medieninhalte beziehen. Felicitas schildert das so: „[…] man [hört] halt doch meistens, was halt so Freunde hören, und dann is dann auch wieder über Facebook, dann schreiben die halt, von mir aus, das Lied – Oh ja, ich mag das Lied! – Dann hört man sich's auch an und mag's dann auch." Auch Jana Jäger (28 Jahre, Leipzig,

Grundschullehrerin) bezieht sich auf eine solche Entwicklung und schildert uns, dass „wenn du mehr mit Freunden zusammen bist, […] kommst dadurch auch auf mal neue CDs." Dieses „sozial Abhängige", wie Jana es nennt, entsteht letztlich über die in der Gruppenkommunikation artikulierten Erwartungen in der Figuration des Freundeskreises.

Die bisherigen Analysen verdeutlichen den herausgehobenen Stellenwert, den der Freundeskreis im Gemeinschaftsleben der jungen Menschen hat. Dabei wird greifbar, in welchem Maße das Medienensemble zugleich stabilisierend für dessen Figuration ist aber auch, wie es damit einen bestimmten Druck auf dessen Angehörige ausübt.

Wie verhält es sich nun aber mit dem Kontext der Stadt als einem relevanten Bezug für die Freundeskreise? Diese Frage lässt sich am besten beantworten, wenn man die Stadt als einen *Opportunitätsraum* für die jungen Leute begreift. Der folgende, etwas ausführliche Interviewausschnitt zeigt das exemplarisch. Katja Hosner (21 Jahre, Leipzig, Auszubildende zur Ergotherapeutin) schildert einen gemeinsam im Freundeskreis verbrachten Abend:

> *„Naja, wir waren erst im Schnitzelhaus, und dann haben wir gedacht, ja, jetzt können wir eigentlich noch was machen, weil jetzt ist gerade so gute Stimmung. Und dann sind wir gleich noch in 'ne Cocktailbar zur Happy-Hour, und dann war da Happy-Hour Schluss und dann sind wir in die nächste Cocktailbar zur nächsten Happy-Hour. Und der Abend wollte einfach nicht zu Ende gehen ((schmunzelt)). Und dann haben wir noch spontan entschieden, noch zu der einen zu fahren, haben uns in 'ne Bahn gesetzt und sind zu der einen gefahren, haben noch vorher kurz hier Zuhause gehalten, weil ich ne Shisha hab. Wir haben die Shisha eingepackt, sind los zu ihr, hier die Straße runter ((schmunzelt)). Warum wir das nicht gleich hier gemacht haben? Naja ((schmunzelt)), und dann ging das auch bis um zwei und dann um sechs wieder aufstehen, zur Schule."*

Neben der Vielfalt an Unternehmungsmöglichkeiten in der Stadt wird an dem Zitat noch ein zweiter Aspekt deutlich: In der Stadt sind die Lokalitäten, die für solche Vergnügungen im Freundeskreis wichtig sind, konzentriert. Ähnliches betont auch Lara-Marie, für die Leipzig „die Stadt der kurzen Wege" ist: „Man kann halt wirklich, wenn irgendwie alle Stricke reißen, halt von A nach B laufen. Und das find ich halt super. Es ist manchmal wie 'n Dorf, dann trifft man jemanden."

Auch Lennard Schimmang (18 Jahre, Leipzig. Zivildienstleistender) äußert sich über diese Konzentriertheit von Lokalitäten des Ausgehens in der Stadt und stellt diese seinem Heimatdorf gegenüber, in dem „nichts los" sei. In der Stadt hat man dagegen „einfach mehr Möglichkeiten". Es gibt ein „größeres Kino und gibt 'n paar nette Kneipen". In diesem Sinne beschreibt Susanne Mattuschek (23 Jahre, Leipzig, Rechtspflegerin) die Stadt als einen Kontext, an dem „einfach mehr angeboten" wird und man „alle möglichen Angebote hat". Auch sie vergleicht ihren aktuellen Wohnort Leipzig mit der Kleinstadt, aus der sie stammt und in der „letztendlich nichts passiert". Tim Lautermann (21 Jahr, Leipzig, Student), der ebenfalls aus einer Kleinstadt nach Leipzig gezogen ist, hat schnell erkannt, dass die Stadt eine Fülle an spontanen Ausgehmöglichkeiten bietet und bezeichnet dies als eine „gewisse Art von Freiheit". Diese „Freiheit" hängt für ihn eng mit der Spontanität zusammen, die der urbane Kontext eröffnet.

Die Möglichkeiten, die die Stadt hat, können ohne große Mobilitätsanstrengungen wahrgenommen werden. Lara-Marie betont hier: „Ich muss in 'ner Großstadt auch nicht unbedingt ein Auto haben […] und will deshalb schon so kurze Wege wie möglich haben und nicht irgendwo wohnen, wo ich dann zu meinen Freunden 'ne halbe Stunde lang unterwegs bin." Ähnlich beschreibt es Jasmin Preußler (25 Jahre, Bremerin, Auszubildende als Erzieherin): „Mir ist halt wichtig, dass ich in einer Stadt wohne, wo ich überall gut ran komm, dass ich schnell im Center bin." Die Stadt ist ein Opportunitätsraum, der für den Freundeskreis eine Fülle an Möglichkeiten eröffnet und somit auch die Chance für eine größere Spontanität. Dabei bleibt es aber die Figuration des Freundeskreises, die für die von uns interviewten jungen Menschen insbesondere vergemeinschaftungsrelevant ist.

Der Freundeskreis hat bisweilen einen solchen Stellenwert, dass bestimmte Unternehmungen ohne die Freunde und Freundinnen als wenig attraktiv empfinden werden. Felicitas beispielsweise schildert, nicht zu Parties zu gehen, wenn ihre, „Freunde da auch nich' hingehen, wenn man da keinen kennt". Es ist dann das „Gemeinschaftliche" (Konstanze) selbst, das im Zentrum steht, nicht die konkrete Veranstaltung. Die Möglichkeiten, die in der Stadt genutzt werden, werden bei den von uns Interviewten stark von den Interessen des gesamten Freundeskreises abhängig gemacht. So betont beispielsweise Lara-Marie, „mein Freundeskreis steht halt auf diese Musik [Drum'n Base], […] da kann ich mich dann auch auf die Musik dann einlassen, halt das mal 'n Abend lang aus, das mach ich schon". Ähnlich beschreibt es Katja, die „sich […] neue Sachen anguckt, die mich vielleicht anfangs nicht so interessieren würden, wo ich dann aber doch sage: Vielleicht wird's ja doch ganz lustig, wenn man mit zwei, drei Leuten geht".

Fassen wir also zusammen, was wir bisher auf Basis unseres Interviewmaterials herausgearbeitet haben: Es wurde greifbar, welchen Stellenwert der Freundeskreis für die von uns interviewten jungen Menschen hat. Er ist – neben der Familie – für sie die zentrale Figuration von Gemeinschaft. Hierin können wir ein gewisses Muster erkennen, unabhängig vom Bildungshintergrund oder der sozialen Stellung

der von uns Interviewten. Im Vordergrund steht das gemeinsame Sich-Vergnü-
gen, was sich in vielfältigen Praktiken konkretisiert, über die die Gemeinschaft
des Freundeskreises als solche hergestellt wird. Das Medienensemble übt dabei
eine im Wesentlichen stabilisierende Funktion auf den Freundeskreis aus. Dessen
Mitglieder verspüren damit aber einen Druck, sich die Medien anzueignen, die
in diesem Freundeskreis dominieren – sowohl als Technologien der gemeinsamen Kommunikation untereinander als auch als inhaltliche Ressourcen für die
gemeinsame Kommunikation. Insgesamt wird so eher ein auf den Freundeskreis
bezogener „vernetzter Kollektivismus" (Baym 2015, S. 101) als ein „vernetzter Indi-
vidualismus" (Rainie und Wellman 2012: 115) deutlich: Wir haben eine intensive
kommunikative Vernetzung im insbesondere *lokalen* Freundeskreis, in dem das
geteilte Erleben gemeinsamer Inhalte und Ereignisse einen großen Stellenwert hat.
Die Stadt ist dafür ein besonderer Opportunitätsraum.

5 Die figurative Qualität mediatisierter Vergemeinschaftungsorte

Die bisherige Betrachtung des Freundeskreises als zentraler kommunikativer Figuration der urbanen Vergemeinschaftung junger Menschen zeigt, welchen Stellenwert
einzelne Lokalitäten in der Stadt für Vergemeinschaftung haben: Orte, an denen
man ausgeht, sich trifft, gemeinsame Dinge unternimmt bzw. erlebt. Ein Ort ist
in einem solchen Blickwinkel eine Lokalität mit einer spezifischen Bedeutungsdi-
mension. Solche Lokalitäten sind nicht etwas physisch Gegebenes, sondern werden
in ihren Bedeutungsdimensionen von Menschen durch vielfältige Interaktionen
geschaffen (Massey 1994, S. 39; siehe auch Berg und Roitsch 2015 und die Beiträge
in Christmann 2016). Anders formuliert sind Lokalitäten in Bezug auf materielle
bzw. physische Aspekte gefasste, soziokulturell definierte Orte mit geteilten Räumen
menschlicher Interaktion (Hepp 2015, S. 187) Wenn wir hier von *mediatisierten
Vergemeinschaftungsorten* sprechen, wollen wir zweierlei betonen. Erstens sind
die Orte nicht einfach etwas, das dem Mediengebrauch gegenüber steht. Vielmehr
werden heutige Lokalitäten u. a. durch medienbezogene Praktiken geschaffen und
sind in diesem Sinne selbst mediatisiert. Zweitens interessieren wir uns ausgehend
von unserer Fragestellung in diesem Beitrag für solche Orte, die für die jungen
Menschen ein großes Potenzial für Vergemeinschaftung haben. Im Blick haben wir
dabei insbesondere (halb-)öffentliche Orte, d. h. solche, zu denen – die finanziellen
Ressourcen vorausgesetzt – die jungen Menschen allgemein Zugang haben.

Ausgehend von solchen Überlegungen haben wir für die Stadt Bremen den bereits angeführten Aufruf veröffentlicht, uns solche Orte zu nennen, „an denen etwas los ist" und die in diesem Sinne herausgehobene Vergemeinschaftungspotenziale haben. Der Rücklauf auf diesen in den lokalen Medien verbreiteten Aufruf wurde auf der unten stehenden Open-Street-Map im Rahmen eines studentischen Forschungsprojektseminars visualisiert.

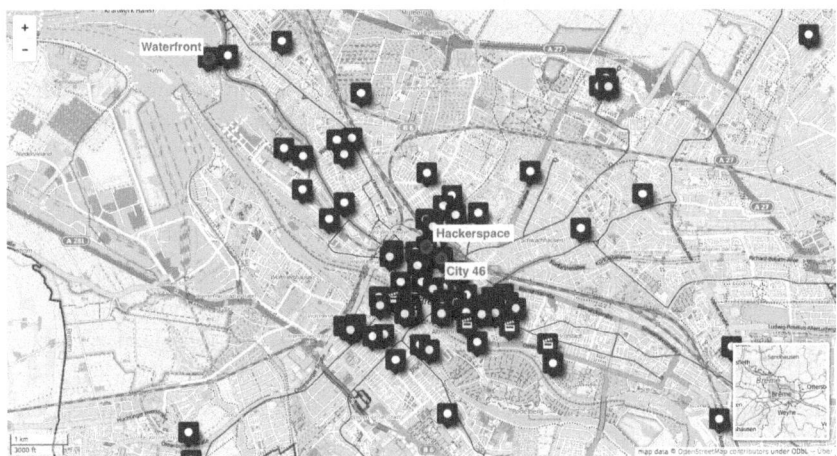

Abb. 1   Mediatisierte öffentliche Vergemeinschaftungsorte in Bremen

Diese Abbildung stellt einen Ausschnitt einer Online verfügbaren Karte dar. Siehe hier http://www.hundertorte.uni-bremen.de [15.6.2016]

Diese Karte ist sicherlich keine allumfassende Repräsentation der mediatisierten Vergemeinschaftungsorte in Bremen. Betrachtet man diese Karte genauer, wird deutlich, dass es sich bei den genannten Orten – die von Plätzen und Kneipen über das Stadion bis hin zu Kinos und Off-Kulturorten reichen – vor allem um solche Lokalitäten handelt, denen jüngere Menschen ein besonderes Vergemeinschaftungspotenzial zusprechen. Dies ist eine sich durch die Art und Weise der Datenerhebung gegebene Bias, die gleichwohl gerade unserem Forschungsinteresse entspricht. Dabei konzentrieren sich die genannten Lokalitäten wie auch einzelne Arten von Lokalitäten in bestimmten Teilen der Stadt Bremen. Dies steht nicht zuletzt für die Segregation der Stadt in wohlhabende und zum Teil gentrifizierte Stadtteile wie beispielsweise das Ostertor- und Steintor-Viertel, in dem viele der genannten Kulturorte aber auch Kneipen liegen. Dem stehen andere Stadtteile gegenüber wie das stark migrantisch geprägte Gröpelingen, für das wenige mediatisierte Vergemeinschaftungsorte wie beispielsweise die sich dort befindende Shopping Mall *Waterfront* erfasst sind.

Solche in der obigen Karte visualisierten Ergebnisse unseres Aufrufs waren der Ausgangspunkt für uns, einzelne mediatisierte Vergemeinschaftungsorte durch medienethnografische Beobachtungen und qualitative Interviews zu untersuchen. Drei exemplarisch ausgewählte wollen wir hier präsentieren: eine Shopping Mall, ein kommunales Kino und einen Hackerspace. Die Überlegung, die hinter dieser Auswahl steht, ist, solche Orte vergleichend zu betrachten, die für das Spektrum der mediatisierten Vergemeinschaftungsorte stehen.

Shopping Mall

Ein Beispiel für einen ersten mediatisierten Vergemeinschaftungsort ist die Shopping Mall *Waterfront*. Eröffnet 2008 wurde sie auf einem früheren Werftgelände im Bremer Stadtteil Gröpelingen errichtet, einem ehemaligen (Hafen-)Arbeiterviertel mit einem Anteil von rund 40 % Migrantinnen und Migranten aus über 50 Staaten, insbesondere der Türkei und Bulgarien. Gröpelingen liegt im Benachteiligungsindex der Stadt Bremen im letzten Drittel (Freie Hansestadt Bremen 2010: 8). Als Shopping Mall ist die *Waterfront* in verschiedener Hinsicht Anziehungspunkt für junge Menschen aus den angrenzenden Stadtteilen, nicht nur wegen der angebotenen Waren. So hat sie große Aufenthaltsbereiche, in denen sich verschiedene Freundeskreise treffen. Diese finden dort durch die Schnellrestaurant- und Café-Ketten kostenfreien WiFi-Internetzugang, was ein zusätzlicher Anreiz ist. Daneben werden in der Shopping Mall regelmäßig Events durchgeführt. Hierzu zählen Live Auftritte einzelner Künstler, Mode- und Autoshows, Song Contests, Kinderprogramme und vor allem das Public Viewing. Die *Waterfront* ist somit generell ein kommerzieller Ort, der gleichwohl gerade wirtschaftlich schlechter gestellten jüngeren Menschen neben dem Einkaufserlebnis Möglichkeiten bietet, sich zu treffen, (gemeinsam) das Internet zu nutzen und sich zu vergnügen.

Exemplarisch werden die figurativen Qualitäten dieses mediatisierten Vergemeinschaftungsortes anhand des Public Viewing deutlich. Insbesondere an Tagen, an denen der lokale Fußballverein spielt, wird im sogenannten „Food Court" – dem Gastronomie-Areal der *Waterfront* – eine Leinwand mit Bestuhlung aufgebaut (siehe Abbildung 2).

Der rundlich gebaute Raum des „Food Courts" besteht aus einem überdachten Lichthof, der durch zwei Passagen mit dem Einkaufszentrum verbunden wird (siehe zur folgenden Beobachtung Andrae et al. 2015). Tische und Sitzgelegenheiten sind im „Food Court" kreisförmig angeordnet und rundherum befinden sich die vielfältigen und kostengünstigen Gastronomie-Angebote. Die 25 m² große LED-Leinwand, auf

Abb. 2   Public Viewing im Food Court der Waterfront Bremen
Foto: Pawadee Tiphyarug

der die Fußballspiele übertragen werden, ist auf einer der Wandseiten des Raumes platziert. Zum Zeitpunkt der beobachteten Public Viewings sind – geschätzt nach der Anzahl der Sitze und der Anzahl des Laufpublikums – rund 500 Personen unterschiedlichen Alters anwesend. Aus unseren während des Public Viewing durchgeführten Interviews geht dabei hervor, dass die Besucherinnen und Besucher teilweise regelmäßig zu diesen Events kommen. Sechs der acht Interviewten sagen, dass sie und schon seit Längerem als Gruppe in die *Waterfront* zu den Live-Übertragungen gehen. Hierbei wird das Public Viewing sogar teilweise einem Stadionbesuch vorgezogen, weil die Shopping Mall spezifische Erlebnisqualitäten hat:

> *„[...] wenn man ehrlich ist, hier kann man essen was man möchte und sich mit mehreren Leuten treffen und das wäre im Stadion halt auch schwerer mit mehreren Leuten was zu machen. [...] Weil man halt mit Freunden dann das hier machen kann. Es geht bei uns hauptsächlich, also bei mir ist das so mit Fußball gucken: Es geht weniger um das Spiel als um die ähm mit den Freunden, das zu gucken.“ (Manfred, Besucher des Public Viewing)*

Deutlich wird an dieser kurzen Interviewpassage, in welchem Maße das Public Viewing in der Shopping Mall vor allem ein Vergemeinschaftungserlebnis im Freundeskreis ist. Dies unterstreichen auch die Beobachtungen des Ereignisses. Allein die Anordnung der Tische und Personen (siehe Abbildung 2) zeigt, dass nur wenige Besucher alleine anwesend sind. Vielmehr geht man tendenziell als Paar, mit Freunden oder der Familie zum Public Viewing. Über diese Gruppen hinweg findet allerdings nur selten direkte Kommunikation statt. Die Geräuschkulisse im Raum wird von der Kommentatorenstimme der Live-Übertragung dominiert und die Zuschauer folgen gebannt dem Spiel und sprechen wenn dann mit ihren Freunden oder Familienagehörigen. Nur gelegentlich ist verhaltenes Jubeln und Klatschen zu hören. Im inneren Kreis des Food Courts sind überwiegend Besucher im mittleren und höheren Alter zu finden, die sich im Wesentlichen auf das übertragende Spiel konzentrieren. Jugendliche Cliquen verteilen sich auf den Randbereich, wechseln hin und wieder den Standort und wenden sich teilweise von der Live-Übertragung ab und den Smartphones und Gesprächen im Freundeskreis zu.

Die besondere figurative Qualität dieser Shopping Mall besteht also darin, als kommerzieller Ort neben dem Shopping und Aufenthaltsmöglichkeiten Events zu bieten, die gerade für Menschen geringeren Einkommens ein geteiltes Vergemein-schaftungserlebnis im Familien- und Freundeskreis eröffnen. In diesem Sinne ist die *Waterfront* ein Ort, der Bezugspunkt sehr unterschiedlicher Figurationen von Menschen ist, die ohne in weitergehendem direkten Kontakt miteinander Erlebnisse im Freundes- und Familienkreis teilen.

Kommunales Kino

Eine andere figurative Qualität hat das mitten in der Bremer Innenstadt gelegene, etwa fünf Minuten zu Fuß vom Hauptbahnhof entfernte kommunale Kino *City 46*. Dieses kann auf eine mehr als vierzigjährige Geschichte zurückblicken und wurde 1974 im Geiste der damaligen Studentenbewegung gegründet, um eine reflexive Medienaneignung zu fördern. Im Jahr 2011 zog das kommunale Kino von einem Arbeiterstadtteil in die Innenstadt und nutzt seitdem zusammen mit einem Im-provisationstheater die Räumlichkeiten des ehemaligen kommerziellen City-Kinos und änderte deswegen seinen Namen von *Kino 46* in *City 46* (siehe Abbildung 3).

Das aus den 1950er Jahren stammende Interieur sowie die Außenfassade des alten City-Kinos sind erhalten geblieben und bewusst nicht modernisiert worden. Schon von Außen werden die Kinobesucher durch eine nostalgisch anmutende Leuchtschrift empfangen. Im Innern besticht vor allen Dingen der Treppenaufgang durch eine Spiegelwand, die ebenfalls aus den 1950er Jahren stammt. Die stilistische Inszenierung des Ortes vermittelt bereits das Traditionsbewusstsein des Träger-vereins und markiert auf ästhetischer Ebene die Positionierung des kommunalen

Kinos gegen die kommerziellen Multiplex-Kinos der Stadt (vgl. Gerhard et al. 2015). Wie ein langjähriger Mitarbeiter des kommunalen Kinos Bremen e. V. im Interview betont, legen die Betreiber des *City 46* vor auf die Auswahl der Filme einen besonderen Wert. Diese sollen sich entweder durch gesellschaftskritische Positionen auszeichnen oder in ästhetischer Hinsicht hervorstechen. Es geht um Akzentsetzung, wobei „manchmal [...] der Akzent stärker auf der ästhetischen, manchmal [...] stärker auf der politischen Seite" (Peter Maier, Mitarbeiter *City 46*) liegt.

Abb. 3   Kommunales Kino City 46
Foto: Piet Simon

Betrachtet man die figurative Qualität des *City 46* näher, wird deutlich, dass – so das Kino nicht individuelle Kinogängerinnen und -gänger adressiert – einzelne Filmthemen bestimmte Gruppen von Menschen adressieren, die allerdings weitgehend alle bildungsnah sind. Der interviewte langjährige Mitarbeiter stellt hier fest: „aus'm proletarischen Milieu [sind], wenn's das überhaupt noch so gibt, [...] nicht so besonders viel da. Unser Publikum ist bürgerlich, ist klar, es ist auch älter". Allerdings verweist der Interviewpartner auf die je nach Filmthema sehr unterschiedliche Zusammensetzung des Publikums. Die wechselnden Programmschwerpunkte und die damit einhergehenden Kooperationen mit unterschiedlichen Bremer Kultur- und Bildungseinrichtungen sprechen verschiedenen Gemeinschaften an:

„Und so ist es halt mit vielen Sachen, die die wir zeigen, die sind sehr abhängig vom Filmthema oder vom Reihenthema halt zielgruppenorientiert. Aber das ist ja auch äh gut, weil auf die Art hat man natürlich 'ne Palette, also wir sind äh auch glaub ich sehr gut in der Migrantenszene auch vernetzt, weil die halt sich freuen, dass sie manchmal was aus aus ihrer Heimat sehen können. Afrika gibt's immer mal wieder Filme, ham wir jetzt auch im November wieder, wieder ne Reihe. Oder was weiß ich, dies[es] Jahr spielt das Thema Kunst und Film 'ne große Rolle, da ist die Kunstszene halt 'n bisschen stärker da als sonst."

In diesem Zusammenhang betont der Mitarbeiter, dass sie als Kinobetreiber mit ihrem Filmprogramm und den dazugehörigen Veranstaltungen sehr viel Wert darauf legen, den „soziale[n] Ort Kino" als etwas Besonderes erfahrbar zu machen. Die gemeinsame Rezeption im Kino bietet letztlich ein Vergemeinschaftungserlebnis mit besonderer „Qualität." Solche Aussagen werden von den Interviews mit den Besucherinnen und Besuchern bestätigt: „Man teilt Eindrücke, Ideen, man kommentiert", wie eine Besucherin im Interview bestätigt, oder man hat „das Gefühl, die fühlen alle dasselbe, weil das so toll ist", wie es eine andere formuliert.

Die Besuche im Kino werden aus Zuschauersicht von eigenen (lebensbiografischen) Interessen getragen. Beispiele hierfür sind historische Interessen, musikalische Interessen oder die Zugehörigkeit zu einer bestimmten Migrationsgruppe und das daraus resultierende Interesse an Filmen in der eigen Muttersprache. In einem solche Sinne ist das *City 46* nicht ein Ort, an dem sich eine bestimmte Gruppe träfe. Es ist ein Ort, an dem sich in wechselnden, jeweils von den Filmen anhängenden Konstellationen unterschiedliche Freundeskreise und andere Gruppen zur gemeinsamen Kino-Rezeption treffen. Die besondere figurative Qualität des Ortes ergibt sich so durch die thematischen Ausrichtungen der Filmvorführungen, die je nachdem gänzlich unterschiedliche Gruppen adressieren.

Hackerspace

Bereits auf der professionell gestalteten Homepage des Hackerspace Bremen e. V. wird ersichtlich, dass dieser getragen wird von einer engagierten und enthusiastischen „Gruppe von technikinteressierten Menschen, die Spaß an Informatik, Elektronik und Mechanik haben". Im Mittelpunkt der Vereins-Aktivitäten steht die Nutzung- und Herstellung von (Medien-)Technologien, Open Source Projekte, Netzpolitik oder Online-Spiele. In der Hobbywerkstatt können gemeinsam angeschaffte Werkzeuge und Produktionsmittel benutzt werden. Zu nennen sind hier: 3D-Drucker, Lötstationen, Lascercutter, Standbohrmaschinen, Oszilloskope, Stickmaschinen, CNC-Fräse etc.

Die Räumlichkeiten des Hackerspaces befinden sich in zentraler Lage der Stadt, nur wenige Minuten vom Hauptbahnhof entfernt. Durch einen Hinterhof gelangt man zu einem kleinen Gebäude mit einem ca. 35 qm großen Gemeinschaftsraum, in dessen Mitte sich mehrere Tische befinden. Diese sind zu einer großen Arbeitsfläche zusammengestellt und mit vielen Steckdosenleisten versehen, damit mehreren Personen dort gemeinsam arbeiten können (vgl. Baumgarten et al. 2015). Am Ende der Arbeitsfläche ist eine Leinwand mit Beamer angebracht und in der linken Ecke des Raumes ist ein Sofa platziert. An den Seitenwänden des Raumes befinden sich weitere Arbeitsplätze und verschiedene technische Geräte, Werkzeuge, Kabel, elektronische Bauteile und weiteres Zubehör (siehe Abbildung 4). Zudem gibt es einen Nebenraum, der als Lager und Arbeitsraum genutzt wird.

Abb. 4

Innenraum des
Hackerspaces

Foto: Lei Lu

Während sich die Räumlichkeiten durch eine Hobby-Werkstatt-Atmosphäre auszeichnen, hat die direkte Lage des Hackerspaces keine besondere Bedeutung für seine Nutzerinnen und Nutzer. Der Stadtteil ist in sofern austauschbar, als dass funktionale Gründe für seine Wahl im Vordergrund standen: Die Raumgröße, die zentrale Lage und die Nutzungsmöglichkeit als Werkstatt. Aus den Interviews und der teilnehmenden Beobachtung geht hervor, das sich im Hackerspace hauptsächlich technikinteressierte Männer zwischen 20 bis 60 Jahren treffen. Sie gehören verschiedenen, insbesondere technischen Berufsgruppen an. Zudem sind Schüler und Studenten im Verein des Hackerspaces aktiv. Zu dessen wichtigsten Personen gehören der Vereinsvorstand und die Vereinsmitglieder, die in verschiedenen thematischen Gruppen organisiert sind. Neben externen Experten, die beispielsweise Vorträge halten, kommen interessierte Besucher zu Veranstaltungen und Workshops. Im Kern bleibt der Hackerspace aber ein Ort, „wo man über Technik reden kann und wo man auch mal Gerätschaften nutzen kann, die eigentlich für ein selber zu teuer sind." (Janosch, Vorstandsmitglied des Hackerspace Bremen e. V.). Dabei sehen sich die Mitglieder im Trägerverein des Hackerspaces als Teil eines weltweitens Netzwerks, das im Austausch miteinander steht. Wie Janosh im Interview fortfährt: „Da gibt's verschiedene Netze, die man nutzen kann, verschiedene Mailinglisten, wo man dann auch mal nach Hilfe fragen kann, falls […] bei uns was nicht klappen würde oder was schief läuft […]. Man hilft sich dann untereinander, […] wenn's Probleme gibt oder wo [man] mal was Städteübergreifendes machen will."

Unter den hier betrachteten Vergemeinschaftungsorten ist der Hackerspace sicherlich derjenige, der am stärksten mit Medientechnologien verwoben ist. Neben der eigens programmierten App für Vereinsmitglieder und der professionellen Pressearbeit, bei der alle gängigen Kommunikationskanäle benutzt werden, ist auch die interne Kommunikation im Hackerspace medienbasiert: Durch ein Wiki werden interne Abläufe organisiert. Diskussionen über bestimmte (technische) Themen sind auch über den Ort des Hackerspace hinaus zugänglich, indem sie in Online-Foren und über E-Mail-Verteiler fortgeführt werden. Und auch beim „Hacken" geht es letztlich um Praktiken, die im weitesten Sinne auf Medientechnologien bezogen sind. Dies schließt das Umfunktionieren „alter" Technologien ebenso ein (das „Hacken" einer alten Strickmaschine) wie das Experimentieren mit „neuesten" Technologien (wie beispielsweise 3-D-Druck). Die figurative Qualität des Hackerspace ist damit die eines Ortes, der einer thematisch zentrierten und in ihrem Umgang mit Technologie „alternativ" orientierten Gruppe von Menschen eine Arbeits- und Vergemeinschaftungsmöglichkeit bietet. Die „Alternativität" ergibt sich dadurch, dass Medientechnologien dazu genutzt werden, eigenständig Produkte oder Ersatzteile zu entwerfen und anzufertigen, die sich von standardisierten Massenwaren abheben. Wenn wir in den von uns betrachteten Orten Ansätze einer „Smart City" und von

„Code/Space" (Kitchin und Dodge 2011) finden wollen – also der Verschränkung von Kommunikationstechnologie mit der sozialen Herstellung von Örtlichkeit –, dann in einer alternativen Rahmung am ehesten hier. Der Hackerspace ist ein Ort, den eines der Mitglieder als „Heimat der Nerds", als „Nerdistan" bezeichnet: „ähnliche Interessen führen dann dazu, dass man dann da auf dieser Ebene nach Feierabend zusammenkommt" (Bruno, Mitglied des Hackerspace Bremen e. V.). Lässt man die hier betrachteten Orte Revue passieren – die Shopping Mall, das kommunale Kino, den Hackersapce –, wird greifbar, was wir als figurative Qualität von mediatisierten Vergemeinschaftungsorten bezeichnen: Je nachdem, wie der Ort, der Zugang zu diesem bzw. die Möglichkeiten der Interaktion von Gruppen in diesen gestaltet sind, haben diese Orte unterschiedliche Potenziale für Vergemeinschaftung in der Stadt. Bemerkenswerter Weise erscheint dabei die kommerzielle Shopping Mall gerade für Freundeskreise und Cliquen junger Menschen aus einem benachteiligten Stadtteil wesentlich offener zu sein als die anderen Orte. Zwar ist das kommunale Kino zwar prinzipiell allen zugänglich und hat nach dem eigenen Selbstverständnis auch einen entsprechenden Bildungsauftrag. Es adressiert durch sein Programm aber sehr spezifische Gruppen und Freundeskreise. Am geschlossensten erscheint der sich in einem Hinterhof befindende Hackerspace. Letztlich ist er für technikinteressierte Einzelpersonen und Freundeskreise von Interesse, die dort eine auf Technologie bezogene, alternative Vergemeinschaftungsmöglichkeit finden. Er ist kein Vergemeinschaftungsort, der darüber hinaus anziehend ist.

In einer solchen Gesamtschau stehen die drei Lokalitäten für weitergehende Typen von mediatisierten Vergemeinschaftungsorten. Die Shopping Mall steht für *kommerzielle Orte situativer Vergemeinschaftung*, zu denen beispielsweise auch Kneipen, Statdteilfeste oder Konzerte auf öffentlichen Plätzen zählen. Zu diesen gehen (junge) Menschen primär, um sich in ihren Freundeskreisen zu Vergnügen, wobei die Gesamtkonstellation bezogen auf das Event eine situative ist. Das kommunale Kino zählt mit anderen Bildungseinrichtungen zu *Kultur- und Bildungsorten*. Diese adressieren je nach Thema sehr spezifische, mitunter wechselnde Gruppen und bilden dann für diese Vergemeinschaftungsorte. Schließlich lässt sich der Hackerspace den *alternativen Vergemeinschaftungsorten* zurechnen. Hierzu zählen auch Orte des Urban Gardening oder Off-Kulturorte. Gemeinsam ist diesen Vergemeinschaftungsorten deren Ausrichtung auf sehr klar umrissene Gruppen, die sich selbst als „alternativ" sehen.

Eine Segregation des Gemeinschaftslebens in der mediatisierten Stadt ergibt sich damit auf doppelte Weise. Einerseits adressieren die verschiedenen Vergemeinschaftungsorte durch ihre unterschiedlichen figurativen Qualitäten sehr verschiedene Menschen und Freundeskreise. Andererseits sind diese Orte sehr ungleich über die Stadt verteilt. Je nachdem, wie man sich (in seinem Freundeskreise) durch die Stadt bewegt und was die eigenen Anlauforte für Vergemeinschaftung sind, kann das Erleben von Vergemeinschaftung in der Stadt ein sehr unterschiedliches sein.

6   Die mediatisierte Stadt als vorgestellte Gemeinschaft

Abschließend wollen wir uns nun in einem dritten Blickwinkel der urbanen Vergemeinschaftung junger Menschen zuwenden: der Stadt als vorgestellter Gemeinschaft. Betrachtet man Städte als soziale Gebilde, können sie für Menschen den Status einer vorgestellten Gemeinschaft haben (Jarren 2013, S. 53). Beziehen wir dieses Argument zurück auf unser Datenmaterial zur kommunikativen Vernetzung und Vergemeinschaftung junger Menschen, das bereits für den Freundeskreis diskutiert haben, sind wir mit einem paradoxen Phänomen konfrontiert: nicht jede junge Person, für die die Stadt ein wichtiger Opportunitätsraum von Vergemeinschaftung ist, räumt der Stadt als vorgestellter Gemeinschaft einen hohen Stellenwert ein.

Es lohnt sich hier, nochmals einige unserer Interviewpartnerinnen und Interviewpartner zu Wort kommen zu lassen. So stellt beispielsweise Juliane Brandt (23 Jahre, Bremen, Auszubildende zur Instrumentenbauerin) fest: „Bremen ist mir nicht wichtig, mein Zuhause ist mir wichtig, also mein Zuhause ist da […], wo meine Freunde […] sind". Die Stadt ist für sie ein wichtiger Opportunitätsraum, den sie nicht missen möchte – aber die spezifische Stadt als eine vorgestellte Gemeinschaft hat für sie keinen Stellenwert.

Sind solche Aussagen dahingehend zu werten, dass die Stadt als vorgestellte Gemeinschaft für die von uns interviewten jungen Menschen bedeutungslos wäre? Mit einer solchen Annahme würde man es sich sicherlich zu leicht machen. So formuliert beispielsweise Tom Friedrich (26 Jahre, Bremen, Polizist) ganz explizit, dass neben seiner Beziehung und seiner Familie die Stadt, in der er lebt, für ihn eine herausgehobene „Gemeinschaft" ist. Die Stadt als vorgestellte Gemeinschaft hat in unseren Daten also ihren Stellenwert. Um hierbei allerdings musterhafte Zusammenhänge zu erkennen ist es hilfreich, die bereits kurz angesprochenen Vergemeinschaftungshorizonte der jungen Menschen nochmals näher zu betrachten. Der Begriff des Vergemeinschaftungshorizonts bezeichnet dabei das Gesamt der Gemeinschaften, in denen sich ein Mensch aus subjektiver Sicht positioniert (Hepp 2013, S. 122).

Wie eingangs bei unserer Analyse der kommunikativen Figuration von Freundeskreisen angeklungen ist, lassen sich typisierend zumindest vier Arten von Vergemeinschaftungshorizonten unterscheiden: die von Lokalisten, Zentristen,

Multi-Lokalisten und Pluralisten (siehe Hepp et al. 2014b, Hepp et al. 2014a). Vereinfacht formuliert sind Lokalisten solche Menschen, deren Gemeinschaftsleben primär in ihrem lokalen Lebensumfeld aufgeht. Dies manifestiert sich auch in ihrer primär lokalen kommunikativen Vernetzung. Bei Zentristen dominiert, wenn es um Vergemeinschaftung geht, ein bestimmtes Thema, beispielsweise eine Religion oder eine bestimmte Populärkultur bzw. Szene. Ihre kommunikative Vernetzung wie auch Vergemeinschaftung ist in dominanter Weiser hierauf ausgerichtet. Bei Multilokalisten stehen Vergemeinschaftungen an mehreren, aber definierten Orten im Vordergrund, was ebenfalls in ihrer ortsübergreifenden kommunikativen Vernetzung greifbar wird. Und Pluralisten sind solche Menschen, die sich in sehr unterschiedlichen, zum Teil nur lose miteinander verbundenen Gemeinschaften bewegen und kommunikativ entsprechend vielfältig vernetzt sind.

Auch wenn einzelne Menschen mitunter Elemente verschiedener dieser Vergemeinschaftungshorizonte in sich vereinen, ermöglicht uns diese Typologie doch zu verstehen, in welcher Form die mediatisierte Stadt als vorgestellte Gemeinschaft im Leben der von uns interviewten Menschen eine Rolle spielt. Dabei wäre es allerdings zu vereinfachend gedacht, dass die vorgestellte Gemeinschaft der Stadt nur für Lokalisten eine Relevanz hätte. In unserem Datenmaterial lassen sich für alle dieser vier Typen junge Menschen ausmachen, für die ähnliches gilt wie für den bereits zitierten Lokalisten Tom Friedrich, nämlich dass die Stadt als vorgestellte Gemeinschaft eine Relevanz in ihrem Leben hat. Der Zusammenhang ist eher ein anderer: *Wenn* die Stadt als vorgestellte Gemeinschaft für diese Menschen bedeutungsvoll ist, dann für jeden dieser Typen auf *spezifische* Weise.

Beginnt man die Betrachtung mit *Lokalisten*, erscheint insbesondere ein Zitat von Konstanze Mitscherlich (26 Jahre, Leipzig, Druckerin) aussagekräftig. Sie stellt bezogen auf ihre Heimatstadt Leipzig fest, dass „da auch Freunde teilweise ein bisschen in der Politik mitmischen oder halt dann auch in den Stadtratversammlungen sich mal tummeln und man dann eher so mundpropagandamäßig die Leipziger wichtigen Sachen mitkriegt". Sie fühlt sich der Stadt als vorgestellter Gemeinschaft also nicht nur zugehörig, sie verfolgt ebenfalls – wenn auch indirekt – die politischen Geschehnisse und Belange der Stadt. Hierbei ist für sie – wie für Lokalisten generell – die starke lokale kommunikative Vernetzung und Verankerung im Kommunikationsraum lokaler Medien von Bedeutung. Allerdings informiert sie sich über lokale politische Belange nicht (nur) über Zeitungen, Fernsehen, WWW, sondern eben insbesondere über ihre lokalen Freunde, die sich mit städtischen politischen Belangen beschäftigen.

Anders sieht es bei *Zentristen* aus, bei denen die vorgestellte Gemeinschaft der Stadt sehr stark ausgehend von ihrem lebensbiografisch dominierenden Vergemeinschaftungsthema erfahren wird. Ein Beispiel dafür ist Dirk Herrmann (26

Jahre, Leipzig, selbstständiger Künstleragent), dessen Vergemeinschaftungshorizont wie auch kommunikative Vernetzung auf die Musikszene ausgerichtet ist. Während er sich selbst als Leipziger sieht und die Zugehörigkeit zur vorgestellten Gemeinschaft der Stadt eine Relevanz für ihn hat, ergibt sich dies in erheblichem Maße über sein Engagement für die Leipziger Musikszene. Es ist also das seinen Vergemeinschaftungshorizont dominierende Thema, das den Zugang zur Stadt als vorgestellter Gemeinschaft eröffnet. Wie er es selbst formuliert:

> *„Und diese Zugehörigkeit zu diesem Künstlertum, dass es jedem so geht, egal ob man jetzt in Hamburg 'ne Band [hat] [...], oder in Berlin, oder in Köln, oder in Mannheim, oder was weiß ich. Das ist dieses gemeinsame [...]. Egal, in welcher Szene du dich bewegst, es ist immer alles gleich: Die Musik unterscheidet sich, [aber] jeder muss immer das gleiche Päckchen tragen und egal in welcher Stadt.“*

Die Stadt als Gemeinschaft spielt bei Zentristen also dann eine Rolle, wenn deren dominierendes thematisches Interesse damit in Beziehung steht. Entsprechend wird die Stadt als vorgestellte Gemeinschaft auch sehr stark von der auf dieses Thema ausgerichteten kommunikativen Vernetzung erfahren. Im Falle von Dirk ist dies die Musikszene inkl. der damit in Verbindung stehenden Webseiten und Szene-Magazine, für die er zum Teil selbst schreibt.

Unser Material zeigt, dass sich auch *Multilokalisten* einer einzelnen Stadt zugehörig fühlen können. Hier sind zum Teil deutliche Parallelen zu dem auszumachen, was wir bereits für Lokalisten formuliert haben. Die Besonderheit von Multilokalisten besteht darin, dass die vorgestellte Gemeinschaft einer Stadt in Bezug auf andere Orte erfahren wird. Für diesen Vergleich hat das Aufwachsen an einem bestimmten Ort und die davon ausgehende Mobilität eine besondere Bedeutung, letztlich weil dort der eigene (ursprüngliche) Freundeskreis verortet wird. „Hier sind meine Freunde hier sind meine Wurzeln" (Adriana-Luise Kück, 19 Jahre, Bremer Umland, Teilnehmerin Freiwilliges Soziales Jahr), heißt es dann. Bei Multilokalisten ist es aber mitunter weniger die Stadt, die als vorgestellte Gemeinschaft des direkten Lebensumfeld im Vordergrund steht, sondern die Region. Sabine Elbe (22 Jahre, Leipzig, Auszubildende zur Heilerziehungspflegerin) beschreibt dies wie folgt: „Ich bin quasi nur in Sachsen komplett." In welcher Stadt sie dort wohnt ist zweitrangig.

Der Vergleich von Städten hat auch bei *Pluralisten* seinen Stellenwert. Gleichwohl ist dort Stadt als vorgestellte Gemeinschaft – so sie eine Rolle spielt – in einen noch wesentlich vielfältigeren Vergemeinschaftungshorizont eingebunden. Auffallend ist zuerst einmal das tendenzielle Ablehnen jeglicher vorgestellter Gemeinschaft mit geografgisch-kulturellem Bezug. Torsten Breisler (21 Jahre, Leipzig, Student) betont beispielsweise, dass er sich „grundsätzlich […] nicht als Bayer oder nich als Münchener aber genauso wenig […] als Deutsche[r]" fühlt. Oder Claas Kuhnert (29 Jahre, Bremen, Umschüler zum Kaufmann im Gesundheitswesen) stellt mit Bezug auf Bremen fest, das sei zwar sein „Lebensmittelpunkt". Jedoch hat sich das „wirklich nur so ergeben, also das könnte eigentlich jede andere Stadt auch sein". In scheinbarem Gegensatz dazu sieht Claas aber die Notwendigkeit der Solidarität von lokalen Gemeinschaften. Hierüber ergibt sich sein Interesse, sich in der Stadt, in der er lebt, zu engagieren, gerade wenn es um „Stadtteilentwicklung" oder „Kultur" geht. Vermutlich war dies der Grund für sein zeitweises Engagement bei der Partei der Bremer Linken, das er nach Querelen in der dortigen Fraktion aber wieder zurückgefahren hat.

Betrachtet man solche hier exemplarisch herausgegriffenen Fälle von Lokalisten, Zentristen, Multi-Lokalisten und Pluralisten wird deutlich, wie spezifisch und auch prekär der Bezug auf die Stadt als vorgestellte Gemeinschaft sein kann. Im Vergleich zum Freundeskreis hat die Stadt in jedem Fall bei allen der von uns Interviewten einen nur sehr untergeordneteren Stellenwert.

7   Fazit: Vergemeinschaftung in der mediatisierten Stadt

Wie lassen sich nun die verschiedenen Ebenen urbaner Vergemeinschaftung, die wir in diesem Aufsatz diskutiert haben, zusammenbringen? Ausgangspunkt für unsere Überlegungen war die aktuelle Diskussion um das mediengestützte Zusammenleben in der Stadt. Insgesamt fällt auf, wie wenig die aktuellen „heißen" Themen medienbezogener Veränderung von Stadt konstatierten Herausforderungen der anderen im Alltagsleben der jungen Menschen, die wir interviewt haben, präsent sind: Vorstellungen der Smart City sind weit von ihrem Leben entfernt, Locative Media sind etwas, das sie am Rande nutzen, die in ihrem Vergemeinschaftungspotenzial aber nur einen untergeordneten Stellenwert haben, und der hyperlokale Journalismus ist wie Lokaljournalismus insgesamt allenfalls bei wenigen der von uns interviewten jungen Menschen – insbesondere Lokalisten – wirklich präsent.

Unsere figurationsanalytische Perspektive auf die Frage des Zusammenlebens in der mediatisierten Stadt führt hingegen vor Augen, dass bei jungen Menschen in Bremen und Leipzig urbane Vergemeinschaftung jenseits der Familien insbesondere den Freundeskreis betrifft: Es geht um die Vergemeinschaftung im Freundeskreis, für die die Stadt vor allem ein Möglichkeitsraum ist. Eine Segregation dieses Gemeinschaftserlebens wird dadurch gestützt, dass die figurative Qualität der Vergemeinschaftungsorte der Stadt sehr unterschiedlich ist und diese Orte dabei wiederum ungleich in der Stadt verteilt sind. Das Vergemeinschaftungserleben eines Freundeskreises hat also möglicherweise wenig zu tun mit dem eines anderen. Hinzu kommt, dass die Stadt als vorgestellte Gemeinschaft nur bei einem Teil der von uns interviewten jungen Menschen von Relevanz ist – und hier die Bedeutungszuschreibungen zu dieser vorgestellten Gemeinschaft zum Teil erheblich variieren. Ebenso ist ein (lokal)politisches Engagement eher die Ausnahme als die Regel. Allerdings geht eine gefühlte Zugehörigkeit zur Stadt als vorgestellten Gemeinschaft mit der Nutzung lokaler Medieninhalte oder einer Kommunikation über diese einher.

In solchen Ergebnissen hallen die Argumente von Robert E. Park zur Stadt als ein „Mosaik kleiner Welten" (Park 1967: 40) wider. Bezug nehmend hierauf fällt Verschiedenes auf: So wird dieses Mosaik von den jungen Menschen nicht als negativ empfunden, sondern als ein Opportunitätsraum, in dem sie sich mit ihren Freundeskreisen bewegen. In Abgrenzung zu den Überlegungen von Park fördert die heutige Medienumgebung dabei eher solche Medienensembles, die die Figuration der Freundeskreise stabilisieren, denn eine geteilte Stadtöffentlichkeit. „Soziale Kontrolle" – so man diesen Begriff gebrauchen will – findet als „interveillance" (Christensen/Jansson 2014: 8) primär *im Freundeskreis* statt, in dem ein gewisser Zwang besteht, das geteilte Medienensemble zu nutzen – nicht über eine Stadtöffentlichkeit als solche. Die Stadt bleibt für viele der – durchaus wertgeschätzte – Opportunitätsraum verschiedener Vergemeinschaftungsorte, die für sie wichtig sind. Sie wird nur in Ausnahmefällen als politischer Raum einer spezifischen Gemeinschaft erfahren.

Die tiefgreifende Mediatisierung der Stadt hinterlässt somit einen ambivalenten Eindruck: Vorstellungen der weitreichenden Möglichkeiten digitaler Medien für das städtische Zusammenleben steht eine Realität junger Menschen gegenüber, in der solche Entwürfe eher auf einzelne alternative mediatisierte Vergemeinschaftungsorte wie dem hier betrachteten Hackerspace beschränkt bleiben oder für einzelne Personen wie den Pluralisten Claas Kuhnert (lokalpolitisch) bedeutsam werden. Die mediatisierte Stadt bleibt segregiert und erschließt sich als Gemeinschaftsgebilde erst, wenn man die Vielfalt ihrer unterschiedlichen kommunikativen Figurationen im Blick hat.

Literatur

Anderson, Benedict (1983). *Imagined communities: Reflections on the origins and spread of nationalism.* New York: Verso.

Andrae, Felix, Grundmann, Freya und Pawadee Tiphyarug (2015). *Mediengebrauch bei situativen Eventvergemeinschaftungen.* MA research report.

Baumgarten, Paul et al. (2015). Forschungsarbeit Alternative Vergemeinschaftungsorte in Bremen. In: *ZeMKI, MA research report.*

Baym, Nancy (2015). *Personal connections in the digital age.* Second edition. Cambridge, Malden: Polity.

Berg, Matthias und Cindy Roitsch (2015). Lokalität, Heimat, Zuhause und Mobilität. In *Handbuch Cultural Studies und Medienanalyse,* hrsg. A. Hepp et al., 147-155. Wiesbaden: VS.

Bolin, Göran (2004). Spaces of television. The structuring of consumers in a Swedish shopping mall. In *Media Space: Place, Scale and Culture in a Media Age,* hrsg. N. Couldry und A. McCarthy, 126-144. London u. a.: Routledge.

Bridge, Gary (2009). Reason in the city? Communicative action, media and urban politics. *International Journal of Urban and Regional Research* 33 (1): 237-240.

Castells, Manuel (2000). *The rise of the network society. The information age: economy, society and culture.* Vol. 1.. Oxford: Blackwell.

Christensen, Miyase und André Jansson (2014). Complicit surveillance, interveillance, and the question of cosmopolitanism: Toward a phenomenological understanding of mediatization. In: *New Media & Society.*

Christensen, Miyase und André Jansson (2015). *Cosmopolitanism and the media. Cartographies of change.* London: Palgrave Macmillan.

Christmann, Gabriela B. (2013). Raumpioniere in Stadtquartieren und die kommunikative (Re-)Konstruktion von Räumen. In *Kommunikativer Konstruktivismus,* hrsg. R. Keller, J. Reichertz und H. Knoblauch, 153-184. Wiesbaden: VS Springer.

Christmann, Gabriela B. (hrsg.) (2016). *Zur kommunikativen Konstruktion von Räumen: Theoretische Konzepte und empirische Analysen.* Wiesbaden: VS.

Couldry, Nick und Andreas Hepp (2016). *The mediated construction of reality.* Cambridge: Polity Press.

Elias, Norbert und John Scotson (1994). *The established and the outsiders: A sociological enquiry into community problems* [orig. 1965]. London: Sage.

Evans, Leighton (2015). *Locative social media: Place in the digital age.* London: Palgrave Macmillan.

Farías, Ignacio (2010). Introduction: Decentring the object of urban studies. In *Urban assemblages. How actor-network theory changes urban studies,* hrsg. I. Farías, und T. Bender, 1-24. London, New York: Routledge.

Freie Hansestadt Bremen (2010): *Stadtteilbericht Gröpelingen.*

Georgiou, Myria (2013). *Media and the city: Cosmopolitanism and difference.* Cambridge: Polity.

Gerhard, Ulrike et al. (2015): Medien-Stadt-Vergemeinschaftung. Eine Untersuchung zur Mediatisierung urbanen Gemeinschaftslebens an Kultur-, Bildungs- und Freizeit-Orten in Bremen. In: *ZeMKI, MA research report.*

Glaser, Barney und Anselm Strauss (1998). *Grounded Theory. Strategien qualitativer Forschung.* Bern: Huber.

Hasebrink, Uwe und Jan-Hinrik Schmidt (2013). *Informationsrepertoires und Medienvielfalt in der Großstadtöffentlichkeit. Eine Untersuchung der Berliner Bevölkerung.* In *MediaPolis – Kommunikation zwischen Boulevard und Parlament: Strukturen, Entwicklungen und Probleme von politischer und zivilgesellschaftlicher Öffentlichkeit,* hrsg. B. Pfetsch, J. Greyer und J. Trebbe, 161-184. Konstanz: UVK.

Hepp, Andreas (2013). *Cultures of mediatization.* Cambridge: Polity Press.

Hepp, Andreas (2015). *Transcultural communication.* Malden: Wiley Blackwell.

Hepp, Andreas, Berg, Matthias und Cindy Roitsch (2014a). *Mediatisierte Welten der Vergemeinschaftung: Kommunikative Vernetzung und das Gemeinschaftsleben junger Menschen.* Wiesbaden: VS.

Hepp, Andreas, Berg, Matthias und Cindy Roitsch (2014b). Mediatized worlds of communitization: Young people as localists, centrists, multi-localists and pluralists. In *Mediatized worlds: Culture and society in a media age,* hrsg. A. Hepp, Andreas und F. Krotz, 174-203. London: Palgrave.

Hepp, Andreas, Berg, Matthias und Cindy Roitsch (2016). Investigating communication networks contextually. Qualitative network analysis as cross-media research. *Medie-Kultur* 32 (60): 87-106.

Jarren, Otfried (2013). MediaPolis oder Monopoly? Stadt und Medien als Gemeinschaftsversprechen. In *MediaPolis – Kommunikation zwischen Boulevard und Parlament: Strukturen, Entwicklungen und Probleme von politischer und zivilgesellschaftlicher Öffentlichkeit,* hrsg. B. Pfetsch, J. Greyer und J. Trebbe, 51-62. Konstanz: UVK.

Keppler, Angela (2014). Reichweiten alltäglicher Gespräche. Über den kommunikativen Gebrauch alter und neuer Medien. In: *Unser Alltag ist voll von Gesellschaft,* hrsg. A. Bellebaum, Alfred und R. Hettlage, 85-104. Wiesbaden: VS.

Kitchin, Rob und Martin Dodge (2011). *Code/space: Software and everyday life.* Massachusetts: Mit Press.

Krajina, Zlatan (2014). *Negotiating the mediated city. Everyday encounters with public screens.* London: Routledge.

Lane, Jeffrey (2016). The digital street: An ethnographic study of networked street life in harlem. *American Behavioral Scientist* 60 (1): 43-58.

Massey, Doreen (1994). *Space, place and gender.* Cambridge: Polity Press.

Metag, Julia und André Donk (2013). Fragmentierung städtischer Öffentlichkeit. Integration soziogeografischer und kommunikationswissenschaftlicher Ansätze. In *MediaPolis – Kommunikation zwischen Boulevard und Parlament: Strukturen, Entwicklungen und Probleme von politischer und zivilgesellschaftlicher Öffentlichkeit,* hrsg. B. Pfetsch, J. Greyer und J. Trebbe, 63-82. Konstanz: UVK.

Neal, Zachary P. (2013). *The connected city. How networks are shaping the modern metropolis.* London, New York: Routledge.

Nielsen, Rasmus Kleis (hrsg.) (2015). *Local Journalism – the decline of newspapers and the rise of digital media.* London, New York: Tauris.

Park, Robert E. (1967). The city: Suggestions for the investigation of human behaviour in the urban environment. In *The city,* hrsg. R. Park, et al., 1-46. Chicago: University of Chicago Press.

Rainie, Harrison und Barry Wellman (2012). *Networked: The new social operating system.* Cambridge, Mass.: MIT Press.

Rauterberg, Hanno (2013). *Wir sind die Stadt!: Urbanes Leben in der Digitalmoderne.* Berlin: Suhrkamp.

Simmel, Georg (2006). *Die Großstädte und das Geistesleben* [orig. 1903]. Frankfurt a. M.: Suhrkamp.
Smith, Neil und Peter Williams (2010). *Gentrification of the City.* London u. a.: Routledge.
Strauss, Anselm und Juliet Corbin (1996). *Grounded Theory: Grundlagen qualitativer Sozialforschung.* Weinheim: Beltz.
Strübing, Jörg (2008). *Grounded Theory. Zur sozialtheoretischen und epistemologischen Fundierung des Verfahrens der empirisch begründeten Theoriebildung.* 2. Auflage. Wiesbaden: VS Verlag.
Townsend, Anthony M. (2013). *Smart cities: Big data, civic hackers, and the quest for a new utopia.* New York: WW Norton & Company.
United Nations (2015). *World urbanization prospects. The 2014 revision.* New York: United Nations.
Zukin, Sharon, Kasinitz, Philip und Xiangming Chen (2016). *Global cities, local streets. Everyday diversity from New York to Shanghai.* New York, London: Routledge.

Zur Autorin und den Autoren

Hepp, Andreas, Dr. phil, Professor für Kommunikations- und Medienwissenschaft am und Sprecher des Zentrums für Medien-, Kommunikations- und Informationsforschung (ZeMKI) der Universität Bremen. Mitinitiator des und Projektleiter im DFG-Schwerpunktprogramm „Mediatisierte Welten" sowie im Forschungsnetzwerk „Kommunikative Figurationen". Aktuelle Forschungsschwerpunkte: Medien- und Vergemeinschaftung, transnationale und transkulturelle Kommunikation, Medienwandel, Mediatisierung. Buchpublikationen u. a. „The Mediated Construction of Reality" (2016, Polity, mit Nick Couldry), „Transcultural Communication" (2015, Wiley) und „Cultures of Mediatization" (2013, Polity).

Simon, Piet, M.A., ist wissenschaftlicher Mitarbeiter am Zentrum für Medien-, Kommunikations- und Informationsforschung (ZeMKI) der Universität Bremen. Er ist Mitglied des Forschungsnetzwerkes „Kommunikative Figurationen" und war im Teilprojekt „Kommunikative Figurationen urbaner transkultureller Vergemeinschaftung" tätig. Zuvor war er als wissenschaftlicher Mitarbeiter im Center for Digital Cultures im Rahmen des EU-geförderten Projekts „Innovation Incubator" an der Leuphana Universität Lüneburg beschäftigt.

Sowinska, Monika, M.A., war von 2012 bis 2017 Wissenschaftliche Mitarbeiterin am Zentrum für Medien-, Kommunikations- und Informationsforschung (ZeMKI) der Universität Bremen. Von November 2012 bis Oktober 2014 arbeitete sie im DFG-Schwerpunktprogramm 1505 „Mediatisierte Welten" im Teilprojekt

„Die qualitative Langzeituntersuchung der Mediatisierung sozialer Beziehungen: Erprobung und Optimierung des Verfahrens". Von 2014 bis 2017 arbeitete sie im Fachgebiet von Prof. Dr. Andreas Hepp im Teilprojekt „Kommunikative Figurationen urbaner transkultureller Vergemeinschaftung".

Städtische Raumpioniere, kommunikative Figurationen und Raum(re)konstruktionen in Quartieren[1]

Gabriela B. Christmann

1 Einleitung

In diesem Beitrag wird am Beispiel von sozial benachteiligten Quartieren in Berlin-Moabit die übergreifende Frage verfolgt, welche neuen Deutungen und Visionen Akteure, die im Folgenden auch als „Raumpionierinnen" bzw. „Raumpioniere" bezeichnet werden, von diesen Quartieren haben, wie die Deutungen und Visionen in welchen kommunikativen Figurationen des städtischen Zusammenlebens ausgehandelt werden und wie es auf dieser Basis zu räumlichen Transformationen – oder theoretisch gesprochen: zur kommunikativen *Re*konstruktionen von Räumen – kommt.[2] In theoretischer Hinsicht wird ein Konzept zugrunde gelegt, das als „Theorie der kommunikativen Raum(re)konstruktion" (Christmann 2010, 2016) bezeichnet wird.

Empirisch werden in Moabit Quartiere betrachtet, die durch hohe Anteile an Bezieherinnen und Beziehern von staatlichen Transferleistungen, hohe Anteile von Migrantinnen und Migranten unterschiedlicher Herkunft und vielfältige soziale Problemlagen gekennzeichnet sind. Mangelnde Konsum- und Freizeitinfrastrukturen bzw. deren stetige Reduzierung und eine vernachlässigte Bausubstanz kommen in manchen Quartieren als Problemlagen hinzu. Dies sind Erscheinungen, die gesell-

---

1 Bei dem Beitrag handelt es sich um eine gekürzte Fassung des Aufsatzes „Raumpioniere in Stadtquartieren und die kommunikative (Re-)Konstruktion von Räumen", der zuerst in: Keller et al. 2013b, S. 153-184, erschienen ist. Der 2. Abschnitt dieses Beitrags wurde im Vergleich zur ersten Version inhaltlich stark modifiziert und aktualisiert.

2 Die Fragestellung wurde im Rahmen des Projekts „Raumpioniere im Stadtquartier – Zur kommunikativen (Re-)Konstruktion von Räumen im Strukturwandel" (2009-2011) am Leibniz-Institut für Raumbezogene Sozialforschung in Erkner (bei Berlin) verfolgt. Das Projekt wurde aus Mitteln der Leibniz-Gemeinschaft finanziert.

© Springer Fachmedien Wiesbaden GmbH, ein Teil von Springer Nature 2018
A. Hepp et al. (Hrsg.), *Die mediatisierte Stadt*, Medien • Kultur • Kommunikation,
https://doi.org/10.1007/978-3-658-20323-8_7

schaftlich negativ bewertet werden und im Rahmen der mediatisierten Stadt gerade auch in den lokalen Medien in einer negativen Weise Erwähnung finden. Öffentliche Diskurse, die die Stadtteile negativ thematisieren, fügen somit dem Problemkomplex ein weiteres Problem in Form von Stigmatisierungen hinzu, die sich auf der Basis regelmäßiger journalistischer Berichterstattungen zu Negativ-Images verdichtet haben. Die stigmatisierenden öffentlichen Diskurse zementieren die Problemlagen der Quartiere insofern, als sie die Tendenz haben, andere Raumdeutungen bzw. positive Entwicklungen, die es ebenfalls gibt, zu ignorieren. Werden Quartiere dauerhaft als „unattraktiv" etikettiert, werden raumbezogene Identifikationsprozesse und zivilgesellschaftliches Engagement bei den Quartiersbewohnern geschwächt und Entwicklungspotenziale verschüttet.

Dies täuscht nicht darüber hinweg, dass es in den Stadtquartieren dennoch Entwicklungspotenziale gibt. Raumpionierinnen und Raumpioniere mit ihren sozialen Netzwerken und Aktivitäten begreifen wir als einen Faktor in diesem Zusammenhang. Charakteristisch für Raumpioniere ist, dass sie Räume – wenn auch häufig zunächst nur eigenen Lebensentwürfen folgend und Gelegenheitsstrukturen nutzend – in der Selbst- und/oder Fremdwahrnehmung neu denken bzw. nutzen, Visionen entwickeln, darüber kommunizieren bzw. andere Bürgerinnen und Bürger zur Kommunikation darüber anregen und dabei die Raumdeutungen anderer Menschen beeinflussen.

Oft werden Raumpioniere mit zivilgesellschaftlichen Akteuren in Verbindung gebracht (z. B. mit Initiativen zivilgesellschaftlichen Engagements). Hier wird der Begriff der Raumpionierin bzw. des Raumpioniers ausgeweitet auf (soziale) Unternehmerinnen und Unternehmer (z. B. Personen, die mit ihren Projekten Jugendliche aus der Arbeitslosigkeit holen), Selbstständige (z. B. Besitzerinnen und Besitzer eines Buch- und Teeladens), Freiberuflerinnen und Freiberufler (z. B. Kreative oder aber Journalisten, die für Stadtteilzeitungen schreiben oder Stadtteil-Online-Foren betreiben) sowie Vertreterinnen und Vertreter von sozialen Organisationen in öffentlicher oder freier Trägerschaft (z. B. Street Worker). Typischerweise bringen Raumpionierinnen Raumpioniere mit ihren Projekten, die beispielsweise von der Schaffung innovativer Kunst- und Kulturangebote, über die Organisation multikultureller Stadtteilfeste und die Einrichtung betreuter Fahrradwerkstätten für Jugendliche bis hin zur Eröffnung eines Buch- und Teeladens reichen können, neue Impulse in die Quartiere ein.

Im Folgenden sollen zunächst die konzeptionellen Eckpunkte für die Theorie der kommunikativen Raum(re)konstruktion (vgl. Christmann 2010, 2016) vorgestellt werden. Im Anschluss daran werden die detaillierten Fragestellungen und das methodische Vorgehen des Raumpionier-Projekts erläutert. Es folgen Analysen zu alternativen Deutungen, die Raumpioniere von den – normalerweise mit Negativ-Images belegten – Räumen haben, und dazu, wie die Pioniere diese Deutungen in die Quartiere einbringen. Konkret wird exemplarisch gezeigt, wie Raumpionierinnen und Raumpioniere typischerweise die Quartiere sehen, in welchen kommunikativen Figurationen sie handeln, d. h., wie sie sich mit anderen vernetzen und sich in ihrem Netzwerk austauschen, wie sie Deutungen vom Quartier in ihren Gruppen verhandeln und wie sie nach außen kommunizieren. Ein Fazit wird den Beitrag abrunden.

2 Theoretischer Hintergrund – Eckpunkte für einen Ansatz der kommunikativen Raum(re)konstruktion

Die Analyse von Kommunikationen im Zusammenhang mit Fragen der Raumentwicklung ist in der internationalen sozialwissenschaftlichen Raumforschung relativ neu. Ohne die Existenz eines physischen Raums zu leugnen, der als eine materielle, aber veränderbare Größe verstanden werden muss, ist im Verlauf des so genannten „cultural turn" die Überlegung selbstverständlich geworden, dass Räume erst vor dem Hintergrund menschlicher Bedeutungszuschreibungen gesellschaftliche Wirklichkeit werden, dass sie kulturell geprägt sind und folglich als „soziale Konstruktionen" verstanden werden müssen. Obwohl die theoretische Prämisse der sozialen Konstruktion von Raum weithin Konsens ist, fallen die Versuche der theoretischen Ausarbeitung aber unterschiedlich aus. Raumtheoretiker haben vor allem die Rolle menschlicher Bedeutungszuschreibungen (Wissen) und/oder menschlichen Handelns in den Vordergrund gestellt (vgl. Lefèbvre 1991; Giddens 1993; Werlen 1997; Löw 2001; Thrift 2007). Dass im Prozess sozialer Raum(re) konstruktionen auch Kommunikationen bzw. Diskurse bedeutend sind, hat man zwar seit geraumer Zeit erkannt (vgl. Healey 1992; Hastings 1999; Lees 2004; Schlottmann 2005; Pott 2007), die theoretische Fundierung dieses Gedankens blieb jedoch bislang hinter dieser Erkenntnis zurück.

Es gibt also noch wenige theoretische und auch empirische Ansätze, die den Gedanken von der sozialen Konstruktion von Raum unter systematischer Einbeziehung der Dimension der Kommunikation zu klären suchen. Auffallend ist dabei, dass die wenigen, die dies tun, entweder von der Theorie autopoietischer Systeme Luhmanns (vgl. Pott 2007) oder der poststrukturalistischen Diskursanalyse Foucaults (vgl. Glasze und Mattissek 2009) inspiriert sind. Entsprechend tun sie sich mit der Dimension menschlichen Handelns mehr oder weniger schwer.

Der „Ansatz der kommunikativen Raum(re)konstruktion" ist demgegenüber handlungs- *und* kommunikationsorientiert sowie wissenssoziologisch ausgerichtet (vgl. Christmann 2010, 2016). Grundlegend ist der Gedanke, dass Raum(re)konstruktionen nicht ohne Sinnzuschreibungen und *kommunikatives* Handeln von Subjekten bzw. Akteuren konzipiert werden können. Auch der Prozesshaftigkeit von Raum(re)konstruktionen wird Rechnung getragen. Das heißt, raumbezogene Wirklichkeitskonstruktionen werden grundsätzlich als etwas Dynamisches betrachtet. Faktisch unterliegen Raumkonstruktionen in modernen Gesellschaften ständig *Rekonstruktions-* bzw. Transformationsprozessen. Daher wird im Ansatz nicht nur betrachtet, wie Raumkonstruktionen entstehen und sich verfestigen, sondern auch wie bestehende Raumkonstruktionen modifiziert bzw. neustrukturiert werden. Nicht zuletzt wird die potenzielle Gleichzeitigkeit unterschiedlicher sozialer Raumkonstruktionen für ein und dieselbe räumliche Einheit bedacht, da Bedeutungszuschreibungen, kommunikatives Handeln und materielle Anordnungen in Bezug auf eine räumliche Einheit je nach sozialer Gruppe verschieden sein können.

Um den Gedanken der kommunikativen Konstruktion und fortwährenden *Rekonstruktion* von Räumen konzeptionell entfalten zu können, fußt der theoretische Ansatz der kommunikativen Raum(re)konstruktion – wie der Begriff bereits andeutet – auf konstruktivistisch angelegten Theorien: auf dem Kommunikativen Konstruktivismus, dem Ansatz der kommunikativen Figurationen und dem Konzept des relationalen Raums.

In dem – durch den Sozialkonstruktivismus Bergers und Luckmanns (1966) inspirierten und von Knoblauch (2013, 2016) angestoßenen – Kommunikativen Konstruktivismus (vgl. auch Keller et al. 2013a, 2013b; Keller 2013, 2016; Reichertz 2013) wird, im Unterschied zum Sozialkonstruktivismus, anstelle der objektivierenden Sprache das *kommunikative* Handeln in den Mittelpunkt der Betrachtung gerückt. Dies geschieht, um den Prozess zu konzeptualisieren, in dem sich die sozial geteilte Konstruktion von Wirklichkeit vollzieht. Kommunikatives Handeln verstehen Keller et al. (2013a, S. 14) als reziprok aufeinander bezogenes Handeln, das sich Zeichen unterschiedlicher Art bedient, sprachlicher wie nicht-sprachlicher Zeichen und sogar materieller Objekte in Form von Körpern, Gegenständen oder kulturellen Artefakten. Dabei ist die Annahme leitend, dass in Prozessen kommunikativen Handelns (neues) *Wissen* produziert und vermittelt wird und dass zugleich soziale Strukturen erzeugt und reproduziert werden. Daher können mit dem Konzept auch Handlungsdynamiken, Umgestaltungen bzw. Aushandlungen von Wirklichkeitskonstruktionen fassbar gemacht werden. Auch diskurstheoretische Überlegungen Kellers (Keller et al. 2005; Keller 2008, 2016) sind Teil des Kommunikativen Konstruktivismus geworden. Kellers Wissenssoziologische Diskursanalyse ist zwar durch Foucaults Frage inspiriert, wie im Rahmen von Diskursen intersubjektiv geteilte Wissens- und Machtordnungen entstehen; sie fußt aber im Unterschied zu Foucaults Ansatz auf einer grundlegend handlungstheoretische Perspektive. Diskurse gelten dabei als thematisch aufeinander bezogene kommunikative Handlungen, in denen von Diskursakteuren gesellschaftliche Wissensordnungen geschaffen werden, die ihrerseits Einfluss auf gesellschaftliche Prozesse nehmen können (Keller 2008, S. 258, 2016).

Darüber hinaus ist Hepps (2013, S. 84-89) Ansatz von Bedeutung, der – im Anschluss an Elias (2004, 141 f.) – mit dem Konzept der kommunikativen Figurationen vorschlägt, kommunikative Handlungen in jeweils spezifischen Akteurskonstellationen unter dem Blickwinkel zu betrachten, in welchem Mix aus (direkten und medialen) Kommunikationsformen sie realisiert werden. Dem Ansatz liegt die Annahme zugrunde, dass in mediatisierten Gesellschaften – und vor allem auch in der mediatisierten Stadt (vgl. dazu Hepp et al. in diesem Band) – Akteure in Abhängigkeit von jeweils spezifisch ineinandergreifenden direkten und medialen kommunikativen Formen jeweils spezifische kommunikative Figurationen – das heißt prozesshafte und interdependente kommunikative Verflechtungszusammenhänge – bilden, in denen potenziell jeweils spezifische soziale Wirklichkeiten konstruiert werden können.

Mit Blick auf die Konstruktion von Räumen wird mit Löw (2001) daher außerdem ein relationales Raumkonzept zugrunde gelegt. Während Löw den relationalen Raum eher im physischen Sinn definiert: als eine zeitlich sich konstituierende „relationale (An)Ordnung von Körpern, welche unaufhörlich in Bewegung sind" (Löw 2001, S. 131), wird „der" Raum im Ansatz der kommunikativen Raum(re)konstruktion zugleich als ein relationales Wissenskonstrukt betrachtet. Da verschiedene Akteure in unterschiedlichen kommunikativen Figurationen jeweils spezifische raumbezogene Konstruktionsprozesse vollziehen, kann potenziell ein und derselbe Raum je nach kommunikativer Figuration unterschiedlich konstruiert werden, was bei der Gestaltung von Räumen Anlass für Konflikte geben kann.

Vor dem Hintergrund dieser theoretischen Eckpunkte erfolgte die Entfaltung des Ansatzes der kommunikativen Raum(re)konstruktion in zwei Teilen (vgl. Christmann 2016). Im ersten Teil, der hier nur sehr kurz angedeutet werden kann, werden die kommunikativen und diskursiven Prozesse beschrieben, in denen sich die historische Entstehung und Etablierung einer von Gesellschaftsmitgliedern gemeinsam geteilten Raumkonstruktion entwickeln. Im zweiten Teil wird sodann die gesellschaftliche *Re*konstruktion der hergestellten Raumkonstruktion in den Blick genommen. Es wird aufgezeigt, wie etablierte Raumkonstruktionen in welchen kommunikativen und diskursiven Prozessen umkämpft, modifiziert oder neustrukturiert werden. Dabei wird beachtet, dass dies in kommunikativen Figurationen, d. h. spezifischen kommunikativen Formen, im Zusammenwirken von Einzelakteuren, Akteursgruppen und Netzwerken sowie in kleinen und großen öffentlichen Diskursen geschieht. Jeweils bestimmte Akteursgruppen werden dabei als kollektive Akteure angesehen, die mehr oder weniger strategisch versuchen, den Diskurs zu einem bestimmten Raum thematisch – nach ihren jeweils bestimmten Vorstellungen – zu prägen, entsprechende Wissensordnungen zu etablieren und auf deren Umsetzung im Handeln und in materiellen Anordnungen zu dringen. In diesem Prozess spielen auch Massenmedien eine Rolle. Sie fungieren nicht einfach als Diskursarenen oder Nachrichtenübermittlungsinstanzen, die an die Öffentlichkeit gerichtete raumbezogene Außenkommunikationen von Akteursgruppen und Netzwerken aufnehmen und an ihr Publikum weiterleiten. Vielmehr treten sie aufgrund eines journalistischen Handelns wie dem der Nachrichtenselektion und der Nachrichteninszenierung als spezifische – machtvolle – Akteure auf. Sie können einen erheblichen Einfluss auf die weitere öffentliche Verhandlung von spezifischen Diskursthemen nehmen. Durch Massenmedien werden zwar verschiedene Diskursthemen in eine größere oder kleinere Öffentlichkeit gebracht, nicht alle (Diskurs-)Akteure und -themen finden dort jedoch Gehör.

3   Fragestellungen und methodisches Vorgehen

Im Rahmen des Forschungsprojekts wurden drei „Aggregationsformen" mit folgenden Fragestellungen und Methoden in den Blick genommen: Raumpioniere als Einzelakteure, Gruppen- und Netzwerktreffen der Raumpioniere und nicht zuletzt die lokale Öffentlichkeit mit ihren raumbezogenen Diskursen. Sie werden in diesem Beitrag in Abschnitt 4 speziell im Hinblick auf die realisierten kommunikativen Figurationen in der mediatisierten Stadt beleuchtet.

Raumpioniere als Einzelakteure wurden mittels problemzentrierter qualitativer Leitfadeninterviews befragt (vgl. Witzel 1983). Von Interesse war, aus welchen sozialen Milieus sie stammen und an welche Deutungswelten sie anknüpfen. Gefragt wurde auch, woher die Raumpionierinnen und Raumpioniere in räumlicher Hinsicht kommen, welche Raumbezüge und Raumvorstellungen sie haben. Von Bedeutung war auch die Frage, welche kommunikativen Formen sie nutzen und welche kommunikativen Strategien die Raumpioniere in diesem Zusammenhang verfolgen.

Unterstützt durch das Programm „VennMaker"[3] wurde in einem gesonderten Teil des Interviews das egozentrierte Netzwerk der Akteure erhoben.[4] Raumpionierinnen und Raumpioniere wurden danach gefragt, mit welchen anderen Akteuren sie vernetzt sind, mit wem sie sich in welchen kommunikativen Formen (in der mediatisierten Stadt) austauschen bzw. wie sie kooperieren, von wem sie Unterstützung erfahren, wer also förderlich für die Realisierung der Vorhaben ist, aber auch wer eher hinderlich ist.

Auch auf der *Aggregationsebene der Gruppen- und Netzwerktreffen* wurden soziale Einbettungen von Raumpionieren untersucht, was dort mittels einer fokussierten Ethnografie geschah (vgl. Knoblauch 2005). Die fokussierte Ethnografie verfolgt, anders als die klassische Ethnografie, keinen Anspruch auf eine holistisch angelegte dichte Beschreibung des gesamten Feldes. Sie zielt auf die Beobachtung von ausgewählten, meist kommunikativen, Akteurshandlungen. Im Forschungsprojekt wurden entsprechend teilnehmende Beobachtungen von Kommunikationen in den kleinen Öffentlichkeiten der Gruppen- und Netzwerktreffen durchgeführt. Die Aufmerksamkeit wurde darauf gerichtet, wie die Quartiere und ggf. der ganze Stadtteil in welchen Akteurskonstellationen verhandelt werden. Interesse galt der Frage, inwieweit eingebrachte Raumdeutungen miteinander konkurrieren, wie sie umkämpft, modifiziert, anschlussfähig gemacht oder abgelehnt werden. Nicht zuletzt wurde analysiert, wie die verschiedenen Akteursgruppen im Feld zueinanderstehen, in welchen Formen sie kommunizieren, ob sie miteinander oder gegeneinander agieren. Vor diesem Hintergrund konnten die kommunikativen Figurationen des Zusammenlebens der Akteure im Stadtquartier rekonstruiert werden.

Die abstrakteste *Aggregationsebene* stellt die *der Öffentlichkeit* mit den sich darin vollziehenden Diskursen dar. Dieses Feld wurde mittels des Forschungsprogramms der Wissenssoziologischen Diskursanalyse untersucht (vgl. Keller 2008). In diesem

---

3   Das von Kronenwett & Adolphs entwickelte und vertriebene Softeware-Tool „VennMaker" dient der qualitativen Erhebung egozentrierter Netzwerkbeziehungen. Vgl. http://www.vennmaker.com/ funktionen_und_anwendungen.

4   Das egozentrierte Netzwerk eines Akteurs ist übrigens von Netzwerken zu unterscheiden, die durch das Zusammentreffen unterschiedlicher Gruppenmitglieder entstehen. Egozentrierte Netzwerke werden durch Personen, Gruppen oder Organisationen konstituiert, mit denen ein Akteur projektbezogen kooperiert bzw. sich austauscht, wobei hier die Netzwerkkontakte in der Regel bilateral, räumlich und zeitlich verteilt und über unterschiedliche Kommunikationswege (z. B. Face-to-Face, telefonisch, per E-Mail) erfolgen. Netzwerktreffen unterschiedlicher Gruppenmitglieder zeichnen sich hingegen durch eine räumlich-zeitliche Kopräsenz der Akteure aus, die mehr oder weniger regelmäßig wiederholt wird. Das schließt nicht aus, dass Akteure im Rahmen bestimmter Netzwerktreffen mit Personen in Kontakt kommen, die gleichzeitig auch zu ihrem egozentrierten Netzwerk gehören.

Rahmen wurde zum einen analysiert, wie die Stadtteile und ihre Quartiere in den lokalen und regionalen Massenmedien öffentlich thematisiert werden, welche Eigenschaften ihnen zugeschrieben werden. Zum anderen wurde gefragt, was die Raumpioniere, Akteursgruppen und Netzwerke in Form von Pressemitteilungen, Plakaten, Flyern, Broschüren, Internetforen etc. nach außen kommunizieren und mit welchen Inhalten sie dies tun. Die erhobenen Daten wurden mit Kodierverfahren der Grounded Theory-Analyse bearbeitet (Strauss 1994).

4   Raumpioniere und die kommunikative Re-Konstruktion von Räumen

Bei den untersuchten Raumpionierinnen und Raumpionieren handelt es sich um Personen, die einst bei der Suche nach günstigen Wohn- und Arbeitsräumen sowie nach Freiräumen für die Verwirklichung ihrer Lebensentwürfe auf Quartiere in Berlin-Moabit gestoßen sind und sich dort niedergelassen haben. In aller Regel lebten die Akteure vorher in anderen Stadtteilen oder Städten. Einige sind erst vor weniger als zehn Jahren in die Quartiere gezogen, andere leben schon mehr als drei Jahrzehnte dort. Manche unter ihnen, wie zum Beispiel Künstlerinnen und Künstler sowie Kreative, sind berufsbedingt in der ganzen Welt unterwegs, leben also nicht ständig und nicht ausschließlich in Moabit. Neben Künstlern, Kreativen bzw. Kulturschaffenden aus verschiedensten Bereichen zählen Freiberuflerinnen und -berufler, z. B. aus dem journalistischen Feld, Pädagoginnen und Pädagogen, aber auch Personen aus medizinischen Berufen sowie Planerinnen und Planer, Ingenieurinnen und Ingenieure sowie Betriebswirtinnen und Betriebswirte zu den Raumpionieren. Der soziokulturelle Hintergrund der Akteure ist keineswegs einheitlich. „Alternative" aus der ehemaligen Hausbesetzerszene, die sich selbst als „Querdenker" bzw. „Querdenkerinnen" verstehen, gehören ebenso zu den Raumpionieren wie unternehmerisch Tätige, die ein Projekt nach dem anderen umsetzen. In der Regel sind die untersuchten Raumpionierinnen und Raumpioniere hoch gebildete Mittelschichtangehörige im Alter zwischen 40 und 60 Jahren.

Raumdeutungen der Pioniere: Das Marode und Chaotische als Faszinosum

Gegenstand der Betrachtung sollen hier zunächst typische Raumdeutungen der Pioniere sein. Es zeigte sich, dass diese Akteure von dem Maroden, Brachgefallenen und Chaotischen fasziniert sind, das sie in den Quartieren vorfinden. Oft haben sie bei der Wahl ihres Standortes lange gesucht, um so etwas zu finden. Anders als es bei den Fremdzuschreibungen auf die Quartiere üblich ist, wird das Marode hier gerade nicht als etwas Schlechtes dargestellt, sondern als etwas Positives. In den Aussagen von Willma und Lars[5] wird exemplarisch deutlich, *was* die Akteure eigentlich am Brachgefallenen interessant finden:

Transkriptsegment B-ER36, Willma, Ladenbesitzerin, Berlin-Moabit

> *W: (…) habe den chaotischsten Laden hier weit und breit gesucht, und das war der damals, der sah wirklich schlimm aus. Und dann habe ich angefangen, daran herumzubasteln an meinem Traum.*

Transkriptsegment B-ER16, Lars, Unternehmer, Berlin-Moabit

> *L: Also so einer wie ich, denkt immer: Oh, prima, da kann man etwas daraus machen. Das ist das Erste, das mir einfällt.*

Das Chaotische fordert die Phantasien der Akteure heraus. Es regt sie dazu an, Ideen bzw. "Träume" zu verwirklichen. Raumpionierinnen und Raumpioniere sehen stets die Potenziale von Orten, wollen sie aktiv gestalten. Der Wille zum Gestalten, zur Umsetzung von Lebensentwürfen bzw. Träumen scheint individuumszentriert zu sein. Dies täuscht jedoch:

Transkriptsegment B-ER35, Paul, Kulturschaffender, Berlin-Moabit

> *P: Es geht uns vor allen Dingen (…) darum, an einem Ort aktiv zu sein, etwas zu machen, und vor allen Dingen auch die Leute vor Ort zu aktivieren und zu interessieren.*

Der Gestaltungswille beinhaltet auch den Einbezug von Bewohnern vor Ort. Die Akteure beabsichtigen nicht, allein zu handeln und ihre individuellen Interessen durchzusetzen. Vielmehr ist es ihr Ziel, etwas gemeinsam mit anderen zu tun. Ihr Handeln zielt darauf, wie es Paul und darüber hinaus auch andere Akteure formulieren, Bewohner „anzusprechen", zu „interessieren", zu „motivieren" und zu „aktivieren". Offensichtlich sind sich die Akteure dessen bewusst, dass sie in so genannten „benachteiligten" Quartieren operieren. Die Bewohner sollen befähigt werden, wie es ein Raumpionier ausdrückt, „selbst laufen zu lernen in diesem System". Empowerment gehört zu den Zielen von Raumpionieren. Hier macht sich eine nachbarschaftliche Orientierung der Akteure bemerkbar. Sie möchten

---

5   Bei den Personennamen handelt es sich um Pseudonyme.

andere beteiligen, mitnehmen, gemeinsam mit ihnen einen Weg des kreativen Gestaltens gehen. Die Akteure haben somit Raumdeutungen, die sich von vorherrschenden Deutungen der öffentlichen Diskurse deutlich unterscheiden. Sie sehen positive Seiten der Quartiere (Freiräume bzw. Potenziale), nicht negative (Marodes, Kriminalität). Damit bringen sie ein neues Wissen von dem Ort für den Ort ein. Nach eigenen Aussagen wollen sie die Bewohner zu einer neuen Sicht auf ihre Quartiere einladen und sie zum Mitgestalten befähigen. Sie liefern den Bewohnern Ausgangspunkte für neue Raumdeutungen, eröffnen Spielräume für neue ortbezogene Identitätskonstruktionen, machen vorherrschende Raumdeutungen zur Verhandlungssache. Ausgehend von den eigenen Lebensentwürfen begeben sich die Pioniere auf einen Weg, der zu einem gezielten Engagement für eine Raumentwicklung „von unten" führt.

Soziale Netzwerke und kommunikatives Handeln von Raumpionieren

Für dieses Handeln schaffen sie sich auch gezielt Kommunikationsstrukturen. Raumpionierinnen und Raumpioniere agieren nur selten allein, vielmehr bauen sie strategisch soziale Netzwerke auf. Über die ego-zentrierte Netzwerkerhebung konnte in der Studie eruiert werden, wie einzelne Raumpioniere Kontakte herstellen, etablieren und nutzen, aber auch wie ihre Netzwerke strukturiert sind. Insgesamt konnten für 66 Fälle egozentrierte Netzwerke erhoben werden.

Es zeigte sich, dass einige Kontakte sehr eng sind und regelmäßig gepflegt werden, sie bilden das Standbein der Akteure. Als beinahe genauso bedeutend erwiesen sich losere Kontakte, die bei Bedarf, in bestimmten Situationen, als Spielbein der Akteure hinzukommen (vgl. dazu auch Granovetter 1973). Die meisten Akteure skizzierten ein Netzwerk in einem Umfang zwischen fünf und 25 Kontakten. Einige wenige Netzwerke waren deutlich größer. Die Größe eines Netzwerks an sich sagt jedoch nichts über seine „Wirkungen" aus. Ein wichtiger Faktor ist vielmehr die Art der Kontakte. Es gibt Raumpionierinnen und Raumpioniere, in deren Netzwerken institutionelle Kontakte dominant sind. Auch wenn diese Kontakte nicht losgelöst von Personen gesehen werden können, geben die Akteure bezeichnenderweise die Institution bzw. Gruppe als Kooperationspartner an. Sie denken in Kategorien der „Institution" bzw. des „kollektiven Akteurs" und sehen die darin tätigen Personen in erster Linie in ihrer institutionellen Funktion. Netzwerke, die in hohem Maße auf institutionelle Kontakte ausgerichtet sind, lassen sich in unserem Datenmaterial häufig beobachten. Nur wenige Raumpioniere beschreiben ihre Netzwerke überwiegend als auf „Einzelpersonen" gestützt, auf Personen also, die ohne eine institutionelle Funktion und Ausstattung agieren, wie zum Beispiel engagierte Bürgerinnen und Bürger, aber auch Nachbarinnen und Nachbarn oder

Freundinnen und Freunde. Offensichtlich sind sich die Akteure dessen bewusst, dass Kontakte zu anderen kollektiven Akteuren bzw. Institutionen notwendig sind, wenn sie mit ihrer Arbeit eine Raumwirksamkeit erlangen möchten. Zahlreiche Raumpionierinnen und Raumpioniere geben für ihr soziales Netzwerk eine mehr oder weniger ausgewogene Mischung von Kontakten zu Institutionen und zu Einzelpersonen an. Insgesamt werden diese komplexen sozialen Netzwerke der Raumpioniere typischerweise über Face-to-Face-Kommunikationen in bilateralen oder Gruppentreffen, E-Mail-Kontakte und Telefongespräche gepflegt. So entstehen bereits recht komplexe kommunikative Figurationen im urbanen Zusammenleben.

Interessant ist, dass Akteure beobachtet werden konnten, die gewissermaßen als Schlüsselfiguren wirken, nicht zuletzt aufgrund der Tatsache, dass sie besonders gut vernetzt sind und wichtige Funktionen in der kommunikativen Vernetzung verschiedenster Akteurs- und Netzwerkgruppen übernehmen. Einer der Moabiter Akteure, der im Folgenden Klaus genannt werden soll, ist ein Beispiel dafür. Er ragt mit seinem Netzwerk aus den übrigen deutlich heraus. Klaus ist mit über siebzig anderen Personen bzw. Funktionsträgern vernetzt. Dazu gehören die Ansprechpartner von Hausverwaltungen, Mietervereinigungen, aber auch wichtige Gewerbetreibende, Baufirmen und nicht zuletzt Sachbearbeiterinnen und Sachbearbeiter in den verschiedenen Ressorts der Bezirks- und der Berliner Senatsverwaltung. Kein anderes Netzwerk in unserem Datenmaterial zeigt einen so hohen Vernetzungsgrad.

Wenn es um die Umsetzung der in den Gruppentreffen erarbeiteten Ideen oder die Durchsetzung von Forderungen zur Beförderung der Quartiersentwicklung geht, ist es vor allem er, der mit den verschiedensten Funktionsträgern im Stadtteil und in der Gesamtstadt über verschiedenste Wege kommuniziert bzw. regelmäßigen Kontakt hält – typischerweise über Telefon und E-Mail, aber häufig auch in Face-to-face-Treffen (vgl. auch Höflich 2017 sowie Klinger 2017, in diesem Band). Zahlreiche Kontakte stuft der Akteur als ideell nahe und unterstützend ein. Freilich benennt er auch Kontaktpartner im Netzwerk, die er eher als hinderlich ansieht. Allerdings werden sie von ihm als Kontaktpartner wahrgenommen, die von strategischer Bedeutung und damit wichtig sind. Dazu gehören insbesondere Vertreter der Bezirks- bzw. Senatsverwaltung. Darin scheinen sich die verschiedensten Raumpionierinnen und Raumpioniere im Übrigen einig zu sein: Die Vertreter der städtischen Administration sind eher hinderlich bei der Umsetzung neuer Ideen für die Quartiere.

Gleichzeitig hält Klaus Kontakt mit zahlreichen anderen Raumpionierinitiativen und Vereinen in Moabit und tauscht mit ihnen Ideen wie auch Informationen über Veranstaltungen, Initiativen und Entwicklungen in den Quartieren aus. In teilnehmenden Beobachtungen der fokussierten Ethnographie zeigte sich, dass

Klaus regelmäßig Veranstaltungen anderer Akteursgruppen besucht. Zu Sitzungen anderer Initiativen wird er sogar oft als Moderator eingeladen.

Durch den kommunikativen Austausch in unterschiedlichen kommunikativen Formen mit verschiedensten Akteuren ergibt sich hier ein komplexeres Gefüge kommunikativer Figurationen im urbanen Zusammenleben.

Bemerkenswert ist im Übrigen, dass der Akteur die Informationen, die er aufgrund seiner umfangreichen sozialen Vernetzung erhält, nicht für sich behält, sondern alle Interessierten daran teilhaben lässt. Er betreibt zusammen mit anderen Akteuren ein Online-Forum über Moabit, über das er sein Wissen teilt. Da er in diesem Rahmen zudem ein öffentliches Diskussionsforum von Moabitern für Moabiter organisiert, regt er einen Prozess des Nachdenkens über Moabit, des Artikulierens von Wünschen, des Entwerfens neuer Ideen, des sich Engagierens, sich Identifizierens und Mitgestaltens an (vgl. auch Klinger 2017, in diesem Band). Damit hat Klaus eine zentrale Multiplikatoren-Funktion für den ganzen Stadtteil inne. Er kann als ein bedeutender „Knoten" in den vielfältigen kommunikativen Figurationen von Moabiter Akteuren bezeichnet werden (vgl. auch Hepp et al. in diesem Band). In qualitativen Interviews mit anderen Akteuren Moabits wurde schnell deutlich, dass Klaus bei Moabiter Akteuren und Initiativen eine hohe soziale Akzeptanz genießt.

Kommunikationen in Gruppen und die Verhandlung von Raumdeutungen

Es ist implizit deutlich geworden, dass viele Raumpionierinnen und Raumpioniere nicht nur ‚ego-zentrierte' Netzwerke haben, sondern dass sie auch in Gruppen oder Netzwerk-Gruppen aktiv sind. Dort schaffen sie sich Kommunikationsräume, kleine Öffentlichkeiten der unmittelbaren Kommunikation, in denen sie mit kommunikativen Formen wie Diskussionsrunden, Debatten, Kreativ-Workshops oder Zukunftswerkstätten in einen Austausch kommen. Innerhalb dieser kommunikativen Formen tauschen sich die Akteure nicht nur darüber aus, wie ihre Quartiere sind und wie sie sein sollen, sondern auch darüber, wie sie es bewerkstelligen können, dass ihr Quartiere so werden, wie sie es sich vorstellen.

Dies trifft auch für eine Gruppe im Moabiter Lehrter-Kiez zu, in der Klaus aktiv ist und die in Form eines Vereins konstituiert ist. Für dieses Gebiet ist eine gemischte Sozialstruktur mit Migranten, Arbeitern, aber auch akademisch gebildeten ‚Alternativen' charakteristisch. Erste Raumpioniere hatten dort früh Brachflächen für sich entdeckt. Einige unter ihnen setzten sich gleichzeitig für die soziale Integration im Quartier ein. Viele der Raumpionierinnen und Raumpioniere kamen Anfang der 1980er Jahre noch in ihrer Studentenzeit als Hausbesetzer in das Quartier. In der Sanierungszeit der 1990er Jahre organisierten sie zusammen mit anderen Bewohnern eine Betroffenenvertretung und engagierten sich dafür, dass die Erneuerungen behutsam und sozialverträglich verlaufen. Auf dieser Grundlage entstand ein Verein, der bis heute existiert. Zu den Zielen des Vereins zählen die Verbesserung der Lebensqualität und die Förderung des sozialen Zusammenhaltes im Quartier, besonders setzen sich die Mitglieder für ein Miteinander mit Migranten ein. Einmal im Monat finden öffentliche Treffen statt. Jeder, der kommt, kann hier mitreden und wird gehört. Großer Wert wird auf offen geführte Diskussionen gelegt.

Insgesamt hat sich der Lehrter-Kiez nicht zuletzt durch diese Raumpionieraktivitäten zu einem sozial intakten Quartier entwickelt, auch wenn man dort bei weitem nicht alle Ziele, die man sich setzte, erreicht hat. In über zwei Jahrzehnten dienten die Akteure als Anlaufstellen für Bewohner, gaben sie Hilfestellungen bei Problemen und setzten Kommunikationsprozesse im Kreis der Quartiersbewohner in Gang. Damit leisteten sie Beiträge zur sozialen Integration im Quartier. Aussagen verschiedener Akteure sowie von Bewohnerinnen und Bewohnern darüber, dass sich der Kiez aufgrund der Vertrautheit mit den Menschen in der Nachbarschaft wie ein „Dorf in der Stadt" anfühle, weisen darauf hin.

In den Treffen verschiedenster Gruppen, sei es im Lehrter-Kiez oder in anderen Quartieren, wurde stets der für Raumpionierinnen und Raumpioniere typische Gestaltungswille deutlich. Allerdings schätzen sich die Akteure gleichwohl oft als Handelnde ein, die letztlich nur einen geringen Einfluss haben. Im Kampf um die Gestaltungsmacht sehen sie sich gegenüber den Mächtigen in einem Verhältnis wie David gegen Goliath. Wenn es nämlich an die Umsetzung von Projekten geht, ziehen sich Aushandlungsprozesse mit Behörden oft mehrere Jahre hin, was in den Gruppen oft thematisiert und beklagt wird. Dies täuscht nicht darüber hinweg, dass sich die Akteure in ihren Gruppengesprächen gleichzeitig immer wieder ihrer Grundprinzipien vergewissern: Sie sehen sich als Bürger, die ihre Vorstellungen und Visionen in Bezug auf den Raum – und wenn es nur ein „Stück Straße" ist – einbringen und ausprobieren wollen und dabei einen langen Atem an den Tag legen. Auch wenn sich die Gruppenmitglieder in den langen Kommunikationsketten ihrer Sitzungen in gestalterischen Details zu verlieren scheinen, arbeiten sie doch in diesen kommunikativen Prozessen gleichzeitig an einem ganz anderen Projekt, dessen sie sich in der Regel nicht bewusst sind: an der Konstruktion einer gemeinsamen raumbezogenen Identität (vgl. Reichertz 2009, S. 229), einer Identität als gestaltende, nachbarschaftlich orientierte Quartiersbewohner. Die Kommunikationen in den Gruppentreffen haben eine Funktion, die als das Aufladen von „Identitäts-Akkus" beschrieben werden kann.

Demgegenüber gibt es allerdings auch einige wenige Gruppen, in denen nach intensiven Kreativ-Workshops mit Brain Storming-Elementen in einer unternehmerischen Manier rasch Akquisetätigkeiten gestartet werden, um Ressourcen für die Implementierung zu organisieren.

Außenkommunikationen: Über Kommunikationsformen und Diskursarenen von Raumpionieren und ihre Grenzen

Schnell zeigte es sich im Forschungsprojekt, dass Raumpioniere überwiegend darauf zielen, Mitstreiterinnen und Mitstreiter für die weitere Ideenentwicklung und ihre Umsetzung zu gewinnen. Deshalb tragen sie ihre Projekt-Ideen für das Quartier gezielt nach außen. Dafür nutzen sie verschiedenste Kommunikationsformen in der mediatisierten Stadt und schaffen sich so Diskursarenen für ein neues Moabit, so etwa in Form von Pressemitteilungen, Plakaten, Flyern, Broschüren, Kampagnen, Online-Foren, Vereinszeitungen, Stadtteilzeitungen, aber auch in Form von Veranstaltungen mit Vorträgen und Podiumsdiskussionen etc. (vgl. dazu auch von Saldern in diesem Band).

Die inhaltliche Analyse der unterschiedlichsten Kommunikate des Moabit-internen Diskurses erbrachte indes, dass die Vorstellungen davon, was Moabit ist und was es sein soll, bei verschiedenen Raumpionierinnen und Raumpionieren unterschiedlich ausfallen. Es gibt keine homogene Deutungswelt. Vielmehr zerfällt der kleine Kosmos Moabits angesichts der Zugehörigkeit der Akteure zu unterschiedlichen sozialen Milieus in kleine Deutungswelten, die sich gegenseitig ausschließen können. Auch die Präferenzen im Hinblick darauf, wie die verfolgten Ziele durch welche Kommunikationsformen in welche Öffentlichkeiten getragen werden sollen (sei es durch ein Online-Forum für die Moabiter Öffentlichkeit oder sei es durch eine Kampagne, die sich an Investoren richtet), unterscheiden sich je nach Gruppe. Die Außenkommunikationen von Raumponieren können sich also je nach der Akteurskonstellation unterscheiden. Oder um genauer zu sein: Es können unterschiedliche kommunikative Figurationen der Außenkommunikation ausgemacht werden, die sich durch ihre spezifischen Akteure, kommunikativen Formen und kommunizierten Inhalte auszeichnen.

Als nahezu unvereinbar erwiesen sich vor allem Deutungen, die bei Künstlerinnen und Künstlern sowie bei Kulturschaffenden verbreitet sind, und solche, die bei unternehmerischen Akteuren anzutreffen sind.

Kreativen und alternativen Akteuren in Moabit ist es beispielsweise ganz recht, wenn der Stadtteil in Berliner Lokalmedien immer noch in eher negativer Weise verhandelt wird. Sie haben Sorge, dass ein Aufwertungsdiskurs Interessen von Investoren wecken, Mietsteigerungen bewirken und schließlich den gefürchteten Prozess der Gentrifizierung in Gang setzen könnte. Moabit gehört im Gegensatz zu anderen Berliner Stadtteilen wie Prenzlauer Berg oder Kreuzberg nämlich (noch) nicht zu den „In"-Vierteln. Die Akteure schätzen dies, weil sie gerne unter sich in einem gut überschaubaren Kiez sind. Prozesse der Stadtteil- und Quartiersentwicklung wie sie strukturschwache Stadtteile Berlins wie Prenzlauer Berg oder Kreuzberg erlebten, will man nicht sehen. Was man also nicht will und entsprechend zu verhindern sucht, ist die „Vermarktung" Moabits in Kampagnen. Stattdessen präferiert man Moabit-interne Kreativdiskurse, z. B. über öffentliche Veranstaltungen oder ein Online-Forum, in denen beispielsweise Projekte für mehr Lebensqualität in Moabit diskutiert werden.

In Aktivitäten des Moabiter Unternehmensnetzwerks werden demgegenüber Ansätze der strategischen Vermarktung verfolgt. Dort gilt es, Moabit in Broschüren, Flyern und Plakaten von seiner schönen Seite darzustellen. So rekurriert zum Beispiel die Kampagne „Made in Moabit" selbstbewusst auf die Vergangenheit des Stadtteils als überregional bedeutendes, historisches Industrieareal. Die Akteure verweisen darauf, dass hier keine Produktionen aus der Schublade, sondern ausschließlich Innovationen auf der Agenda stehen. In der Deutungswelt dieser Akteure ist Moabit ein Ort der wirtschaftlichen Innovation, der als solcher verkauft werden soll.

5   Fazit

Raumpionierinnen und Raumpioniere sind Akteure, die sich bestimmten – oftmals negativ bewerteten – Räumen nicht zuletzt deshalb zuwenden, weil diese ihnen Gelegenheitsstrukturen bzw. Experimentiermöglichkeiten bieten. Diese Akteure sprühen vor neuen Ideen und haben Perspektiven auf den Raum, die sich von vorherrschenden Raumdeutungen deutlich unterscheiden. Im Maroden und Chaotischen sehen sie Potenziale, die sie herausfordern. Sie haben eine ausgeprägte Handlungsorientierung und wollen gestalten. Auch wenn es einigen von ihnen zunächst (nur) um die Verwirklichung eigener Lebensentwürfe geht, entfalten sie dadurch Wirkungen im Sozialraum, dass sie ihre neuen Perspektiven einbringen, dazu Projekte machen und darüber kommunizieren. Indem die Akteure die Bewohner vor Ort ansprechen und mitnehmen, begeben sie sich auf einen Weg, der zu einem Engagement für eine Raumentwicklung „von unten" führt.

Im Rahmen ihres kommunikativen Handelns schaffen sie sich in Form ihrer sozialer Netzwerke Unterstützungsstrukturen. Vor allem entwickeln bzw. nutzen sie unterschiedlichste Formen des kommunikativen Austauschs, die ohne die Möglichkeiten der mediatisierten Stadt nicht zu verstehen sind. Auf diese Weise entstehen im urbanen Zusammenleben der Akteure höchst komplexe – häufig medial unterstützte – kommunikative Figurationen, die ihrerseits die Quartiere und die dortigen Formen des Zusammenlebens weiter gestalten.

Im Rahmen der kommunikativen Figurationen wird verhandelt, was die Quartiere in der Gegenwart auszeichnet, wie sie in der Zukunft sein sollen und wie Veränderungen bewerkstelligt werden können. Auch wenn Raumpionierinnen und Raumpioniere bestehende soziale Problemlagen in den Quartieren damit nicht einfach lösen können, zeigen die Analysen doch, dass im Rahmen der kommunikativen Verflechtungen und Aushandlungen die Entwicklung neuer Ideen für die Quartiere befördert und ein neues Denken über die Quartiere ausgelöst werden können. Teilweise vermögen es die Akteure sogar, auf dieser Basis kleinere – soziale, organisatorische oder infrastrukturelle – Verbesserungen auf der lokalen Ebene voranzubringen. Damit erweisen sich Raumpioniere als Akteure, die in ihren kommunikativen Figurationen und den Prozessen kommunikativen Handelns räumliche Transformationen auslösen.

Mit dem Ansatz der kommunikativen Raum(re)konstruktion und seinen Überlegungen zu kommunikativem Handeln, kommunikativen Figurationen und neuen Raumdeutungen können diese Prozesse beschrieben und theoretisch eingebettet werden.

Literatur

Berger, Peter L. und Thomas Luckmann. 1966. *The social construction of reality. A treatise in the sociology of knowledge.* Garden City, N.Y: Doubleday.

Christmann, G. B. 2010. Kommunikative Raumkonstruktionen als (Proto-)Governance. In *Governance und Raum,* hrsg. H. Kilper, S. 27–48. Baden-Baden: Nomos.

Christmann, G. B. 2016. Das theoretische Konzept der kommunikativen Raum(re)konstruktion. In *Zur kommunikativen Konstruktion von Räumen. Theoretische Konzepte und empirische Analysen,* hrsg. G. Christmann, 89–117. Wiesbaden: Springer VS.

Elias, Norbert. 2004. *Was ist Soziologie?* Weinheim/München: Juventa.

Giddens, Anthony. 1993. *The constitution of society.* Cambridge: Polity Press.

Glasze, Georg und Annika Mattissek (Hrsg). 2009. *Handbuch Diskurs und Raum. Theorien und Methoden für die Humangeographie sowie die sozial- und kulturwissenschaftliche Raumforschung.* Bielefeld: Transcript.

Granovetter, M. S. 1973. The strength of weak ties. *American Journal of Sociology* 78: 1360–1380.

Hastings, A. 1999. Discourse and urban change: Introduction to the special issue. *Urban Stuies* 36: 7–12.

Healey, P. 1992. Planning through debate. The communicative turn in planning theory and its implications for spatial strategy formation. *Town Planning Review* 63: 143–162.

Hepp, Andreas. 2013. *Medienkultur. Die Kultur mediatisierter Welten.* Wiesbaden: Springer VS.

Keller, Reiner. 2008. *Wissenssoziologische Diskursanalyse. Grundlegung eines Forschungsprogramms.* Wiesbaden: VS.

Keller, R. 2013. Kommunikative Konstruktion und diskursive Konstruktion. In *Kommunikativer Konstruktivismus. Theoretische und empirische Arbeiten zu einem neuen wissenssoziologischen Ansatz,* hrsg. R. Keller, H. Knoblauch, und J. Reichertz, 69–94. Wiesbaden: Springer VS.

Keller, R. 2016. Die symbolische Konstruktion von Räumen. Sozialkonstruktivistisch-diskursanalytische Perspektiven. In *Zur kommunikativen Konstruktion von Räumen. Theoretische Konzepte und empirische Analysen*, hrsg. G. Christmann, 55–78. Wiesbaden: Springer VS.

Keller, Reiner, Andreas Hirseland, Werner Schneider, und Willy Viehöver (Hrsg). 2005. *Die diskursive Konstruktion von Wirklichkeit*. Konstanz: UVK.

Keller, Reiner, Hubert Knoblauch, und Jo Reichertz. 2013a. Der Kommunikative Konstruktivismus als Weiterführung des Sozialkonstruktivismus – eine Einführung in den Band. In *Kommunikativer Konstruktivismus. Theoretische und empirische Arbeiten zu einem neuen wissenssoziologischen Ansatz*, hrsg. R. Keller, H. Knoblauch, und J. Reichertz, 9–21. Wiesbaden: Springer VS.

Keller, Reiner, Hubert Knoblauch, und Jo Reichertz (Hrsg). 2013b. *Kommunikativer Konstruktivismus. Theoretische und empirische Arbeiten zu einem neuen wissenssoziologischen Ansatz*. Wiesbaden: Springer VS.

Knoblauch, H. 2005. Focused ethnography. *Forum Qualitative Sozialforschung/Forum: Qualitative Social Research*, 6, Art. 44, http://nbnresolving.de/urn:nbn:de:0114-fqs0503440.

Knoblauch, H. 2013. Grundbegriffe und Aufgaben des kommunikativen Konstruktivismus. In *Kommunikativer Konstruktivismus. Theoretische und empirische Arbeiten zu einem neuen wissenssoziologischen Ansatz*, hrsg. R. Keller, H. Knoblauch, und J. Reichertz, 25–47. Wiesbaden: Springer VS.

Knoblauch, H. 2016. Über die kommunikative Konstruktion der Wirklichkeit. In *Zur kommunikativen Konstruktion von Räumen. Theoretische Konzepte und empirische Analysen*, hrsg. G. Christmann, 29–53. Wiesbaden: Springer VS.

Lees, L. 2004. Urban geography: Discourse analysis and urban research. *Progress in Human Geography* 28: 101–107.

Lefèbvre, Henri. 1991. *The production of space*. Cambridge: Blackwell.

Löw, Martina. 2001. *Raumsoziologie*. Frankfurt a. M.: Suhrkamp.

Pott, Andreas. 2007. Sprachliche Kommunikation durch Raum – das Angebot der Systemtheorie. *Geographische Zeitschrift* 95: 56–71.

Reichertz, Jo. 2009. *Kommunikationsmacht. Was ist Kommunikation und was vermag sie? Und weshalb vermag sie das?* Wiesbaden: VS.

Reichertz, J. 2013. Grundzüge eines kommunikativen Konstruktivismus. In *Kommunikativer Konstruktivismus. Theoretische und empirische Arbeiten zu einem neuen wissenssoziologischen Ansatz*, hrsg. R. Keller, H. Knoblauch, und J. Reichertz, 49–68. Wiesbaden: Springer VS.

Schlottmann, Antje. 2005. *RaumSprache. Ost-West-Differenzen in der Berichterstattung zur deutschen Einheit. Eine sozialgeographische Theorie*. Stuttgart: Steiner.

Strauss, Anselm L. 1994. *Grundlagen qualitativer Sozialforschung: Datenanalyse und Theoriebildung in der empirischen soziologischen Forschung*. München: Fink.

Thrift, Nigel. 2007. *Non-representational theory. Space, politics, affect*. London: Routledge.

Werlen, Benno. 1997. *Sozialgeographie alltäglicher Regionalisierungen. Band 2: Globalisierung, Region und Regionalisierung*. Stuttgart: Franz Steiner Verlag.

Witzel, Andreas. 1982. *Verfahren der qualitativen Sozialforschung*. Frankfurt/New York: Campus.

Zur Autorin

Gabriela Christmann, Dr. rer. soc., ist Leiterin der Forschungsabteilung „Kommuni-
kations- und Wissensdynamiken im Raum" am Leibniz-Institut für Raumbezogene
Sozialforschung (IRS) in Erkner (bei Berlin), sie ist stellvertretende Direktorin
des IRS und zugleich außerplanmäßige Professorin für Raum, Wissen und Kommunikation am Institut für Soziologie der Technischen Universität Berlin. Ihre
Forschungsschwerpunkte sind Stadt- und Regionalsoziologie, Wissenssoziologie,
Kommunikationsforschung und Innovationsforschung. Zu den jüngsten Buchveröffentlichungen gehört der Sammelband „Zur kommunikativen Konstruktion von
Räumen" (Wiesbaden 2016).

Rhythmen und Medien der Stadt
Beobachtungen über den Gebrauch des Mobiltelefons[*]

Joachim R. Höflich

1 Rhythmen und Aktivitäten – Hinführende Bemerkungen

Stadt ist Leben – ein dynamisches Geschehen: „Stadt ist immer etwas, das passiert" (Hausknotz 2011, S. 11). Wie das Leben als solches, ist die Stadt ein rhythmisches Geschehen: geprägt durch Tag und Nacht, Winter und Sommer, Betriebsamkeiten und Stillstände, Geräusche und Ruhe, Werktage und Sonntage, Öffnungszeiten von Geschäften, Arztpraxen, Museen, Bibliotheken und mit Fahrplänen öffentlicher Verkehrsmittel werden Wiederholbarkeiten und damit Erwartbarkeiten generiert. Solche Rhythmen sind, kurz gesagt, durch die Natur vorgegeben und auch artifiziell. Doch die Stadt zeichnet sich dadurch aus, dass sich deren Rhythmen beachtlich von natürlichen Rhythmen abkoppeln (Henckel 1995, S. 165). Solche wiederkehrenden rhythmischen Momente zu untersuchen ist für Henry Lefebvre (2004) Gegenstand einer „Rhythmusanalyse": Sie zielt auf die Analyse dessen, dass, so Lefebvre, jeder mehr oder weniger sein eigenes ‚Ding' macht, zu mehr oder weniger der gleichen Zeit; doch jeder macht es ohne zu wissen, dass er dabei nicht der Einzige ist. Rhythmen sind so verstanden eine individuelle wie eine kollektive Angelegenheit.

Ein Moment dieser Rhythmen sind die alltäglichen Bewegungen der Menschen in der Stadt. Chabin (1974, S. 11) spricht von menschlichen *Aktivitätsmustern,* als „patterned ways aggregates of residents in the metropolitan community go about

---

[*] Bei dem Artikel handelt es sich um eine aktualisierte und korrigierte Fassung des Beitrags Höflich, Joachim R. (2013). Rhythmen und Medien der Stadt. Beobachtungen über den Gebrauch des Mobiltelefons. In *MediaPolis – Kommunikation zwischen Boulevard und Parlament: Strukturen, Entwicklungen und Probleme von politischer und zivilgesellschaftlicher Öffentlichkeit*, hrsg. B. Pfetsch, J. Greyer, & J. Trebbe, 85–101, Konstanz: UVK.

© Springer Fachmedien Wiesbaden GmbH, ein Teil von Springer Nature 2018
A. Hepp et al. (Hrsg.), *Die mediatisierte Stadt*, Medien • Kultur • Kommunikation,
https://doi.org/10.1007/978-3-658-20323-8_8

their daily affairs." In diesem Zusammenhang verweist Chabin (Chabin 1974, S. 26) auch auf das Moment des Rhythmus:

"Experiments indicate that physiological functions of the human being are closely attuned to day and night cycles of the earth's movement in relation to the sun. So it makes a great deal of sense to think of regularities in human activity in terms of these time concepts. There are activity variations by seasons which are part of an annual time cycle, and there are variations by years which are part of the life cycle of an individual [...]. in a very fundamental way properties of physiologically regulated activity set the temporal rhythm of the individual's activity routine and influence the scheduling of all other activities."

Dabei sind die (rekurrenten) Aktivitäten (die Rhythmen) mit Erwartbarkeiten verbunden, nicht zuletzt was die Wiederkehr und Dauer von Ereignissen angeht (You 1994, S. 164). Das bezieht sich auch und gerade auf die raumzeitbezogenen Aktivitäten der Menschen in der Stadt. Mediennutzung im öffentlichen Raum wiederum ist in diese raum-zeitlichen Alltagsaktivitäten eingebunden (Bentlage und Rauh 2010), zumal die Stadt eine mediatisierte Stadt ist, als Ort mitunter von Zeitungen, Kinos, Theatern und Opernhäusern, Werbeflächen und vieles mehr. Eine mediatisierte Stadt ist dabei, wie die Beiträge in diesem Band veranschaulichen, eine Stadt im Wandel, der erst recht durch die aktuellen Medienentwicklungen forciert wird. Orte sind dadurch schon mediengeprägt, weil die Menschen die Medien dahin mitbringen, wo immer sie sich aufhalten. Die Medienverwendung ist indessen selbst rhythmisch. Hierfür stehen etwa die Programmstrukturen von Massenmedien sowie deren wiederkehrende Nutzung im Rhythmus der Tageszeit – ja, sogar in Abhängigkeit vom Wetter und der Jahreszeit. Heute sind derartige Medienrhythmen nicht mehr so rigide. Durch eine Individualisierung des Gebrauchs werden kollektive Medienrhythmen unterwandert. Indem Medien mobil werden, wird zudem die bisherige rigide Verbindung von Ort und Mediengebrauch gelockert. Mobile Medien werden zu Begleitern mobiler Menschen. Das ist schon forschungspraktisch von Belang, denn durch die Möglichkeit, Medien zu lokalisieren, lassen sich die menschlichen Aktivitäten und die mit ihnen verbundenen Rhythmen nachzeichnen; man sieht, wohin sich die Menschen bewegen und wo sie sich aufhalten. Das erspart die mühsame Forschungsarbeit, die Menschen im Sinne eines „Go-Along" (Kusenbach 2008) durch die Stadt begleiten zu müssen, um deren alltäglich zurückgelegte Wegstrecken aufzuzeigen. Eindrucksvoll kann dies zum Beispiel an den Visualisierungen der Bewegungsmuster im Rahmen des Weltmusiktages in Paris nachvollzogen werden, wo die Menschen wie kleine Lichtpunkte erscheinen, die sich durch die Stadt bewegen. Medien sind indessen nicht nur Begleiter auf den Wegen der Menschen, sie dienen auch dazu, diese Wege zu planen und zu verändern, sprich: sie nehmen Einfluss auf die Aktivitätsmuster und deren Rhythmen. Es ist ein besonderes Merkmal von Rhythmen, dass sie nicht für die Wiederholung des Gleichen stehen: „Der Takt wiederholt, der Rhythmus erneuert" (Klages 1934: 32). Medien sind zugleich Vehikel sozialen und kommunikativen Wandels, konkreter: des Wandels einer Kommunikation im öffentlichen Raum. Vor diesem knapp skizzierten Hintergrund sollen im Weiteren die Ergebnisse einer Reihe von Studien, die in den letzten Jahren durchgeführt worden sind (Höflich 2011), gewissermaßen theoretisch verdichtet (Glaser und Strauss 1967) zusammengefasst werden. Es geht um die Bewegungen der Menschen in der Stadt sowie deren Koordinationen und welche Bedeutung Medien hierbei haben. Es geht aber auch um die Verwendung von Medien im Kontext der Verbindung von Orten wie auch bei der Überwindung von Zeiten, die sozusagen zwischen den Orten liegen. Es geht aber auch und gerade um die Menschen in ihrem Zusammenleben und gegenseitigen Abhängigkeiten, kurz: um das Figurative, mit dem solche „Interdependenzrelationen" (Elias 1993, S. 143) umrissen werden.

2   Bewegungen – Gehen und Mediennutzung

Die Art der Bewegung bestimmt unsere Orientierungen und Handlungsmöglichkeiten. Je nachdem, ob man mit dem Automobil, mit der Straßenbahn, dem Bus oder dem Zug unterwegs ist und wie die verwendeten Verkehrsmittel miteinander verbunden werden, entsteht ein „Bild der Stadt" (Lynch 1965) und ein „Bewegungsbewußtsein" (Lynch 1965, S. 127): die Stadt wird aus der Bewegung heraus empfunden. Kommunikationswissenschaftler und -wissenschaftlerinnen haben sich bislang nicht sonderlich mit dem Gehen beschäftigt. Doch wie es hier verstanden wird, handelt es sich um ein zentrales kontextuelles Moment des Mediengebrauchs. Das Gehen ist ferner in einem umfassenden Kontext der alltäglichen Aktivitäten und deren Rhythmen und damit in einem umfassenden Kontext einer Kommunikation im öffentlichen Raum eingebunden.

Unter dem Vorzeichen einer Geschichte der Bewegung ist das Gehen, so vermerkt Urry (2007, S. 64), immer noch ein Bestandteil nahezu jeder Art der Fortbewegung. Wie Menschen auch gehen mögen, so bedeutet das Gehen, als „Modus des Seins" (Coyne 2010, S. 158), eine besondere Verbundenheit mit der Welt (Ingold 2004, S. 330). Für Demerath und Levinger (2003, S. 217) ist das Gehen sogar die Grundlage einer Konstruktion von Welt, sodass sie von „cultural significance of being on foot" und den Fußgängern als „Vehikel der Kultur" (Levinger 2003, S. 225) sprechen. Entscheidend sind aber auch die Orte des Gehens. Wir wandern durch die Natur

und wir gehen in der Stadt, die einmal schnell durchschritten, ein anderes Mal fla-
nierend erobert wird. Gerade in der Stadt ist das Gehen keine Marginalie. Bezogen
auf das Urbane hat de Certeau (1988, S. 189) in seiner „Kunst des Handelns" das
Gehen zum Thema gemacht. Für ihn erscheint es in einer Analogie zur Sprache.
Gehen ist der Raum der Äußerung:

> „Auf der elementarsten Ebene gibt es in der Tat eine dreifache Funktion der Äuße-
> rung: zum einen gibt es den Prozess der *Aneignung* des topographischen Systems
> durch den Fußgänger (ebenso wie der Sprechende die Sprache übernimmt oder sich
> aneignet); dann eine räumliche *Realisierung* des Ortes (ebenso wie der Sprechakt
> eine lautliche Realisierung der Sprache ist); und schließlich beinhaltet er *Beziehungen*
> zwischen unterschiedlichen Positionen, das heißt pragmatische ,Übereinkünfte' in
> Form von Bewegungen (ebenso wie das verbale Aussagen eine ,Anrede' ist, die den
> Angesprochenen festlegt und die Übereinkünfte zwischen Mitredenden ins Spiel
> bringt)." (de Certeau 1988, S. 189)

Gehen ist zudem eine voraussetzungsvolle Angelegenheit, schon allein weil damit
geprägte Koordinationsleistungen erforderlich sind:

> "While at the immediate and superficial level encounters on the street are hardly
> noticeable and devoid of pleasantry and warmth, pedestrians do, in fact, communicate
> and do take into account the qualities and predicaments of others in regulating their
> behavior" (Wolff 1973, S. 48).

Auch für Erving Goffman (1974, S. 25) wird der Fußgängerverkehr in der Stadt
durch stillschweigende Kommunikation geregelt. Städte sind Schauplätze, auf denen
beständig gegenseitiges Vertrauen zwischen einander Unbekannten zur Geltung
kommt. Ein aufeinander bezogenes Handeln ist die „strukturelle Voraussetzung
für eine auf Konvention beruhende Regelung" (Goffman 1974, S. 41). Fußgänger
verfügen ganz offenkundig über ausgeprägte Techniken, um Zusammenstöße mit
anderen Fußgängern zu vermeiden. Was für Medien im öffentlichen Raum im
Allgemeinen gilt, gilt für das Mobiltelefon im Besonderen. Nicht nur, dass manche
mit ihm eine Gefahr assoziieren, weil es die Aufmerksamkeit bindet und somit
das Risiko vergrößert, Opfer eines Verkehrsunfalls zu werden. Es ist insofern eine
Herausforderung, weil mit dem mobilen Telefonieren und im weiteren Sinne mit
der Nutzung des mobilen Mediums tradierte Praktiken, wie die des geordneten
Miteinanders im öffentlichen Raum (auf Gehwegen, Plätzen, in Straßencafés, Re-
staurants, Kirchen und Opernhäusern), durcheinandergebracht werden. Leben im
öffentlichen Raum fordert eine gewisse Teilhabe, oder im Sinne Goffmans (2009,
S. 49) ein Engagement. Eine Eruption der öffentlichen Kommunikationsordnung
ergibt sich schon dadurch, dass durch die Nutzung des Mobiltelefons ein solches

Engagement entzogen wird, sodass gleichsam der Eindruck erweckt wird, dass es an der Rücksicht mangelt, die man den gegebenen Umständen schuldig ist (Goffmans 2009, S. 71).

Empirische Hinweise scheinen in diese Richtung zu deuten: Eine an der Western Washington Universität durchgeführte Beobachtungsstudie zeigt, dass Menschen, die ein Handy benutzten langsamer gingen als Menschen, die nichttelefonierend unterwegs waren. Dies führte die Forscher zu der Vermutung, dass während einer telefonischen Konversation die Umwelt weniger im Auge behalten wird und andere seltener zur Kenntnis genommen werden. Dies wird durch ein qualitatives Experiment unterstrichen, bei dem ein Einrad fahrender Clown zum Einsatz kam (Hyman et al. 2010). Der auffällige Clown fuhr eine Stunde über den Campus der Universität. Ergebnis: 75 Prozent der Handynutzer gaben an, den Clown nicht gesehen zu haben, während dies nur bei der Hälfte der restlichen Befragten der Fall war. Eine im Jahr 2010 an der Universität Erfurt durchgeführte Wiederholung der Studie bestätigt die Ergebnisse (Höflich 2011, S. 105; Höflich 2016, S. 174). Auch hier ist, verglichen mit den Personen, die kein Handy nutzten, dem Großteil der Handynutzer der Clown, obwohl er nur mit geringem Abstand an ihnen vorbeigefahren ist, nicht aufgefallen. Die Ergebnisse mögen auf den ersten Blick verblüffen – und auch die betroffenen Personen konnten sich kaum erklären, den Clown übersehen zu haben. Doch bei näherem Besehen sind die Ergebnisse gar nicht so überraschend. Bekannt ist ein solches Phänomen als „inattentional blindness" (Mack und Rock 2000), das vor allem auszumachen ist, wenn wir mit einer Aktivität beschäftigt sind und mit unerwarteten Ereignissen konfrontiert werden. Dass sich faktisch nicht besonders viele Unfälle oder auch nur Missgeschicke beim Gebrauch des Mobiltelefons ereignen, liegt vor allem daran, dass ausgeprägt unerwartete Ereignisse nicht häufig vorkommen.

Konkret wird das Problemfeld tangiert, ob man mehrere Aufgaben ohne Reibungsverlust gleichzeitig erledigen kann. Nicht zuletzt ist dies ja bei handnutzenden Autofahrern von Belang. Hier ist man wiederum damit konfrontiert, dass sich die Handnutzer einen gewissen Aufmerksamkeitsausfall nicht eingestehen wollen. Sie sitzen, mit anderen Worten, einer Illusion der Aufmerksamkeit auf. So waren viele Befragte erst einmal völlig überrascht, als sie durch die Forscher mit der Tatsache konfrontiert wurden, dass gerade ein Clown direkt vor ihrer Nase vorbeigefahren ist. Sie sahen es gar als ein persönliches Versagen und einen Kontrollverlust an, dass ihnen ein doch so offenkundiges Geschehen nicht gewahr wurde. Ein solcher Kontrollverlust ging nicht zuletzt mit Rechtfertigungs- respektive Normalisierungsversuchen einher (Garfinkel 1967, S. 47). Es wurde darauf hingewiesen, dass man die Brille nicht aufhatte, sich nach einem Freund umschaute oder sich auf etwas Anderes konzentrierte. So gibt es nicht nur eine „inattentional blindness", sondern darüber hinaus ausgeprägte Rechtfertigungen für ein Nichtsehen (und damit eine „inattentional blindness blindness"). Gleichwohl könnte man die Ergebnisse mit einer gewissen Sorge sehen: Die Mediennutzer als kommunikative Inseln (Höflich et al. 2014), die die Welt um sich herum nicht sehen und von anderen abgekoppelt sind – so wie dies auch bei den Walkman- oder den iPod-Nutzern der Fall ist (Bull 2000; 2007) und mit dem Smartphone ein weiteres Stück vorangetrieben wird. Einmal mehr legt dies den Verdacht nahe, dass damit eine veränderte Stadtwahrnehmung – ein anderes Bild der Stadt – einhergeht.

Ein bewusstes (wie beim iPod) oder unbewusstes Ausblenden (wie bei der Nutzung des Mobiltelefons) der Umwelt ist als Stadtphänomen indessen nicht erst jetzt ein Thema. Bereits 1903 verweist Georg Simmel auf eine „Blasiertheit" des Großstädters, um mit der Reizvielfalt und -überflutung der Stadt fertig zu werden. Gerade das Leben in der Großstadt führt zu einer, so Simmel, Steigerung des Nervenlebens, „die aus dem raschen und ununterbrochenen Wechsel äußerer und innerer Eindrücke hervorgeht" (Simmel 2008, S. 905). Gergen wiederum spricht, mit Blick auf eine Verwendung von Medien, von einer „abwesenden Anwesenheit" (Gergen 2002, S. 227): Man ist anwesend und doch nicht anwesend. Mit einer zunehmenden Mediatisierung des Alltags und damit einer Mediatisierung der Stadt haben solche Entwicklungen, folgt man Chabris und Simons, zugenommen:

> „Weiter verstärkt werden die Auswirkungen der Unaufmerksamkeit durch sämtliche Geräte oder Aktivitäten, die Aufmerksamkeit von der eigentlichen Aufgabe, abziehen. So etwas war selten, als es noch keine Blackberrys, iPhones oder Navigationssysteme gab, heute ist es aber nur allzu häufig." (Chabris und Simons 2010, S. 58)

Medien sind jedoch keine monokausalen Kräfte, die zur Eruption einer öffentlichen Kommunikation, genauer: einer Kommunikation im öffentlichen Raum führen und die uns von den Orten und den Menschen, die sich dort aufhalten, trennen. Vielmehr fungieren, sie in den Worten von Souza e Silva und Frith: „as interfaces to public spaces, that is, systems that enable to filter, control, and manage their relationships with the spaces around them" (2012, S. 5). Medien vermögen so gesehen nicht nur zu trennen, sondern auch zu verbinden. Und wie auch schon andere Medien davor – man denke an das Lesen einer Zeitung oder eines Buches – kommt dem Mediengebrauch unter anderem eine selektive Funktion im Sinne einer Kontaktvermeidung zu. Schon das Gehen bedeutet dabei Selektion: „When walking on a crowded street in a big urban center, we consciously (or sometimes unconsciously) pay attention to some things and not to others" (Silva und Frith 2012, S. 5). Medien ergänzen solche Selektionen. Sie kommen dabei nicht einfach zur Anwendung. Vielmehr ist Mediennutzung immer ein Bewältigungshandeln (vgl. Höflich 2014, S. 31): Es geht nicht nur darum, ein Medium zu nutzen, sondern darum, wie dies eingedenk kontextueller Grenzen und Möglichkeiten erfolgt (oder der Gebrauch unterlassen wird). Mobiltelefonnutzer sind sich durchaus bewusst, wo sie sich aufhalten, indem sie ihr Medienverhalten den (normativen) Erfordernissen der Umwelt anpassen oder gar einstellen. So zeigt sich auch, dass die Koordinationsleistungen von Fußgängern durch das Mobiltelefon nicht ausgeschaltet werden. So gilt es, sich nicht nur mit dem abwesenden aber medial verbundenen Kommunikationspartner zu arrangieren. Vielmehr befindet man sich in einer Überlappung von kommunikativen Rahmungen (Höflich 2016, S. 171) und damit einer Einbindung in je unterschiedliche kommunikative Figurationen. Was die Situation der physischen Ko-präsenz angeht, kommt es zu fortlaufenden Arrangements mit anwesenden Dritten. Man zeigt durch die Körperhaltung, dass man nicht gestört werden will, es werden Nischen aufgesucht, auch um Andere nicht zu stören, bis hin zu einer expliziten Abkopplung aus einem aktuellen Kommunikationsgeschehen („Entschuldigung, ich gehe mal ans Telefon…"), in das man nach dem Telefonat wieder eintritt.

3 Bewegungen und die Veränderung der Choreografie des öffentlichen Raums

Rhythmizität ist eine basale Angelegenheit (Held und Geißler 1995). Was für Bewegungen der Menschen in der Stadt gilt, das trifft auch auf das Gehen im Besonderen zu:

"On foot, the body participates in place's temporal patterns of activity and it is an agent in processes of repetitive change in urban places. Rhythms of body and city emerge through the experience of walking. Walking is in itself a spatial and social rhythm, and through walking one perceives and lives urban places as a constellation of spatial, social, cultural, natural and other sensory rhythms – urban rhythms." (Matos 2005, S. 1)

Der Rhythmus des Gehens verbindet sich gleichsam mit den Rhythmen des Ortes. Gehen und Rhythmizität sind dergestalt, so Matos (2005, S. 10), die Schlüsselmerkmale städtischer Plätze. Rhythmizitäten wiederum entstehen nachgerade, weil das Handeln – und schließlich die Bewegungen – der Menschen synchronisiert sind. Dabei seien, so Hall, diese Synchronisierungen erst dann richtig erkennbar, wenn man die Aktivitäten der Menschen gewissermaßen in Zeitlupe ablaufen lässt:

"People in interactions either move together (in whole or in part) or they don't and in failing to do so are disruptive to others around them. Basically, people in interaction move together in a kind of dance, but they are not aware of their synchronous movement and they do it without music or conscious orchestration. Being 'in sync' is itself a form of communication." (Hall 1976, S. 71)

In dem Zitat deutet sich bereits eine Verbindung von Synchronisierungen und der Tanzmetapher an. In der Tat handelt es sich hierbei um eine häufig vorzufindende Metapher, um das Leben in der Stadt mit seinen Bewegungen und gegenseitigen Abstimmungen zu beschreiben. Individuelle und aggregierte Aktivitätsmuster lassen sich gleichsam in einem individuellen und kollektiven Sinne als Tanz sehen, bei dem unter einem bestimmten Einsatz an Kraft, „Raum und Zeit zergliedert" werden (Koch 1995, S. 12). So vermerkt beispielsweise Whyte über die Menschen in der Stadt:

"They split into an infinity of directions. Some swirl around the information kiosk clockwise, some counterclockwise. Hundreds of people will be moving this way and that, weaving, dodging, fainting. Here and there some will break into a run. Almost everyone is on a collision course with someone else, but with a multitude of retards, accelerations and side steps, they go their way untouched. It is indeed a great dance." (Whyte 2009, S. 67)

Nun mögen die Momente der Rhythmizität, Synchronisierung und des Tanzes auf den ersten Blick keine kommunikationswissenschaftlichen Basisbegriffe sein. Gleichwohl kommt damit – und für jede Kommunikation maßgeblich – ein fortlaufendes aufeinander Eingestimmtsein und Anpassen, ein Verwobensein von Handlungen, zum Ausdruck (Maier 1992). Für Krippendorf (1993, S. 30) ist denn auch die Metapher einer „Kommunikation als Tanz" alles andere als abwegig. Und für Elias ist er ein Symbol der Gesellschaft, mit dem eine Perspektive über das Individuum hinaus eröffnet wird: „Würde jeder der tanzenden Individuen für sich betrachtet, man könnte den Sinn, man könnte die Funktion seiner Bewegungen nicht verstehen. Die Art, wie sich der Einzelne hier verhält ist bestimmt durch die Beziehungen der Tanzenden zueinander" (Elias 2015, S. 38). So ist es im Weiteren nicht verwunderlich, wenn das Moment des Tanzes auch bezogen auf das Mobiltelefon als ein durchaus anschaulicher Deutungsrahmen verwendet wird, um die fortlaufende gegenseitige Anpassung der Medienverwender im öffentlichen Raum zu beschreiben. Dies ist beispielsweise bei James Katz der Fall, der vermerkt:

"In part, use of mobile communication in public is a dance form because the use of the mobile phone in public by one party often requires that the user's co-present partner adjust themselves in space and pace. That is, they must engage in a bit of choreography." (Katz 2006, S. 58)

Kommt das Mobiltelefon ins Spiel, dann drängt sich vor einem solchen Hintergrund sogleich die Frage auf, wie die Tänze mit ihren Rhythmen und Abstimmungen geprägt, ja verändert werden, denn das Mobiltelefon ist ein Teil des Tanzes auf öffentlichen Plätzen und verändert ihn zugleich. Die bereits von Simmel (2008, S. 908) für das großstädtische Leben ausgemachte Pünktlichkeit scheint in ihrer Rigidität nicht mehr gegeben. Mittels des Mobiltelefons kann man auf die Aktivitäten anderer Einfluss nehmen und/oder diese synchronisieren – die Alltagsaktivitäten werden in der Konsequenz flexibler ausführbar. Ling und Yttri (2002) bezeichnen dies als „Mikro-Koordinierung" im Sinne eines Arrangements und Re-Arrangements persönlicher Treffen und Kontakte.

"Microcoordination is the nuanced management of social interaction. Microcoordination can be seen in the redirection of trips that have been already started, it can be seen in the iterative agreement as to when and where we can meet friends, and it can be seen, for example, in the ability to call ahead when we are late to an appointment." (Ling 2004, S. 79)

Für Jugendliche sind solche Modi des Verabredens allemal schon gängige Praxis (Höflich 2007). Man trifft sich nicht mehr zu einem festen Zeitpunkt, sondern verabredet sich gewissermaßen im Fluss:

"Thus, in the practice of rendezvousing, people walk or travel toward their destination, while deciding which destination it is going to be on basis of the instant communication in which they are engaged." (Castells et al. 2004, S. 172)

Mit dem Smartphone wird eine soziale Koordination via Apps noch weiter vorangetrieben und hin zu einer Gruppenkommunikation erweitert (Ling und Lai 2016). Schließlich werden Handlungen, nicht Zeiten miteinander verkettet; man teilt dem anderen mit, dass man gerade beim Arzt war, dann ins Café geht, dass man noch eine Kleinigkeit einkauft und dann nach Hause kommt. Die Reihenfolge bislang konsequent miteinander verbundener Aktivitäten wird flexibler – und immer kann Ungeplantes dazwischengeschoben werden. Das deutet auf ein Phänomen hin, das Castells (2001, S. 485) als „zeitlose Zeit" beschreibt und eine soziale Arhythmie, oder, wie Castells auch sagt, einen „Zusammenbruch der gesellschaftlichen Rhythmen" (Castells 2001: 502) mit sich bringt. Zumindest ist das Mobiltelefon ein Vehikel, das eine solche „zeitlose Zeit" zu forcieren vermag (Castells et al. 2004, S. 174).

Auch Rainie und Wellman (2012, S. 9) sehen vor einem solchen Hintergrund eine neue Choreografie des öffentlichen Raums. Muster, an denen man sich früher relativ klar orientieren konnte, verlieren an Rigidität. Arbeitszeiten werden flexibler und damit auch weniger aufeinander abgestimmt, ebenso die Geschäftszeiten; der Übergang von Tagesaktivität und Nachtruhe wird zunehmend fließend. Innerhalb dieser Veränderung kommt dem Mobiltelefon eine besondere Bedeutung zu. Es hilft, in diesem neuen Rhythmus agieren zu können. Es eignet sich nachgerade, spontaner zu sein (Green und Haddon 2009, S. 80) und erzeugt damit eine größere Spontaneität. Es ermöglicht uns, einer Tyrannei der Zeitvorgaben („tyranny of schedule") zu entkommen und die strikten Zeitvorgaben aufzulösen („softening of schedules"; Ling 2004, S. 73). Das bedeutet nun nicht, dass sich damit ein regelungsfreier Zustand einstellt. Vielmehr etablieren sich neue Regeln. Eine zeitfixierte Koordination von Treffen wird durch ein nuanciertes Management sozialer Interaktionen ersetzt.

4 Zwischenräume, Stillstände, Wartezeiten und Mediennutzung

Das Mobiltelefon wird zwar individuell in einem konkreten situativen Zusammenhang genutzt, zugleich verbindet es jedoch Situationen und es entsteht ein übersituatives Moment. Es wird meist dann verwendet, wenn die eigenen Aktivitäten unfreiwillig unterbrochen wurden (etwa, weil man die Straßenbahn versäumt hat). Einerseits kann eine mögliche Verspätung dahingehend korrigiert werden, dass man die Anderen davon unterrichten kann. Andererseits kann ein mobiles Telefonat auch die Zeit zwischen zwei Aktivitäten überbrücken. Mit Hulme und Truch (2006, S. 159) könnte man von einem *„Zwischen-Raum"* sprechen, einem Zeitraum zwischen zwei getrennten, aber aufeinander bezogenen, spezifisch in Raum und Zeit verorteten Ereignissen (vgl. auch Höflich 2016, S. 213). Konkret sprechen die Autoren hier über die Räume zwischen Arbeitsplatz, Wohnung und sozialen Aktivitäten. Gemeint ist allerdings nicht nur eine Übergangszone zwischen zwei Ereignissen, sondern, weiter gefasst, ein sozio-materieller Raum. Darunter ist ein für sich stehender (Zeit-)Raum zu verstehen, „in dem sich sehr komplexe Prozesse abspielen, die in erster Linie mit Organisation und Verhandlungen zwischen den Grenzen der umgebenden Felder zu tun haben" (Höflich 2006, S. 162).

Das Mobiltelefon hat die Natur des „Zwischen-Raums" verändert, indem es eine Kommunikation mit nichtanwesenden Personen in der Phase des Übergangs von einem Aktivitätsfeld zu einem anderen ermöglicht. Zum einen lassen sich im Vorgriff auf nachfolgende Aktivitäten bereits entsprechende Vorkehrungen im Sinne der bereits angesprochenen Mikrokoordinierung treffen und gewissermaßen Orte, die bislang getrennt waren, miteinander verbinden. Zum anderen werden die Zeiten genutzt, die man brauchte, um sich zwischen zwei Orten zu bewegen. Wenn man allein die Bewegungsmuster der Menschen betrachtet, drängt sich ein Zusammenhang zwischen der Handynutzung und dem Warten auf (vgl. Höflich 2016, S. 214): Einerseits machen die Menschen beim Telefonieren schlangenförmige Gehbewegungen, die an das Warten erinnern. Andererseits nutzen die Menschen das Mobiltelefon beim Warten – und bleiben dabei nicht unbedingt auf einer Stelle stehen: „The waiter is restless" (Schweizer 2008, S. 22).

(Ab-)Warten ist ein durchaus bewusstes Unterlassungshandeln, das auf einen in der Zukunft liegenden erwarteten Zustand hin ausgerichtet ist (Heiden 2003, S. 12). Es ist eine Form des Handelns, selbst wenn es auf den ersten Blick wie untätiges Tun erscheint. In einer schnelllebigen Zeit wie der unseren erscheint Warten als besondere Eruption – und obwohl Warten (zumal als erwartetes Warten) in Rhythmen eingebunden ist, bringt es Rhythmen durcheinander. Mit Blick auf die Aktivitätsmuster der Stadt und der Notwendigkeit von deren Synchronisation kann es vorkommen, dass ein Abstimmen eben nicht immer funktioniert.

Da die Terminierung von Treffen nicht mehr so rigide ist, kann es dazu führen, dass sie nicht lückenlos ineinander gehen. Was dem einen die Möglichkeit gibt, den Termin zu verschieben, kann für den anderen bedeuten, dass er warten muss. Allerdings hat der Wartende dann wenigstens die Chance, informiert zu werden, sodass er oder sie die Zeit des Wartens mit anderen Tätigkeiten überbrücken kann. Hier ist das Warten in einen Integrationsprozess zwischen dem Verursacher des Wartens und dem Wartenden einbezogen. Nicht jede Wartesituation ist indessen durch eine solche (telefonisch vermittelte) Beziehung zwischen Verspätetem und Wartendem gekennzeichnet. Dann muss die Zeit auf andere Weise überbrückt werden. In der Wartesituation ist man in seinen Handlungs- und Bewegungsmöglichkeiten begrenzt. Wir können nicht alles tun, um uns in diesem Moment zu beschäftigen (vgl. auch Paris 2001, S. 708).

Hier kommen Medien ins Spiel. Kinder lernen schon gegen Ende des fünften Lebensjahres allmählich, welches Verhalten ihnen das Warten erleichtert (Logue 1995, S. 78), etwa, indem man sich ablenkt (ein Lied singt, ein Spiel spielt oder schläft). Zumal wenn man mit Wartezeiten zu rechnen hat baut man vor, indem man sich mit Überbrückungshilfen ausrüstet. Gasparini (1995, S. 35) spricht von einem „equipped waiting". Das galt schon vor den Zeiten des Mobiltelefons:

"But if cessation of active contact with the external world is a source of distress, one need only reestablish a connection to gain relief. The diversions supplied in many waiting facilities, such as music or reading material, help accommodate this need. They enable a client to transfers his involvement to external objects and so forestall the activation of affective inner contents." (Schwartz 1975, S. 169)

Zum Buch, der Zeitung, dem Walkman oder MP3-Player kommt nun auch das Handy, respektive als Universalmedium das Smartphone dazu. Allerdings geht es bei derartigen medialen Wartehandlungen weniger um die Befriedigung eines Bedürfnisses nach Informationsaustausch, sondern vielmehr darum, Einsamkeit im öffentlichen Raum zu vermeiden (Heiden 2003, S. 110). „Mobile devices can now fill these heretofore useless waiting times with all manner of activity enabled by mobile devices – and the sanctity and separateness of different times of day can easily be interrupted" (Rainie und Wellman 2012, S. 102).

In der Tat ist das Mobiltelefon respektive das Smartphone ein probates Vehikel, Zeit zu überbrücken und damit Warten ein Stück erträglicher zu machen. Man spricht im Übrigen auch von einer *Lazaruszeit* und meint damit, dass man mit dem Handy eine tote Zeit zum Leben erwecken kann (Green und Haddon 2009, S. 77). Und wie Castells et al. anmerken: „Or else, any waiting time becomes a potential communication time and the general notion of time is ‚softened' to accommodate all kinds of activities, sometimes in a simultaneous manner" (2004, S. 175). Medien bringen also ein ganz anderes Verhältnis zum Warten mit sich. Stillstände und Wartezeiten haben durchaus etwas Produktives, zumal man ja nicht einfach nur wartet (Schweizer 2008, S. 126). Vielmehr ist Warten, selbst wenn es auf den ersten Blick nicht so aussieht, eine aktive Angelegenheit und ein Bewältigungshandeln, das eine Chance zur Selbstreflexion und -aufmerksamkeit bietet. Das Mobiltelefon mag einen genau dieser Chancen berauben. Hier zeigt sich ein Moment einer *Dualität der Effekte* (Mesthene 1972), die sich im Kern bei allen Effekten des Mediengebrauchs ausmachen lässt: Medien bringen nicht nur positive oder negative Effekte, sondern immer beides mit sich. Das Mobiltelefon ist ein Vehikel, um Zeit zu überbrücken und Warten angenehmer zu machen. Es ist aber auch verantwortlich dafür, dass sich Zeitarrangements flexibler gestalten und damit Wartezeiten erst heraufbeschworen werden.

5   Fazit

Mediennutzung ist kontextuell eingebettet und verändert diesen Kontext zugleich. Mit Blick auf mobile Medien betrifft dies den öffentlichen Raum – und das Leben in der Stadt als „fluktuierendes Spannungsgleichgewicht" (Elias 1993, S. 143). Stadt ist dabei auch und gerade ein Leben in Bewegung: Menschen beleben die Stadt, indem sie sich in ihr bewegen und damit einen Rhythmus der Stadt tragen. Hier spielen Medien eine besondere Rolle, nicht nur als Begleiter der Menschen in Bewegung, auch und gerade vor dem Hintergrund einer Mediatisierung der Stadt und des städtischen Lebens. Unter dem Vorzeichen einer Analyse von Stadtrhythmen rückt die Mediennutzung als raum-zeitbezogenes Handeln in den Vordergrund. Die Trennung zwischen häuslichem und außerhäuslichem Mediengebrauch reicht hierbei allerdings nicht mehr aus. Vielmehr geht es darum, zum einen die Nutzung an unterschiedlichen Orten wie auch zwischen diesen Orten im Kontext alltäglicher Aktivitäten der Menschen in der Stadt zu untersuchen. Nicht zuletzt wird vor einem solchen Hintergrund ein Zusammenhang von Medienwandel, *sozialem Wandel und Wandel von Rhythmen* virulent, der schon durch die Eruptionen erkennbar ist, die ein Rhythmenwandel evoziert (Lynch 1972, S. 117). Gerade in Bezug auf eine Mediatisierung der Stadt und des öffentlichen Raums und einem damit einhergehenden sozialen wie kommunikativen Wandel hat indessen die Entwicklung erst begonnen. Und schon längst geht es nicht mehr allein um ein Mobiltelefon, respektive ein mobiles Telefonieren. Mobile Medien sind mehr als nur ubiquitäre Begleiter und kommunikative Lückenfüller. Sie stehen zugleich für einen mobilen Menschen, der mit seinen Medien ausgestattet, das Bild der Stadt – als äußeres Erscheinungsbild – prägt. Doch es verändert sich auch das Bild der Stadt im Kopf urbaner Menschen.

Literatur

Bentlage, Michael und Jürgen Rauh. 2010. Mediennutzung als raum-zeitliches Phänomen. In *Komparative empirische Sozialforschung*, hrsg. T. Beckers et al., 419–435, Wiesbaden: VS Verlag für Sozialwissenschaften.
Bull, Michael. 2000. Sounding out the city. Personal stereos and the management of everyday life. Oxford: Berg.
Bull, Michael. 2007. *Sound moves. iPod culture and urban experience*. London: Routledge.
Castells, Manuel. 2001: *Der Aufstieg der Netzwerkgesellschaft. Teil 1 der Trilogie. Das Informationszeitalter*. Opladen: Leske+Budrich.
Castells, Manuel et al. 2004. *Mobile communication and society. A global perspective*. Cambridge, MA: MIT Press.
Chabin, F. S. (1974): Human activity patterns in the city. things people do in time and space. New York u. a.: John Wiley.
Chabris, C./Simons, D. (2010): Der unsichtbare Gorilla. Wie unser Hirn sich täuschen lässt. München u. a.: Piper.
Coyne, R. (2010): The tuning of place. Sociable spaces and pervasive digital media. Cambridge u. a.: MIT Press.
de Certeau, Michel. 1988. *Kunst des Handelns*. Berlin: Merve Verlag.
Demerath, Loren und David Levinger. 2003. The social qualities of being on foot: A theoretical analysis of pedestrian activity, community, and culture. *City & Community* 2: 217-237.
Elias, Norbert. 1993. *Was ist Soziologie?* Weinheim und München: Juventa.

Elias, Norbert. 2015. *Die Gesellschaft der Individuen*. Frankfurt/Main: Suhrkamp

Garfinkel, Harold. 1967. *Studies in Ethnomethodology*. Cambridge: Polity.

Gasparini, Giovanni. 1995. On Waiting. *Time & Society* 4: 29-45.

Gergen, Kenneth. 2002. The challenge of absent presence. In *Perpetual contact. mobile communication, private talk, public performance*, hrsg. J. Katz und M. Aakhus, 227-241, Cambridge: Cambridge University Press.

Glaser, Barney und Anselm Strauss.1967. *The discovery of grounded theory: Strategies for qualitative research*. New Brunswick u. a.: Aldine.

Goffman, Erving. 1974. *Das Individuum im öffentlichen Austausch. Mikrostudien zur öffentlichen Ordnung*. Frankfurt/Main: Suhrkamp.

Goffman, Erving. 2009. *Interaktion im öffentlichen Raum*. Frankfurt/Main: Campus Verlag.

Green, Nicola und Leslie Haddon. 2009. *Mobile communications. An introduction to new media*. Oxford: Berg.

Hall, Edward. 1976. *Beyond culture*. New York: Doubleday.

Hausknotz, Florentina. 2011. *Stadt denken. Über die Praxis der Freiheit im urbanen Zeitalter*. Bielefeld: Transcript.

Heiden, Gregor v. d. 2003. *Wer zu spät kommt, den bestraft der Wartende. Zur Funktion des Wartens in zwischenmenschlicher Verständigung*. Aachen: Schaker.

Held, Martin., und Karlheinz Geißler (Hrsg). 1995. *Von Rhythmen und Eigenzeiten. Perspektiven einer Ökologie der Zeit*. Stuttgart: S. Hirzel.

Henckel, Dietrich. 1995. Rhythmen der Stadt. In *Von Rhythmen und Eigenzeiten. Perspektiven einer Ökologie der Zeit*, hrsg. M. Held und K. Geißler, 157-167, Stuttgart: S. Hirzel.

Höflich, Joachim R. 2007. Zur Kommunikationskultur Jugendlicher – Handy und SMS. In *Medien im Lebenslauf. Demographischer Wandel und Mediennutzung*, hrsg. R. Rosenstock, C. Schubert und K. Beck, 139-161, München: kopaed.

Höflich, Joachim R. 2011. *Mobile Kommunikation im Kontext. Studien zur Nutzung des Mobiltelefons im öffentlichen Raum*. Frankfurt/Main: Peter Lang.

Höflich, Joachim R. 2014. ‚Doing Mobility'. Aktivitätsmuster, Zwischenräume und mobile Kommunikation. In *Medienkommunikation in Bewegung. Mobilisierung – Mobile Medien – Kommunikative Mobilität*, hrsg. J. Wimmer und M. Hartmann, 31-45, Wiesbaden: Springer VS.

Höflich, Joachim R. . 2016. *Der Mensch und seine Medien. Mediatisierte interpersonale Kommunikation. Eine Einführung*. Wiesbaden: Springer VS.

Höflich, Joachim, Julia Roll und Juliane Kirchner. 2014. Mediennutzer als kommunikative Inseln. Ergebnisse eines qualitativen Experiments. In *Medienkommunikation in Bewegung. Mobilisierung – Mobile Medien – Kommunikative Mobilität*, hrsg. J. Wimmer und M. Hartmann, 123-138, Wiesbaden: Springer VS.

Hulme, Michael und Anna Truch. 2006. Die Rolle des Zwischen-Raums bei der Bewahrung der persönlichen und sozialen Identität. In *Daumenkultur. Das Mobiltelefon in der Gesellschaft*, hrsg. P. Glotz, S. Bertschi und C. Locke, 159-170, Bielefeld: Transcript,.

Hyman, Ira et al. 2010. Did you see the unicycling clown? Inattentional blindness while walking and talking on a cell phone. *Applied Cognitive Psychology* 24: 597-607.

Ingold, Tim. 2004. Culture on the ground. The world perceived through the feet. *Journal of Material Culture* 9: 315-340.

Katz, James. 2006. Magic in the air. Mobile communication and the transformation of social life. New Brunswick: Transaction Publishers.

Klages, Ludwig. 1934. *Vom Wesen des Rhythmus*. Kampen/Sylt: Niels Kampen Verlag.

Koch, Marion. 1995. *Salomes Schleier. Eine andere Kulturgeschichte des Tanzes*. Berlin: Europäische Verlagsanstalt.

Krippendorf, Klaus. 1993. Schritte zu einer konstruktivistischen Erkenntnistheorie der Massenkommunikation. In *Theorien öffentlicher Kommunikation*, hrsg. C. Bentele und M. Rühl, 19-51, München: Ölschläger,.

Kusenbach, Margarethe. 2008. Mitgehen als Methode. Der „Go-Along" in der phänomenologischen Forschungspraxis. In *Phänomenologie und Soziologie. Theoretische Positionen, aktuelle Problemfelder und empirische Umsetzungen*, hrsg. J. Raab et al., 349-358, Wiesbaden: VS Verlag für Sozialwissenschaften.

Lefebvre, Henri. 2004. *Rhythmanalysis. Space, time and everyday life*. London: Continuum.

Ling, Rich. 2004. *The mobile connection. The cell phone's impact on society*. Amsterdam u.a.: Morgan Kaufmann.

Ling, Rich und Birgitte Yttri. 2002. Hyper-coordination via mobile phones in Norway. In *Perpetual contact. mobile communication, private talk, public performance*, hrsg. J. Katz und M. Aakhus, 137-169, Cambridge: Cambridge University Press.

Ling, Rich und Chih-Hui Lai. 2016. Microcoordination 2.0: Social coordination in the age of smartphones and messaging apps. *Journal of Communication*, 66: 836-856.

Logue, Alexandra. 1995. *Der Lohn des Wartens. Über die Psychologie der Geduld*. Heidelberg u.a.: Spektrum Akademischer Verlag.

Lynch, Kevin. 1965. *Das Bild der Stadt*. Berlin, Frankfurt/Main u.a.: Ullstein.

Lynch, Kevin. 1972. *What time is this place*. Cambridge, MA: MIT Press.

Mack, Arien und Irvin Rock. 2000. *Inattentional blindness*. Cambridge, MA: MIT Press.

Maier, Henry. 1992. Rhythmicity – A powerful force for experiencing unity and personal connection. *Journal of Child and Youth Care Work* 8: 7-13.

Matos, Filipa. 2005. Walking and rhythmicity. Sensing urban space. Paper presented at *6th International Conference on Walking in the 21st Century*. Zürich.

Mesthene, Emmanuel. 1972. The role of technology in society. In *Technology and man's future*, hrsg. A. Teich, 127-151, New York: St. Martins Press.

Paris, Rainer. 2001. Warten auf Amtsfluren. *Kölner Zeitschrift für Soziologie und Sozialpsychologie* 53: 705-733.

Rainie, L./Wellman, B. (2012): *Networked. The new social operating system*. Cambridge: MIT Press.

Schwartz, Barry. 1975 *Queuing and waiting. Studies in the social organization of access and delay*. Chicago: University of Chicago Press.

Schweizer, Harold. 2008. *On waiting*. London: Routledge.

Simmel, Georg. 2008. Die Großstädte und das Geistesleben. *Ders.: Philosophische Kultur*. Frankfurt/Main: Zweitausendeins, 905-916.

Souza e Silva, Adrianna und Jordan Frith. 2012. *Mobile interfaces in public spaces. Locational privacy, control, and urban sociability*. London: Routledge.

Urry, John. 2007. *Mobilities*. Cambridge: Polity Press.

Whyte, William. 2009. *City. Rediscovering the center*. Philadelphia: University of Philadelphia Press.

Wolff, Michael. 1973. Notes of the behavior of pedestrians. In *People in places. The sociology of the familiar*, hrsg. A. Birenbaum und E. Sagarin, 35-48, London: Nelson,.

You, Haili. 1994. Defining rhythm: Aspects of an anthropology of rhythm. *Culture, Medicine and Psychiatry* 18: 361-384.

Zum Autor

Joachim R. Höflich, Dr. rer. pol. habil., ist Professor für Kommunikationswissenschaft mit dem Schwerpunkt Medienintegration an der der Universität Erfurt. Seine Forschungsschwerpunkte sind mediatisierte interpersonale Kommunikation, Medienwandel, Mobile Kommunikation, Medien-Roboter-Interaktion. Jüngere Buchveröffentlichungen: Mobile Kommunikation im Kontext. Studien zur Nutzung des Mobiltelefons im öffentlichen Raum (Frankfurt 2011); Der Mensch und seine Medien. Mediatisierte interpersonale Kommunikation. Eine Einführung (Wiesbaden 2016).

Diesseits der Smart City
Visionen und Figurationen der mobilen Stadt

Regine Buschauer

1   Einleitung

Unter dem Titel „Communications for a Mobile Society" erschien 1978 der Ergebnisband eines umfangreichen Forschungsprojekts bzw. „assessment of new technology" (Bowers et al. 1978) des Program on Science, Technology and Society der Cornell Universität. Gegenstand des Projekts waren die neuen – bestehenden sowie als zelluläre Systeme geplanten – Technologien mobiler Kommunikation und ihre seit den 1960er Jahren zunehmende Relevanz; ein besonders prägnantes Beispiel dieser Zeit war „Citizens Band Radio" oder CB-Funk. Die Autoren begriffen diesen Wandel als eine Fortsetzung und Erweiterung der historischen kommunikationstechnologischen Durchdringung gesellschaftlicher Organisation durch mobile, „versatilere" Systeme, deren Nutzung unter anderem im Automobil in Zusammenhang mit dem Wandel der Stadt zu sehen war (Kargman 1978, S. 19). Zu dieser Nutzung mobiler Medientechnologien um die Mitte der 1970er Jahre zählten, gemäß den Unterscheidungen des Projekts, „paging", „dynamic routing", „vehicle monitoring", „emergency beaconing", „data transmission" und „conversation" (Kargman 1978, S. 30).

Solche historischen Perspektiven auf den Wandel mobiler Kommunikationstechnologien sind gegenläufig zur aktuellen Diskussion um eine vor allem zukünftige medientechnologische Durchdringung der Stadt. In Debatten um einen Wandel der „media city" (Observatorio 2015) oder – und im Besonderen – um teils weitreichende Visionen der „smarten Stadt" (vgl. z. B. Allwinkle und Cruickshank 2011; s. auch den Beitrag von Bieber in diesem Band) sind mobile und pervasive Technologien urbaner Vernetzung zentrales Thema im Blick auf eine Stadt der Zukunft. So stellen dominante technologische Modelle diese als ein „system of systems" vor (Harrison und Donnelly 2011; IEC 2014) – oder, wie dazu kritisch eingewendet wurde, die Stadt als eine Art „digitale Maschine" (Hollands 2015, S. 73; vgl. Greenfield 2013).

© Springer Fachmedien Wiesbaden GmbH, ein Teil von Springer Nature 2018
A. Hepp et al. (Hrsg.), *Die mediatisierte Stadt*, Medien • Kultur • Kommunikation,
https://doi.org/10.1007/978-3-658-20323-8_9

Eher am Rand angemerkt worden ist eine Geschichtsvergessenheit in den heutigen Diskussionen und ein „Fehlen historischer Perspektiven", wie Robert Goodspeed (2015, S. 89) für die Diskussion in der Stadtplanung festgehalten hat. Goodspeed weist hiermit vor allem darauf hin, dass heute dominante Visionen der smarten vernetzten Stadt in vielem nicht neu sind, sondern an Modelle der „Urban Cybernetics" der 1960er und 70er Jahre anschließen. Sie folgen damit, nach Goodspeed, einer Geschichte kybernetischer Stadtmodelle, denen – in den 1960er/70er Jahren ebenso wie heute – eine komplexe Praxis der Stadt, ihrer „wicked problems" und einer selbst „ambivalenten" Technologie gegenübersteht (Goodspeed 2015, S. 85f.). Einer anderen, breiteren Perspektive folgt die Kritik von Paul Dourish und Genevieve Bell (2011) an einer Geschichtsvergessenheit des „Ubiquitous Computing" (vgl. Weiser 1991). Dourish und Bell sprechen bezogen auf dessen Vision von einer Geschichte „mythischer" Vorstellungen, die im Gegensatz zu einem vielfältigen informations- und kommunikationstechnologischen Wandel steht, der sich „considerably messier" präsentiert (Dourish und Bell 2011, S. 4; 22). Dabei halten sie der Vision des durchdringenden ‚allgegenwärtigen Computing' die Verbreitung vor allem mobiler Kommunikation seit den 1990er Jahren entgegen. Im fortgeschriebenen Bild einer „nahtlos vernetzten Welt der Zukunftsszenarien" wird, so ihre Kritik, ein Wandel mobiler Medientechnologien ausgeblendet, die längst und in anderer, heterogener Weise „ubiquitär" geworden sind (ebd., S. 22). So stehen Visionen nahtloser Vernetzung, wie ihre Diskussion der Stadt hervorhebt, immer schon uneinheitliche und vielfältige Figurationen mobiler urbaner Kommunikation und Konnektivität gegenüber. Zum Thema werden hierbei in ihrem Ansatz Bezüge zwischen städtischer Mobilität und medientechnologischer Vernetzung im Blick auf „intersections" mobiler Praktiken und Infrastrukturen „that are at once technical, social and cultural" (ebd., S. 134).

Solche Ansätze, die ich im Folgenden aufgreifen und erweitern möchte, verschieben in mehrfacher Weise den Fokus heutiger Diskussionen. Diesseits der (permanenten) Zukunft einer vorgestellten digital venetzten Stadt rückt, wie gezeigt werden soll, eine heterogene Geschichte urbaner Vernetzung in den Vordergrund – ihrer Visionen ebenso wie der mobilen Figurationen einer sozialen und technologischen Praxis, die sich von diesen unterscheidet.[1] Die Frage nach dieser Geschichte kann im Rahmen der Diskussion einer mediatisierten Stadt als Eröffnung einer historischen Sicht hiermit zu einer differenzierten Perspektive beitragen. Dies möchte

---

1   Zum Begriff der Figuration als Bezeichnung mobiler Relationen der Verflechtung (im Gegensatz zum Statischen von Struktur- oder Netzmodellen) vgl. Elias (1970, S. 118ff.); zur Anwendung des Begriffs auf den Wandel mobiler Medien vgl. Buschauer (2010, S. 307ff.).

ich im Folgenden in Form einer knappen historischen Skizze zur Diskussion stellen, ausgehend von den genannten Jahrzehnten der 1960er und 70er Jahre. Diese Jahrzehnte stehen, worauf das eingangs zitierte „assessment" verweist, nicht nur für kybernetische Modelle der Stadt als Kommunikationssystem, sondern auch für neue mobile Medientechnologien als Formen urbaner Kommunikation, sozialer und technologischer Vernetzung und Verflechtung. Hierzu zählen Formen, die medienhistorisch wenig Beachtung gefunden haben: „Paging", „vehicle monitoring" oder „conversation" umschreiben ein frühes Spektrum lokaler mobiler Technologien, die – historisch vor der verbreiteten Nutzung mobiler Telefone – Fragen nach dem Wandel urbaner Mobilität und medientechnologischer Vernetzung aufwerfen. Gemeinsam mit Modellen der „Urban Cybernetics" sind diese Technologien in den 1960er und 70er Jahren Teil einer komplexen Geschichte, die einer vereinfachten Vorstellung der ‚vernetzten' Stadt widerspricht. – Tatsächlich waren, gemäß den Autoren der erwähnten Studie, die von ihnen untersuchten „mobile communications" und ihre Nutzungen „so diverse and multiple in character that it is not possible to define a set of functions for them that are mutually exclusive" (Kargman 1978, S. 30). Als Beispiele lenken sie damit den Blick auf eine Vielfalt der Vorstellungen und Praktiken dessen, wie sich eine mobile Kommunikation, die, aus Sicht der Autoren, „in an embryonic state" war (Bowers et al. 1978a, S. 12), in die Stadt, ihre Sozialität und Mobilität einlagerte.

Die folgende – notwendig ausschnitthafte – Darstellung verfolgt dies im Fokus zunächst auf Modelle der „Urban Cybernetics" der 1960er Jahre, um hiervon ausgehend nach mobilen urbanen Medientechnologien und der historischen Diversität ihrer Figurationen zu fragen. Abgezielt wird damit nicht auf eine eingehende oder geschlossene Geschichte, sondern darauf, eine breitere historische Perspektive auf den heutigen mobilen Medienwandel der Stadt zu skizzieren und diesen im Blick auf eine Heterogenität seiner Geschichte zur Debatte zu stellen.

2 „...where all the systems communicate": Urban Dynamics und die Stadt als Systemmodell

„An urban area is a system of interacting industries, housing, and people", lautet eine Definition zu Beginn von Jay W. Forresters Buch „Urban Dynamics" (1969, S. 1), das dessen Computermodell städtischen Wachstums einer breiten Öffentlichkeit vorstellte. Forresters „theory (model) of urban behavior" (Forrester 1969, S. 2), abgeleitet aus seinen „Industrial Dynamics" bzw. allgemeinen „System Dynamics" (und später eine Anregung des Computerspiels „SimCity"), zeugt von einem in den

1960er Jahren breit geteilten Glauben an die Zukunft kybernetischer Systemansätze in der Stadtplanung. „Cybernetics, the science of communications, feedback, and control", so formuliert dazu 1964 ein Lehrbuch an der University of Southern California, „supported by modern electronic data processing equipment, will permit the city planner of the future to view the municipal urban environment as an integrated system [...]" (zit. n. Light 2003, S. 76). Wie Jennifer Light hierzu angemerkt hat, setzte ein solches Systemkonzept Daten und EDV sowie Modelle zur Datenverarbeitung voraus. Dabei lag die Attraktivität von Forresters Stadt-Modell, nach Light, in seinem Transparenzversprechen: Es stellte in Aussicht „that computer modeling of the city (as a closed system) could render visible to planners and managers the complex and counter intuitive interactions in the urban realm. To avoid the mistakes of the past, tools such as computer simulations could be adopted to anticipate these consequences [...]" (Light 2003, S. 80).

In der aktuellen Diskussion zur „smarten" Stadt ist verschiedentlich auf diese Geschichte bzw. eine heutige „Wiederauferstehung" (Söderström et al. 2014, S. 313) kybernetischer Stadtvisionen hingewiesen worden. So sieht Goodspeed (2015) ein Weiterleben der Visionen der „Urban Cybernetics" in der um 2000 am Brookhaven National Laboratory formulierten „Vision of A Smart City" (Hall 2000). Explizit greifbar ist ein solcher Bezug namentlich im „Smarter Cities"-Konzept von IBM, das die Stadt im Anschluß unter anderem an Forrester als ein „system of systems" – oder als ein organisch wie technologisch vorstellbares komplexes System von Gebäuden, Verkehr, Energie, Gesundheitswesen usw. – beschreibt. So wäre, gemäss der Aussage eines Unternehmensvertreters von IBM, die „ultimate smart city" eine Stadt „where all systems communicate" (zit. n. Söderström et al. 2014, S. 316).

Mit „Urban Cybernetics" verbindet sich in den USA der 1960er Jahre jedoch nicht alleine eine Geschichte der Visionen und kybernetischen Stadtmodelle. Nach Light (2003), die in ihrer Studie die Geschichte des Think Tanks RAND untersucht, lässt sich darüber hinaus von einem breiten „technology-transfer momentum" dieser Zeit zwischen technologisch-militärischer Forschung und Stadtplanung sprechen angesichts einer – unter diesem Schlagwort verhandelten – nationalen „urbanen Krise" (Light 2003, S. 83, vgl. S. 55ff.).[2] Neben Forresters Modellen zur Lösung der „problems of our aging urban areas" (Forrester 1969, S. ix) stehen zur selben Zeit Projekte der Stadtentwicklung, in denen Think Tanks wie RAND ihre ursprünglich militärischen Beratungsaktivitäten im zivilen Feld erweiterten. So arbeitete RAND seit 1960 unter anderem zu Fragen des städtischen Verkehrs und eröffnete 1969 das New York City RAND Institute, ein Zentrum, das, nach einer Formulierung des New Yorker Bürgermeisters, ein „modernes Management-Denken" in der Art

---

2   Zur „Urban Crisis" in den USA der 1960er Jahre s., eingehend, Sugrue 2014.

des „Pentagon" in die Stadtplanung und -verwaltung einführen sollte (zit. n. Light 2003, S. 69).

Wie Light hervorhebt, waren weder das 1975 wieder geschlossene New Yorker Institut noch die weiteren dieser Projekte im Ergebnis erfolgreich (vgl. Light 2003, S. 8; 234f.). Sie stehen jedoch für eine Geschichte der „Urban Cybernetics", in der sich kybernetische Visionen und Modelle der Stadt mit einer Vielzahl von Anwendungsfeldern verknüpften, darunter – neben Verkehr oder Sicherheit – auch das Feld urbaner Kommunikation. So weist Light in ihrer Arbeit auf die „Wired Cities" urbaner Kabelkommunikation hin, die seit den späten 1960er Jahren – vorgestellt nach dem Modell eines partizipativen Kabelfernsehens – Thema der Stadtentwicklung und Gegenstand der Projekte unter anderem von RAND war (Light 2003, S. 195ff.). Das kybernetische Modell der Stadt als Kommunikationssystem wurde mit diesen Projekten eines „community cable" zum Bild zugleich einer kommunikativ vernetzten Stadt (Light 2003, S. 197).[3] Parallel zu solchen „Wired Cities" entstanden seit den 1960er Jahren Forschungsfelder und Konzepte zugleich einer drahtlosen Medientechnologie (auto-) mobiler städtischer Kommunikation.

3 Public Urban Locator Service (PULSE)

„The demand [for vehicular communications] literally exploded", wurde 1967 am ersten „Symposium on Vehicular Communications Systems" in Los Angeles festgehalten, „from the relatively few users in the prewar days until today when practically every modern concern that has people away from their base of operation has a real need for some form of radio communication" (Brooks 1969, S. 17). Thema des Symposiums waren, hiervon ausgehend, „vehicular communications" als ein Forschungsfeld, das auf Formen eines städtischen Flottenmanagements abzielte. Entsprechend der militärischen Technologie sollten damit zivile Systeme drahtloser Kommunikation für die Zwecke der Polizei, Feuerwehr oder des Transportwesens zur Verfügung stehen. Man befinde sich, wie ein Jahr später anlässlich des zweiten Symposiums zum Thema geäußert wurde, am Anfang einer „era of automated command and control available even to the ‚small' user", wozu insbesondere Lokalisierungssysteme einen wichtigen Beitrag leisteten (Lindholm 1969, S. 33). C. R.

---

3 Diesem umgedeuteten oder gleichsam verdoppelten Bild entspricht somit eine Erweiterung des kybernetischen Konzepts, wie Light an Expertenberichten der späten 1960er Jahre verfolgt: „If cities were communication systems, these experts proposed, then by extension urban problems were communication problems" (Light 2003, S. 170).

Lindholm, der Chairman des Symposiums (und Vertreter von RAND), stellte damit eine Vision des „high-speed data processing" automatisierter Fahrzeuglokalisierungssysteme in Aussicht, die als „more dependable systems", den „voice channel" der Kommunikation – bzw. des Sprechfunks – ergänzen sollten. Der Mensch bleibe, wie Lindholm hierzu formulierte, ein „Faktor": „As we automate, we dare not omit man from our planning. He may not be reliable, but he is probably here to stay. [...] Why should the policeman not ‚write' a ticket on a keyboard rather than on a piece of paper?" (Lindholm 1969)

Auf die beiden Symposien folgte im Oktober 1968 die Konferenz „Public Urban Locator Service (PULSE)" in Washington, die auf Konzepte zur Umsetzung eines solchen Systems abzielte. Veranstaltet durch das U.S. Department of Housing and Urban Development (HUD), sollte der Anlass, der an Studien des HUD zum zukünftigen Stadtverkehr anknüpfte, einen Vergleich entsprechender Konzepte erlauben. PULSE wurde vorgestellt als „a new type of urban institution whereby public and private organizations (such as police and fire departments, taxi companies, transit companies, post offices, trucking companies, and other urban entities) are able to automatically locate moving objects anywhere in the urban area and have their positions reported to a central point" (PULSE 1968, S. 2). Das System sollte eine zentralisierte Übersicht über städtische Fahrzeugflotten bieten oder, nach einer hierfür üblichen Bezeichnung, ein „Automatic Vehicle Monitoring" (AVM) (vgl. Roth 1977).

Im Einzelnen warf diese Zielsetzung eine Vielzahl technischer wie konzeptueller Fragen auf, wie sich den publizierten Abstracts der Präsentationen ablesen lässt. Neben eher breit gefächerten Beiträgen – der Beitrag eines Think Tanks etwa verknüpfte die Idee mit der Vision automatisierten Fahrens (PULSE 1968, S. 241) – stellten die Vortragenden unterschiedliche Ansätze der Realisierung eines solchen Systems vor, wobei auch die Frage der Lokalisierungstechnik eine offene war.[4] Ein vergleichsweise einfaches Proximity Sensing-Konzept sah der Vorschlag des Unternehmens Litton Systems zu einem „inter-urban vehicle location and paging system" mit Verbindung zwischen lokalen Stadtsystemen vor (s. Abb. 1); in diesen sollten Pager im Automobil die jeweilige Fahrzeugcode-Nummer – als eine Art ‚Auto-ID' – an über Telefonleitung mit dem Kontrollzentrum verbundene Funkstationen senden.

Vehicular Communications bezeichnete, wie dieses Beispiel zeigt, nicht eine einheitlich begreifbare Technik. In einer Mischung technischer Formen, darunter Paging – das zu den Frühformen auch einer veralltäglichten personalen Mobilkommunikation zählt (vgl. Weber 2008, S. 239ff.) – entwarfen diese Konzepte vielmehr

---

4   Zu einer Übersicht über AVM-Lokalisierungstechniken s. Roth 1977.

Umsetzungen einer Vorstellung der medientechnologisch durchdrungenen Stadt im Sinne der „Urban Cybernetics". Als Automatisierungskonzepte verweisen sie auf ein Systembild des Konnex von Stadt, Mobilität und Kommunikation und auf eine Mobilität der Stadt im Bild zu regelnder (auto-) mobiler Verkehrs- und Kommunikationsströme.

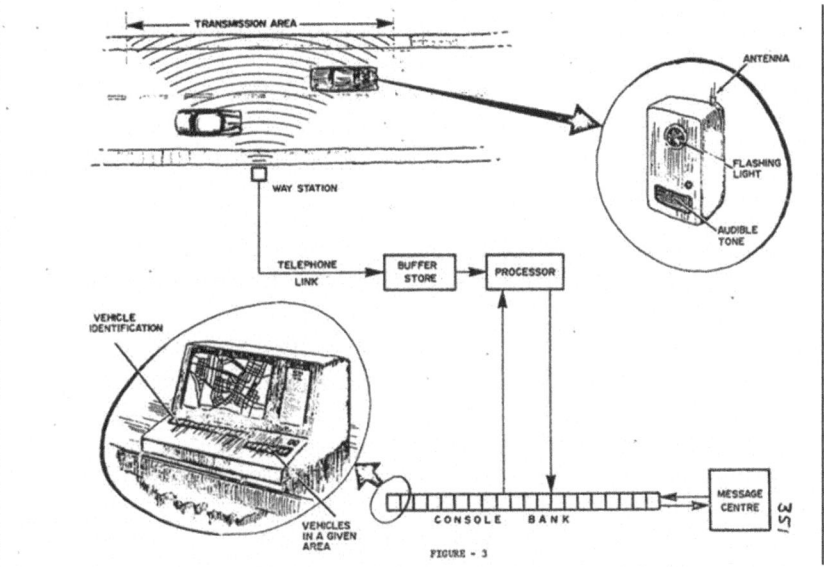

Abb. 1   Inter-Urban Vehicle Location and Paging System (1968). Konzeptvisualisierung der Präsentation Litton Systems (Canada) Limited (A. Stein und A. W. Mau). Public Urban Locator Service (PULSE). 1968. Background and Conference Proceedings, Washington D.C., S. 351

Weitgehend als Kontrast und negativer Bezugspunkt erscheint im Rahmen dieser Entwürfe der „voice channel" des Sprechfunks, der insofern ihren Konzepten gegenübersteht. Sprechfunk, in den USA seit den 1930er Jahren als automobiler Polizeifunk eingeführt, wurde in den 1960er Jahren in zahlreichen betrieblichen Anwendungen genutzt und war darüber hinaus als „Citizens Band Radio Service" für eine allgemeine Nutzung zugänglich. Er stand damit für eine zunehmend verbreitete (auto-) mobile Zweiweg-Kommunikation, wobei Citizens Band, nach

der Vorstellung der zuständigen Federal Communications Commission (FCC),
für kleinere Unternehmen oder für Nutzungen in abgelegenen Gegenden durch
Farmer, beim Jagen oder Fischen zur Verfügung stehen sollte.

So beschrieb der FCC-Vertreter Ivan Loucks 1961 „Citizens Band" als eine
Fahrzeugkommunikation, die, nebst Hilfe in Notfällen, Zeit- und Distanzer-
sparnis bot und vielen als eine „Einführung" in die Effizenz diente, die sich „im
modernen Industrie- und Geschäftsleben" mit (auto-) mobiler Kommunikation
gewinnen liess (Loucks 1961, S. 10). Mit dieser Vorstellung fügte sich somit auch
der „voice channel" des Sprechfunks weitgehend in das geschilderte Bild der „vehicular communications". Mit einer ganz anderen Vorstellung verband sich dagegen
Sprechfunk um 1960 in seiner frühen experimentellen Nutzung im Rahmen der
künstlerisch-urbanistischen Avantgarde.

4   „un terrain d'expérience…": Mobilität und
Kommunikation im situationistischen Urbanismus

„Der Unitarische Urbanismus ist gegen die Fixierung der Personen an bestimmte
Punkte einer Stadt" (Constant 1959, S. 14), lautet einer der programmatischen Sätze,
in denen 1959 der niederländische Maler und Architekt Constant den Urbanismus
der Situationisten umschrieb. Die Wendung „gegen die Fixierung" kennzeichnet
eine andere Geschichte urbaner Mobilität im Begriff der Avantgarde der 1960er
Jahre. Mit den ästhetisch-politischen Formen der situationistischen Bewegung um
Guy Debord und Constant verband sich ein „Urbanismus" nicht als „eine Lehre",
sondern als „eine Kritik des Urbanismus", wie Constant in der Zeitschrift Internationale Situationniste schrieb. Diese sei keine „Reaktion" gegen den Funktionalismus,
sondern dessen „Überschreitung"; so gehe es um ein „Experimentierfeld für den
sozialen Raum zukünftiger Städte" („un terrain d'expérience pour l'espace social
des villes futures", Constant 1959, S. 12). Im Herstellen von ‚Situationen' in der experimentellen Form des Dérive – oder urbanen ‚Umherschweifens' – begriffen die
Situationisten die städtische Umwelt als ein „Spielfeld der Partizipation" (Constant
1959, S. 13). Henri Lefebvre sprach rückblickend vom Dérive als einem Vereinen
oder der Herstellung einer „synchronen Geschichte" der räumlich getrennten
Fragmente der Stadt (Ross/Lefebvre 1997).

Ein Moment dieser experimentellen Formen der Situationisten war die Nutzung
von Sprechfunk durch Walkie-Talkies. Ein dokumentiertes Beispiel einer Planung
hierzu ist der in der Zeitschrift Internationale Situationniste (1960) vorgestellte
Dérive in Amsterdam im Rahmen des Projekts „Die Welt als Labyrinth": Vorgesehen

war eine drei Tage dauernde Begehung der Stadt durch zwei Dreiergruppen, die während des Dérive untereinander und mit einer kartographischen Gruppe sowie dem Leiter des Experiments – Constant – in Funkkontakt bleiben sollten. Lefebvre sah in solchen Nutzungen von Sprechfunk eine Figuration, die entsprechend der Idee des Dérive ermöglichte, medial neue ‚Situationen' durch die Verbindung zwischen Teilen der Stadt herzustellen (vgl. Ross/Lefebvre 1997). Dabei wurde mit diesen Projekten die mobile Kommunikation des Sprechfunks zugleich selbst zum Gegenstand der Exploration. Sie war Moment dessen, was Constant als ein „Spiel der Kommunikation" bezeichnete (Constant 1959, S. 15) bzw. eines experimentellen Erprobens mobiler Kommunikation im Rahmen eines fern-geleiteten Spiels „psychogeographisch" begriffener Bewegung des Gehens durch die Stadt.

Constant stellte dabei den Sprechfunk einer von ihm kritisierten „Fixierung" gegenüber, die in seinem Text mit dem Medium des Fernsehens assoziiert ist. Im „aktuellen ökonomischen System", so Constants Kritik, sei „Technik verwendet worden, um die Pseudospiele der Passivität und sozialen Zersplitterung zu vervielfachen", während die neuen technischen Formen „ludischer Partizipation" reduziert würden auf einen „technischen boy-scoutismus" (Constant 1959, S. 14). Aus Sicht der situationistischen Avantgarde stand so mobile Kommunikation, bezogen auf Sprechfunk als (buchstäbliches) ‚Walkie-Talkie' im Dérive, für eine ihrerseits spezifische Vision des Konnex von Stadt, Mobilität und einer durchdringenden Medientechnologie.

Mediengeschichtlich rücken diese experimentellen Formen, neben „vehicular communications", die portablen Walkie-Talkies in den Blick – so genannt nach den Funkgeräten des US-Militärs. Gemeinsam mit den automobilen Geräten standen auch diese Handgeräte im Rahmen zunächst professioneller Nutzungen des Sprechfunks. Es sind diese Formen von Sprechfunk – mehr als die erst wenigen Autotelefone –, die in den 1960er und 70er Jahren für die Verbreitung mobiler Kommunikation als „voice channel" stehen.[5] Auf eine zunehmende Verbreitung von Sprechfunk folgte dabei der CB-Funk-„Boom" der 1970er Jahre.

---

5   Zur frühen Verbreitung mobiler Zweiweg-Kommunikation in den USA gibt George Calhoun eine Anzahl Nutzer von 86.000 im Jahr 1948 und 1,4 Mio. im Jahr 1963 an, wovon weitaus die Mehrheit Sprechfunknutzer waren; vgl. Calhoun 1988, S. 29; zur Geschichte von Autotelefon und Sprechfunk vgl. Buschauer 2013.

5   Citizens Band Boom

„With Citizens Band (CB) radio, people now have a readily available, low cost, two-way communication technology for personal use. And the explosive growth in its use has attracted national attention. Journalists, commercializers, and policymakers are eagerly attempting to understand the phenomenon. They are asking why, suddenly, more than 500.000 persons are applying each month [...] for CB licenses", stellten Cary Hershey et al. (1978, S. 233) in ihrer Studie zum CB-Funk in der Mitte der 1970er Jahre fest. Die Studie von Hershey et al. – entstanden im Rahmen der Forschung dieser Jahre zu mobiler Kommunikation an der Cornell Universität[6] –, ist eine der wenigen Untersuchungen eines CB-Booms, an den heute am ehesten ein überliefertes Bild des Lastwagenfahrers erinnert. Wie Jeremy Packer (2008) zu Recht hervorgehoben hat, ist auch mediengeschichtlich der Boom des CB-Funks ein vernachlässigtes Thema. Packer hat dabei auf CB-Funk im Rahmen einer Geschichte der amerikanischen Automobilität aufmerksam gemacht und das Medium CB in Bezug auf Diskurse der Freiheit und der Sicherheit diskutiert. Auf diesen Bezug zum Strassenverkehr und zu Sicherheit verweisen auch CB-Automobilclubs und Werbungen, die CB etwa mit Bildern von Autopannen auf Landstraßen vermarkteten.

Zugleich war CB mit seiner Reichweite von wenigen Kilometern ein Medium auch lokaler städtischer Kommunikation. Wie für Westdeutschland Heike Weber gezeigt hat, wurden Sprechfunkgeräte – zuhause, unterwegs im Automobil oder zu Fuss – in den späten 1970er Jahren von unterschiedlichen Bevölkerungsgruppen genutzt; hierzu zählten Autofahrer beim Pendeln ebenso wie Migranten, Sportvereine, Jugendliche oder Kinder, die mit Walkie-Talkies spielten. Bereits vor der offiziellen Zulassung von CB oder „Jedermannsfunk" 1975 bot der Neckermann-Katalog Handgeräte zum Preis von 90-160 DM an (vgl. Weber 2008, S. 236ff.). Dass diese im Katalog als Geräte für den Auslandurlaub beworben wurden, erklärt sich daraus, dass in Ländern wie Frankreich oder Italien Walkie-Talkies zwar ebenfalls nicht offiziell zugelassen, aber toleriert waren (vgl. Weber 2008; Griset 2002). In Europa stand dabei Jedermannsfunk in einer Spannung zu den staatlichen Fernmeldemonopolen – zumal bezogen auf mitunter technisch aufgerüstete Heimstationen, die buchstäblich dazwischenfunkten.

In den USA ging der Popularität in den 1970er Jahren eine – wie erwähnt – bereits seit 1960 wachsende und breitere Nutzung des „Citizens Band Radio Service"

---

6   Ziel dieser Forschung war ein „assessment" mobiler Kommunikation im Hinblick vor allem auf die geplante Einführung zellulärer Mobiltelefonie (vgl. Bowers et al. 1978). Dass die Durchführung mit der Zeit eines CB-Booms zusammenfiel, dürfte auch aus Sicht des Projekts überraschend gewesen sein.

voraus. Nach Loucks (1961) zählten dazu persönliche Nutzungen, etwa zur Familienkommunikation zwischen Haushalt und Automobil. Mehr noch hob Loucks die aus damaliger Sicht erstaunlich steigenden Nutzerzahlen hervor. So war die Anzahl Zulassungen pro Monat seit 1959 von 600 auf 5.500 gestiegen, bei total 153.143 CB-Stationen im November 1960 (Loucks 1961, S. 9). Im Blick auf diese Zahlen sprach Loucks daher 1961 von einem „Citizens Band Boom".

Zehn Jahre später war die Anzahl der CB-Funk Zulassungen auf 800.000 angestiegen und ,explodierte' um die Mitte der 1970er Jahre auf geschätzte 10 Millionen (vgl. Hershey et al. 1978, S. 234). So gingen in den Monaten Februar und März 1977 jeweils fast 600.000 Zulassungsanträge bei den Zuständigen der FCC ein, die zu diesem Zeitpunkt die Registrierung der Nutzer aufgegeben hatte (s. Abb. 2).

Ein maßgeblicher Auslöser dieses Booms war die CB-Nutzung US-amerikanischer Lastwagenfahrer, deren wilde Streiks zur Zeit der Ölkrise 1973/74 CB-Funk öffentlich bekannt machten und popularisierten (vgl. Hershey et al. 1978, S. 235; Packer 2008, S. 161ff.). Der CB-funkende Lastwagenfahrer wurde zu einer (bis heute nachwirkenden) medialen Figur in Schlagern, Filmen und in der Werbung. Darüber hinaus warf das Phänomen Fragen etwa danach auf, ob es sich vielleicht um einen Trend in der Art des „Hula-Hoop" handelte (Hershey et al. 1978, S. 233). So beschäftigte der Boom Öffentlichkeit, Wirtschaft und Politik, während, wie Hershey et al. feststellten, über die Nutzung von Citizens Band erstaunlich wenig bekannt war. Eine von ihnen 1976 durchgeführte empirische Studie zielte daher darauf ab, ein Bild der Praxis mobiler CB-Kommunikation zu gewinnen.

CB war zu dieser Zeit zugänglich mit Geräten zum Preis von weniger als 150 Dollar und definiert als Dienst für inhaltlich weitgehend unbeschränkte „personal communications", wobei offiziell vorgesehen war, dass deren Dauer fünf Minuten nicht überschreiten sollte. Praktisch setzten solche Grenzen eher die überfüllten Kanäle: Beklagt wurde ein „CB mess", und gemäß dem New York Times Magazine 1976 war CB vor allem in Städten „frequently cluttered with overlapping and interfering transmissions" (zit. n. Hershey et al. 1978, S. 236).

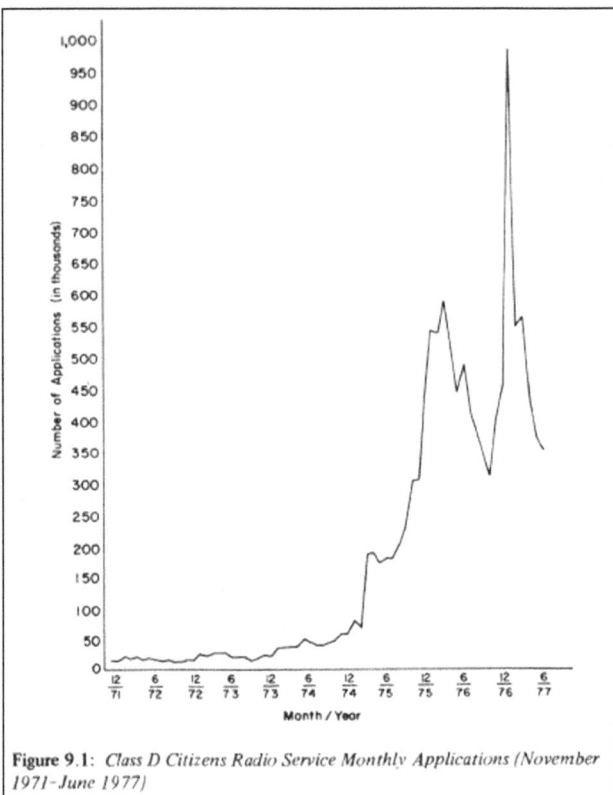

Figure 9.1: *Class D Citizens Radio Service Monthly Applications (November 1971-June 1977)*

Abb. 2   Cary Hershey et al. (1978): Personal Uses of Mobile Communications: Citizens Band Radio and the Local Community, S. 235

Das Interesse von Herhey et al. galt dieser städtischen lokalen Nutzung, wozu die Studie ein Sample von über 205 aufgezeichneten Kommunikationen eines lokalen „Home"-Kanals untersuchte – im Gegensatz zu den von Lastwagenfahrern verwendeten Kanälen. Festgestellt wurde dabei eine Nutzung des Mediums sowohl in mobilen Situationen als auch zuhause bzw. zwischen beidem – soweit sich dies zuordnen ließ – und am meisten Nutzung frühabends (vgl. Hershey et al. 1978, S. 242f.). Aus der Inhaltsanalyse ergab sich das Bild einer vorwiegend persönlich-alltäglichen lokalen sozialen Kommunikation, wobei die Studie neun inhaltliche Kategorien unterschied (s. Abb. 3).

Table 9.8: *Percent of CB Conversations Containing One or More Mentions of Specified Categories*

Category	% of Conversations with One or More Mentions
1. *Location, arrangements for face-to-face contact, informal meetings*	82.9
2. *Mention of other CB users, social events, CB network*	70.2
3. *Discussion of equipment & technical aspects of CB*	68.3
4. *Mention of present activity or task*	44.4
5. *Discussion of hobbies, leisure*	25.4
6. *Discussion of weather*	16.1
7. *Mention of formal CB meetings & CB etiquette*	24.4
8. *Request for information, mention of police, other task-oriented communications*	13.2
9. *Miscellaneous & unclassified communications*	16.6
Number of communications	205

Abb. 3   Cary Hershey et al. (1978): Personal Uses of Mobile Communications: Citizens Band Radio and the Local Community, S. 247

Zugeordnet wurden dazu in den aufgezeichneten Kommunikationen („conversations") im Einzelnen 1.318 Bemerkungen („mentions"). Innerhalb der inhaltlichen Kategorien ließ sich demzufolge ein Großteil der Kommunikation lokaler Koordination und Verabredung und einer an (spezifische) andere CB-Nutzer gerichteten sozialen Kommunikation zuordnen. Dabei fand sich, wie die Autoren festhalten, wenig „instrumentelle" Kommunikation, während sich die meisten „mentions" vielmehr als „expressiv" kennzeichnen ließen, worunter die Autoren Bemerkungen einordneten wie „I am watching TV" (Hershey et al. 1978, S. 247).

Hershey et al. sahen diese Ergebnisse in Zusammenhang mit dem Wandel amerikanischer Städte: „Socializing on the Citizens Band" – verbreitet unter rund 15 % der Bevölkerung – repräsentierte aus ihrer Sicht eine „contraction from the scale and complexity of McLuhan's ‚global village' to the local community", eine telekommunikative „Taverne" bzw. eine Ausweitung von „nonpropinquitous communities" (Hershey et al. 1978, S. 245; 250f.). CB-Funk schien so auf eine zukünftige Mobilkommunikation vorauszuweisen, wobei es sich als nicht-privates und nicht-intrusives Zweiweg-Medium von Telefonie ebenso unterschied wie von Broadcasting. Als „offenes Medium" ermöglichte es das Senden wie das Hineinhören und bot „wegen seiner Anonymität einen risikolosen Kontext, in dem Menschen

Freundschaften schliessen können" (Hershey et al. 1978). So war CB-Funk eine Art
Taverne und zugleich als sei man „unsichtbar an einer Cocktail Party" (Hershey et
al. 1978). Im Sprechen über „CB-Geräte und Empfangsqualität", über „andere Nutzer
und Verabredungen" stellte er – so das Fazit der Autoren – eine Art „drahtlose Party
Line" dar „through which communities can be established" (Hershey et al. 1978).

Mit dieser Folgerung aus ihrer Analyse des „home"-Kanals kennzeichnete die
Studie CB als ein Medium lokaler Verabredungs- und sozialer Alltagskommunikation. CB-Funk als Cocktail Party beschrieb ein Medium in offenkundigem
Gegensatz zum „military or industrial use of radio communications" (Hershey
et al. 1978, S. 239). Nicht in diesem Bild berücksichtigt ist indes die CB-Nutzung
der Lastwagenfahrer und das Spektrum automobiler CB-Praktiken. Tatsächlich
suspendieren die Bilder des Dorfs oder der Cocktail Party in der Diskussion der
Studie vielmehr Mobilität (des Fahrens, Navigierens oder Gehens) in ihrem Bezug
zu Medientechnologien der Kommunikation.

Ebenfalls unthematisiert bleibt in der Studie die Technik von CB-Funk und
deren Differenz zu anderen Formen mobiler Kommunikation: Als Übertragung
zwischen Geräten benötigte „Citizens Band" keine Infrastruktur, Zentrale oder
Vermittlungsstation. CB-Funk konnte bestehende Vorstellungen der Kommunikation auch deshalb irritieren, weil er kein „System" war.

6   „…into the fabric of everyday life":
Ubiquitous Computing und die Ubiquitäre Stadt

„Sal awakens; she smells coffee", lautet der Beginn eines von Mark Weiser (1991,
S. 102) beschriebenen Szenarios, das Ausschnitte eines zukünftigen Alltags der
fiktiven Person Sal entwirft, vom Kaffee über das Pendeln mit dem Auto zur Arbeit
bis ins Büro. Verbunden ist dieser vorgestellte Alltag mit Szenen, in denen Sal unter
anderem zuhause eine E-Mail erhält und einen verlorenen Gegenstand elektronisch
wiederfinden kann, nach der Autofahrt zur Arbeit dank „foreview" rasch einen
Parkplatz findet, beim Eintritt ins Bürogebäude automatisch erkannt wird und am
Arbeitsplatz über ein „tab" auf ihrem Tisch kommuniziert: „A blank tab on Sal's
desk beeps and displays the word ‚Joe' on it. She picks it up and gestures with it
toward her live board. Joe wants to discuss a document with her, and now it shows
up on the wall as she hears Joe's voice […]" (Weiser 1991, S. 104). Weiser illustrierte
mit diesen und ähnlichen Szenen seine bis heute prägende Vision des „Ubiquitous
Computing". Dieses stellte Weiser als eine dritte Phase der Computergeschichte
vor: Nach Großrechnern und dem PC würden Computer „verschwinden" bzw. zu

konnektiven Geräten im „Hintergrund", die sich in das Alltagsleben integrierten (Weiser 1991, S. 94).

Wie Paul Dourish und Genevieve Bell (2011) angemerkt haben, spiegelt sich im Szenario dieser Vision in hohem Maß die eigene damalige Arbeitsumgebung von Weiser selbst und seinem Team bei Xerox Parc, wo um 1990 „tabs" und „badges" entwickelt und explorativ genutzt wurden. Tatsächlich haben sich seitdem ähnliche Geräte einerseits verbreitet und in den Alltag integriert, während sich andererseits ein heutiges ‚Ubiquitous Computing' – so Dourish und Bells Argument –, in mehrfacher Hinsicht anders darstellt als in Weisers einstiger Vision. So steht, wie sie hervorheben, Weisers Vorstellung vom künftigen „single kind of network" (Weiser 1991, S. 102) eine Umgebung in Städten gegenüber, deren Erfahrung von heterogenen mobilen Technologien und Systemen mitgeprägt ist:

"If there is cellular coverage, is it 3G, EV-DO, or EDGE? If there's Wi-Fi coverage, is it with the right provider? If there's no Wi-Fi, where in town is access available? Mobile technology is not, then, simply operating within a specific environment; it is implicated in the production of spatiality and spatial experience." (Dourish und Bell 2011, S. 120)

Dourish und Bell kennzeichnen hiermit eine Urbanität, die mit mobilen und medialen Praktiken und Technologien der Kommunikation und Navigation verwoben ist. Ist dabei die Stadt immer schon vom medientechnologischen Wandel geprägt, so sind es im Besonderen mobile Medien und Geräte wie Smartphones, die heute diesen Wandel im Alltag vermitteln. Dass sich ‚ubiquitäre' Geräte in dieser Weise mobil in den Alltag bzw. die „fabric of everyday life", nach Weiser (1991, S. 94), einlagern würden, sah, wie Dourish und Bells Argument herausstellt, seine Vision nicht voraus. Bezogen ist dieses Argument auf den mobilen Wandel vor allem digitaler Mobiltelefone seit den 1990er Jahren (vgl. Haddon 1997). Darüber hinaus lässt sich eine solche historische Sicht auf den Wandel „versatiler" mobiler Kommunikation im Sinne des Projekts von Bowers et al. (1978) erweitern. Dieser umfasste – wie deutlich wurde – in den 1960er und 70er Jahren eine Vielzahl von Konzepten und Nutzungen auch unter anderem des „vehicle monitoring", Paging und des Sprechfunks.

Während bei Weiser eine persönliche mobile Kommunikation des Mobiltelefons oder des Walkie-Talkies kaum in Rechnung gestellt ist, lässt sich aus dieser historischen Sicht seine Vision an die Geschichte etwa des Paging und der Lokalisierung anschließen. So zählten zu den in Weisers Vision präsentierten Geräten, die bei Xerox Parc exploriert wurden, „badges", die wie Pager getragen wurden und erlaubten, Personen im Gebäude zu lokalisieren. Funktionsprinzip dieser ursprünglich bei Olivetti entwickelten „active badges" war ein einfaches Proximity Sensing: Über

Infrarot sendeten sie die Identität des Trägers an die in den Räumen angebrachten Empfangsstationen. Ebenso stellte Weisers Vision, wie das Beispiel der „tabs" zeigt, einen künftigen mobilen „voice channel" vor. Spätere Vorstellungen ‚ubiquitärer' Technologie, die auf Weisers Vision folgten, unterscheiden sich ihrerseits von diesen Ideen und der Umgebung seines Szenarios. Die wenige Jahre später geprägte Vision des „Pervasive Computing" beispielsweise (vgl. Birnbaum 1994) ging von konnektiven mobilen Geräten aus, die unter anderem im Bild einer städtischen Infrastruktur im Katastrophenfall vorgestellt wurden; so figuriert in dieser Vision mobile und lokalisierende Kommunikation als Verbindung zwischen einem koordinierenden Kontrollzentrum und Einsatzkräften wie Polizei und Feuerwehr.

Einer anderen Vorstellung folgt die von Dourish und Bell (2011) diskutierte ‚ubiquitäre Stadt' oder „U-City" (vgl. Anttiroiko 2013), die um 2005 das Projekt „Ubiquitous Dream Hall" in Südkorea entwarf. Dieses „U-Topia", wie eine Webpage des damaligen Projekts benannt war, übersetzte Weisers Idee in Szenarien eines digitalen Stadtlebens, die, nach Dourish und Bell, vielmehr ein „Smart Home" vorstellten: eine Stadt des sesshaften Wohnens zwischen „smart beds" und „sensing doorknobs", „networked gym" und „anthropomorphic cleaning equipment" (Dourish und Bell 2011, S. 29). Eine in der Arbeit von Dourish und Bell wiedergegebene Illustration des Projekts veranschaulicht diese Stadt-Vision mit einem stilisierten Bild angedeuteter Hochhäuser, auf denen ein vereinzelter Mensch mit Laptop sitzt (vgl. Dourish und Bell 2011, S. 30).

7   Schlusswort

Vorstellungen einer künftig „nahtlos vernetzten" Welt (Dourish und Bell 2011, S. 22), steht, wie sich an der Geschichte urbaner mobiler und pervasiver Kommunikation seit den 1960er Jahren verfolgen lässt, ein immer schon heterogener informations- und kommunikationstechnologischer Wandel gegenüber. Über einen historischen Bezug heutiger technologischer „Smart City"-Visionen auf die Systemmodelle der „Urban Cybernetics" der 1960er Jahre hinaus eröffnet der Blick auf diese Geschichte eine breitere historische Perspektive auf den heutigen urbanen Wandel, die zur Diskussion der mediatisierten Stadt beitragen kann – zur Frage insbesondere einer Medialität der Vernetzung, die in der Rede von einer vernetzten Stadt der Zukunft häufig wenig greifbar bleibt.

Medienhistorisch lenkt hierbei die Geschichte mobiler Medientechnologien den Blick auf einen informations- und kommunikationstechnologischen Wandel, der sich nicht auf Geschichten des Computers einerseits oder der Mobiltelefonie andererseits noch auf solche der Technik oder der Nutzung reduzieren lässt. Vielmehr verweist die historische Diversität mobiler Kommunikation, im Sinne des Fokus von Dourish und Bell, auf mobile Praktiken und Infrastrukturen „that are at once technical, social and cultural" (Dourish und Bell 2011, S. 134). Sie rückt die unterschiedlichen Ebenen von „Medien" bzw. das „Zwischen" dieser Ebenen – von Medientechnologien, -nutzungen oder -institutionen – in den Blick, das, als Frage nach Verhältnissen, medienwissenschaftliche Ansätze kennzeichnet (Winkler 2004, S. 284; vgl. Krotz 2014, S. 12f.).

So konstituierte sich „Citizens Band Radio" in den 1960er und 70er Jahren, als zentrales Phänomen innerhalb eines Spektrums mobiler Technologien, in unterschiedlicher Weise als Medium mobiler (und automobiler) urbaner Kommunikation. Urbane Nutzungen von CB-Funk in den 1970er Jahren als Medium sozialer Verabredungs- und Alltagskommunikation von Mitteilungen wie „I am watching TV" legen dabei aus heutiger Sicht nahe, CB als Vorläufer der Mobiltelefon- wie auch der Social Media-Kommunikation anzusetzen (vgl. Weber 2015). CB war indes ein Medium, das sich zugleich in mehrfacher Hinsicht grundlegend von diesen Medien unterscheidet, wobei sich weder Nutzungen noch Aspekte der Technik oder der Regulierung von CB voneinander isoliert begreifen lassen.

Ein zentrales Spannungsfeld – auch im Blick auf CB-Funk – ist in den diskutierten Beispielen das Verhältnis zwischen mobiler Technologie und urbaner Mobilität. Naheliegend mag es in dieser Hinsicht erscheinen, die Beispiele in eine Gegenüberstellung entsprechend derjenigen von Michel de Certeau (1988) einzuordnen, der die Stadt im Blick von oben – als Stadt der Planung – im Gegensatz zu einer Stadt der alltäglichen Praxis der Fußgänger begriff. So ließen sich etwa „Urban Cybernetics" dem Walkie-Talkie und einem späteren Mobiltelefon gegenüberstellen, das Mizuko Ito et al. (2005) als „personal, portable, pedestrian" gekennzeichnet haben. Nicht mitgedacht ist jedoch in einer solchen Gegenüberstellung, wie Nigel Thrift (2004) zu de Certeau angemerkt hat, eine Urbanität des „Driving in the City". Ebenso stand aus der Sicht von Bowers et al. (1978) CB neben Paging oder „vehicle monitoring" für „Communications for a Mobile Society" und einen Wandel der automobilen Stadt, während ihre Studie gerade die mobilen CB-Nutzungen unter anderem der Lastwagenfahrer oder der Navigations- und Pannenhilfe demgegenüber ausklammert. Wird in dieser Studie das Soziale der Vernetzung mit einer in statischen Bildern vorgestellten „community" assoziiert, so betrifft dies eine zugleich grundlegende Frage nach dem Verhältnis neuer ‚ubiquitärer' Medientechnologien zu einer urbanen Mobilität und Konnektivität, die in Bildern weder des Dorfs noch des Systems adäquat beschrieben ist.

Literatur

Allwinkle, Sam und Peter Cruickshank. 2011. Creating smart-er cities: An overview. *Journal of Urban Technology* 18 (2): 1–16.

Anttiroiko, Ari-Veikko. 2013. U-Cities reshaping our future: Reflections on ubiquitous infrastructure as an enabler of smart urban development. *AI and Society* 28 (4): 491–507.

Birnbaum, Joel. 1994. Towards pervasive information systems. Stanford Lecture 9. Dez. 1994. (Video).

Bowers, Raymond, Alfred M. Lee und Carey Hershey (Hrsg). 1978. *Communications for a mobile society*. Beverly Hills und London: Sage.

Bowers, Raymond, Alfred M. Lee und Carey Hershey. 1978a. Introduction. In *Communications for a mobile society*, hrsg. R. Bowers, A. M. Lee und C. Hershey, 11–15. Beverly Hills und London: Sage.

Brooks, C.N. 1969. First Symposium on Vehicular Communications Systems. *IEEE Transactions on Vehicular Technology* 18 (1): 17–19.

Buschauer, Regine. 2010. *Mobile Räume. Medien- und diskursgeschichtliche Studien zur Tele-Kommunikation*. Bielefeld: Transcript.

Buschauer, Regine. 2013. The „ambulant in-between": Media Histories of Mobile Communication. *Transfers* 3 (1): 96–118.

Calhoun, George. 1988. *Digital cellular radio*. Norwood, AM: Artech House.

Constant. 1959. L'urbanisme unitaire à la fin des années 50. *Internationale Situationniste* 3: 10–15.

de Certeau, Michel. 1988. *Kunst des Handelns*. Berlin: Merve.

Dourish, Paul und Genevieve Bell. 2011. *Divining a digital future. Mess and mythology in ubiquitous Computing*. Cambridge, MA.: MIT Press.

Elias, Norbert. 1970. *Was ist Soziologie?* München: Juventa Verlag.

Forrester, Jay W. 1969. *Urban dynamics*. Cambridge, MA.: MIT Press.

Goodspeed, Robert. 2015. Smart cities: Moving beyond urban cybernetics to tackle wicked problems. *Cambridge Journal of Regions, Economy and Society* 8: 79–92.

Greenfield, Adam. 2013. *Against the smart city*. New York: Do Projects.

Griset, Pascal. 2002. Citizens (band) of France unite! Antenna 14 (2). http://www.mercurians.org/2002_Spring/cb_france.htm. Zugegriffen 12. Juni 2016.

Haddon, Leslie (Hrsg). 1997. *Communications on the move. The experience of mobile telephony in the 1990s*. COST 248 Report. The Future European Telecommunications User Mobile Workgroup, August 1997.

Hall, Robert E.. 2000. *The vision of a smart city. Presented at the 2nd International Life Extension Technology Workshop*, Paris, September 28, 2000. (BNL-67902). http://www.osti.gov/bridge/purl.cover.jsp?purl=/773961-oyxp82. Zugegriffen: 12. Juni 2016.

Harrison, Colin und Ian Abbott Donnelly. 2011. *A theory of smart cities. Proceedings of the 55th Annual Meeting of the ISSS*, Hull, UK. http://journals.isss.org/index.php/proceedings55th. Zugegriffen: 2. März 2016.

Hershey, Cary, Eric Shott und Howard Hammerman. 1978. Personal uses of mobile communications. Citizens band radio and the local community. In *Communications for a mobile society*, hrsg. R. Bowers, A. M. Lee und C. Hershey, 233–255. Beverly Hills und London: Sage.

Hollands, Robert G. 2015. *Critical interventions into the corporate smart city.* Cambridge Journal of Regions, Economy and Society 8: 61–77.

IEC (International Electrotechnical Commission). 2014. *Orchestrating Infrastructure for Sustainable Smart Cities.* White Paper. Geneva: IEC.

Internationale Situationniste. 1960. Die Welt als Labyrinth. *Internationale Situationniste* 4: 5–7.

Ito, Mizuko, Misa Matsuda and Daisuke Okabe (Hrsg). 2005. *Personal, portable, pedestrian. Mobile phones in Japanese life.* Cambridge, MA: MIT Press.

Kargman, Heidi. 1978. Land mobile communications: The historical roots. In *Communications for a mobile society,* hrsg. R. Bowers, A. M. Lee und C. Hershey, 19–34. Beverly Hills und London: Sage.

Krotz, Friedrich. 2014. Einleitung: Projektübergreifende Konzepte und theoretische Bezüge der Untersuchung mediatisierter Welten. In *Die Mediatisierung sozialer Welten. Synergien empirischer Forschung,* hrsg. F. Krotz et al., 7–32. Wiesbaden: Springer.

Light, Jennifer S. 2003. *From warfare to welfare. Defense intellectuals and urban problems in Cold War America.* Baltimore: John Hopkins University Press.

Lindholm, C.R. 1969. Second Symposium on Vehicular Communications Systems. *IEEE Transactions on Vehicular Technology* 18 (1): 32–33.

Loucks, Ivan H. 1961. *The citizens band boom.* IRE Transactions on Vehicular Communications 10 (1): 6-10.

Observatorio (OBS*). 2015. Special Issue Media City: Spectacular, Ordinary and Contested Spaces (hrsg. K. Leurs, J. Vuolteenaho und J. Sumiala). http://obs.obercom.pt/index.php/obs/issue/view/48. Zugegriffen 2. März 2016.

Packer, Jeremy. 2008. *Mobility without mayhem. Safety, cars, and citizenship.* Durham: Duke University Press.

PULSE. 1968. Public Urban Locator Service (PULSE). Background and Conference Proceedings. 24. Oktober (PB 180116). Institute of Public Administration (IPA) and Teknekron, Inc.

Ross, Kristin und Henri Lefebvre. 1997. *Henri Lefebvre on the Situationist International.* Interview conducted and translated 1983 by Kristin Ross. Printed in October 79, Winter 1997. http://www.notbored.org/lefebvre-interview.html. Zugegriffen 2. März 2016.

Roth, Seymour H. 1977: History of automatic vehicle monitoring (AVM). *IEEE Transactions on Vehicular Technology* 26 (1): 2–6.

Söderström, Ola, Till Paasche und Francisco Klauser. 2014. *Smart cities as corporate storytelling.* City 18 (3): 307–320.

Sugrue, Thomas J. 2014. *The origins of the urban crisis: Race and inequality in postwar Detroit.* Princeton: Princeton University Press.

Thrift, Nigel. 2004. Driving in the city. *Theory, Culture and Society* 21 (4/5): 41–59.

Weber, Heike. 2008. *Das Versprechen mobiler Freiheit. Zur Kultur- und Technikgeschichte von Kofferradio,* Walkman und Handy. Bielefeld: Transcript.

Weber, Heike. 2015. Social media avant la lettre: CB-Funk in den 1970er und 1980er Jahren. *Das Archiv* (4): 30–35.

Weiser, Mark. 1991. The computer for the 21st century. *Scientific American* 265 (3): 94–104.

Winkler, Hartmut. 2004. Übertragen – Post, Transport, Metapher. In *Rhetorik. Figuration und Performanz,* hrsg. J. Fohrmann, 283–294. Stuttgart und Weimar: Metzler.

Zur Autorin

Regine Buschauer, Dr. phil. (Medienwissenschaft), arbeitet zum Wandel der IKT, mobiler und pervasiver Medien und ist zurzeit Lehrende an der Universität Wien. Sie ist (u. a.) Herausgeberin der interdisziplinären Bände *Dis Connecting Media* (mit U. Autenrieth, A. Blättler und D. Gassert, Basel: Christoph Merian 2011), und *Locative Media* (mit Katharine S. Willis, Bielefeld: Transcript 2013).

III
Bewegungen
in der mediatisierten Stadt

„Smart City" und „Civic Tech"
Urbane Bewegungen im Zeichen der Digitalisierung?

Christoph Bieber

1 Einleitung

Dass Stadtgeschichte auch Mediengeschichte ist, hat der Architekturprofessor William J. Mitchell in seinen Ausführungen zur „City of Bits" festgestellt – schon 1995 setzte er sich am traditionsreichen Massachusetts Institute of Technology mit den zu erwartenden Folgen der Digitalisierung für Kernelemente urbaner Lebensräume auseinander. In knappen Skizzen beschrieb er mögliche mediale Verformungen von Marktplätzen, Büro- und Geschäftsräumen, Schulen, Museen, Kaufhäusern. Was damals noch nach Science-Fiction klang, ist heute in Teilen sogar schon überholt, denn das „Internet der Dinge" lässt städtische Strukturen selbst zum Interface werden – auch deshalb nimmt die gesellschaftspolitische Bedeutung urbaner Räume zu. Nicht zufällig ist das Hauptgutachten des Wissenschaftlichen Beirats der Bundesregierung Globale Umweltveränderungen (WBGU) mit dem Titel „Der Umzug der Menschheit: Die transformative Kraft der Städte" überschrieben (vgl. WBGU 2016).

Zwar werden in diesem Gutachten vor allem demografische, wirtschaftliche und gesellschaftliche Einflussfaktoren als Auslöser von „Urbanisierungsdynamiken" beschrieben, doch finden sich darunter auch Aspekte der Digitalisierung – sei es bei den Akteuren der Stadtorganisation, den Materialien städtischer Infrastruktur, den Verfahren der Bürgerbeteiligung oder bei Fragen „urbaner Gesundheit". Bereits hier zeigt sich schon eine gewisse Nähe zu traditionellen Formen stadtbezogener Vergemeinschaftung: die Entstehung von Bürgerinitiativen im Umfeld von Stadtentwicklungsprojekten oder Formen der Selbstorganisation innerhalb einzelner Stadtquartiere weisen häufig Charakteristika neuer sozialer Bewegungen auf. Zusätzlich zu medien-basierten „Modernisierungsimpulsen" für bereits vorhandene Bewegungsakteure ist aber auch eine „umgekehrte" Bezugnahme denkbar. „Pioniergemeinschaften" (vgl. Hepp et. al. in diesem Band), die im Umfeld neuer

© Springer Fachmedien Wiesbaden GmbH, ein Teil von Springer Nature 2018
A. Hepp et al. (Hrsg.), *Die mediatisierte Stadt*, Medien • Kultur • Kommunikation,
https://doi.org/10.1007/978-3-658-20323-8_10

Phänomene der digitalen Mediennutzung entstehen, entfalten Wechselwirkungen mit den städtischen Umgebungen. So kann das Sammeln individueller Daten zur Nutzung des Stadtraums durch die Veröffentlichung in Online-Karten auf die Räume zurückwirken. Das gilt zum Beispiel für Projekte wie wheelmap.org, einem offenen System zur Entwicklung von Karten „zum Suchen und Finden rollstuhlgerechter Orte" (vgl. https://news.wheelmap.org/faq/). Auch die Initiative freifunk.net funktioniert ähnlich: Die Kopplung freier WLAN-Netze zu einem gemeinschaftlichen Raum für den Datentransfer basiert aus der Vernetzung lokal rückgebundener Initiativen: „Die freifunk-Community ist Teil einer globalen Bewegung für freie Infrastrukturen und offene Funkfrequenzen" (vgl. https://freifunk. net/worum-geht-es/). Dort, wo es physischen Raumbedarf zur Realisierung einer medienbezogenen Vergemeinschaftung gibt, entstehen weitere Berührungspunkte: so wird die gezielte Ansiedlung von Start-up-Unternehmen inzwischen als Mittel der Stadtentwicklung genutzt oder die allmählich auch in Deutschland wachsende *Maker*-Community benötigt konkrete Räumlichkeiten zur Umsetzung ihrer Projekte: eine gute Darstellung verschiedener Praxiserfahrungen liefert etwa das Dortmunder Festival „Innovative Citizen" (http://innovative-citizen.de/festival2016/).

Aus dem Aufkommen solcher Projektzusammenhänge und der Ausbildung stabiler Innovations-Gemeinschaften resultiert allmählich auch eine wachsende politische Bedeutung dieser „urbanen Digitalisierung", die an vielen Stellen zwar schon beobachtbar ist, aber noch selten einer systematischen wissenschaftlichen Betrachtung unterzogen wurde. Angesichts des komplexen Systems Stadt(gesellschaft) ist dies wenig verwunderlich, da nur hochgradig arbeitsteilige Forschungsverbünde in der Lage wären, sämtliche Aspekte dieser technologiebasierten Form urbanen Wandels zu verfolgen. Versteht man die o. g. Beispiele als Varianten von „Mediatisierungseffekten im städtischen Raum" so kann dies auch als eine erste Engführung auf den Begriff der „mediatisierten Stadt" gelesen werden. In Abgrenzung zum sehr allgemein gefassten Begriff der Digitalisierung rückt die Mediatisierung stärker die gesellschaftlichen Aspekte der Medienentwicklung in den Vordergrund und eröffnet so disziplinäre Anschlussstellen in Richtung der Sozial- und Kulturwissenschaften. Wohl wissend um die Vielschichtigkeit des Phänomens konzentriert sich der nachfolgende Beitrag auf ausgewählte Beispiele, die aus der Perspektive der Politikwissenschaft in den Blick rücken.[1]

---

1   Viele Perspektiven, Impulse und Ideen zum Thema wurden im Rahmen einer Expertise entwickelt, die der Verfasser im Frühjahr 2015 gemeinsam mit Peter Bihr (www. thewavingcat.com) im Vorfeld der Erstellung des WBGU-Hauptgutachtens verfasst hat. Der Volltext mit dem Titel „Digitalisierung und die Smart City. Ressource und Barriere transformativer Urbanisierung" ist über die WBGU-Website einsehbar unter http://www.wbgu.de/hauptgutachten/hg-2016-urbanisierung. Darüber hinaus

Im Mittelpunkt steht nachfolgend die politische Gestaltbarkeit der „Smart City" – dieses umkämpfte Leitbild einer technologie-affinen Stadtentwicklung sieht sich einer doppelten Dynamik ausgesetzt: die zweite Digitalisierung der Städte erfolgt im Wechselspiel einer durch die Stadtverwaltungen verordneten Modernisierung und den mitunter gegenläufigen Impulsen einer sich gerade formierenden „Civic Tech"-Bewegung. In den Blick geraten dadurch die explizit politischen Fragen der Gestaltung einer zunehmenden Vernetzung von Infrastruktur, öffentlichem Raum und Bürgerschaft. Dabei scheint die „urbane Digitalisierung" nicht reibungslos zu verlaufen, vielmehr deuten neue städtische Bewegungsakteure auf die Entstehung von Konfliktherden im Stadtraum hin oder sie dienen der Aktivierung und Aktualisierung latenter Auseinandersetzungen. Mit Fokus auf den Bezugspunkt Stadt wiederholt sich hier ein Muster, das sich seit einigen Jahren im Bereich der Netzpolitik beobachten lässt – die gesellschaftlichen Effekte des technologischen Wandels haben ein großes Potenzial zur Politisierung, bis hin zur Entstehung einer spezialisierten Interessenvertretung in Gestalt der Piratenpartei (vgl. Bieber und Leggewie 2012).

2 Städte als politisches Labor und gesellschaftlicher Verantwortungsraum

Urbane Räume gelten schon lange als politisches Labor – mit einem klassischen Rückgriff lässt sich diese Verbindung durch die Erwähnung der griechischen *agora* herstellen. Für die nachfolgenden Überlegungen sind zwei Anknüpfungspunkte besonders relevant:

Erstens ist die griechische *polis* als Urform politischer Handlungszusammenhänge zu nennen, die nicht nur als Keimzelle für die Entstehung demokratischer Gemeinwesen, sondern auch als Katalysator für Verfahren der Entscheidungsfindung gelten kann. Der Historiker Egon Flaig hat in seinen Studien zur Entstehung der Mehrheitsentscheidung darauf hingewiesen, dass für die produktive Herbeiführung von politischen Entscheidungen besondere „Räume der Teilhabe" nötig waren, deren spezifische architektonische Form sich erst ausbilden musste. Demzufolge kam der

greift der Beitrag Anregungen zum Vortrag „Zur Politik der Smart City" auf, der am 5.12.2015 im Rahmen des Workshops „Medien, Stadt, Bewegung: Medienwandel und kommunikative Figurationen des städtischen Lebens" im Haus der Wissenschaft in Bremen gehalten wurde. Der Dank für die zahlreichen Anmerkungen und Kommentare gilt den Veranstalter/innen und Teilnehmer/innen des Workshops.

Gestaltung von städtischen Entscheidungsräumen eine große Bedeutung zu, was zu anspruchsvollen technischen Konstruktionen führte, die dank einer geeigneten Akustik Versammlungen (und Entscheidungen) unter mehr als 10.000 Personen erlaubten (vgl. Flaig 2013). Bereits diese frühe Form einer „Mediatisierung" von Kommunikation verleiht der Stadt als produktivem Deliberations- und Entscheidungsraum eine besondere Bedeutung. Die von Flaig notierte Wechselbeziehung zwischen urbanen Räumen und politikbezogener Diskussion wird im Zuge der Technologieentwicklung aktualisiert. „Straßenproteste" finden vor allem an solchen Orten statt, die auch als Bühne für eine mediale Inszenierung genutzt werden können, Migrantinnen und Migranten suchen die Nähe öffentlicher WLAN-Netze, um Kontakt zu ihren zurückgelassenen Familien aufzunehmen und künftig muss sich die Straßen- und Verkehrsplanung vermehrt mit „unbemannten Luftfahrtsystemen" (also: Drohnen) auseinandersetzen. Aufgegriffen werden solche Aspekte auch im bereits erwähnten WBGU-Gutachten: Im Teilkapitel „Zivilgesellschaft stärken: Bewohner einbinden, kollaborativ handeln" wird gefordert „Freiräume für Bürgerengagement und Kreativität (zu) schaffen und (zu) nutzen" (WBGU 2016, S. 397f). Bei der Herstellung solcher „Diskurs- und Experimentierräume" (WBGU 2016) spielen digitale Medienumgebungen eine nicht mehr zu vernachlässigende Rolle.

   Zweitens vollzieht sich auch die Herausbildung der modernen Öffentlichkeit im urbanen Kontext des 18. Jahrhunderts, wie Jürgen Habermas aufgezeigt hat. Der Strukturwandel von der höfischen zur bürgerlichen Öffentlichkeit ist ebenfalls auf eine mediale Vermittlungsleistung angewiesen, die „in den coffee-houses, den salons und den Tischgesellschaften ihre Institutionen findet" (Habermas 1990, S. 89). Auch hier erfüllt die Stadt wesentliche gesellschaftliche Funktionen, die weit reichende Konsequenzen für die Politik, aber eben auch für die mediale Konfiguration von Öffentlichkeit haben. Im Zuge der gesellschaftsweiten, nahezu alle Lebensbereiche durchdringenden Digitalisierung ist demzufolge ebenfalls von einer besonderen Bedeutung des urbanen Kontextes auszugehen. Mit der Fokussierung auf urbane Räume als explizit politische Öffentlichkeiten geht auch ein Bedeutungszuwachs politischer Akteure auf lokaler Ebene einher, enggeführt besonders auf das Bürgermeisteramt in (Groß-)Städten. Für die Etablierung und Entwicklung politischer Karrieren wird die Übernahme und Ausübung von Regierungsverantwortung im urbanen Raum zunehmend bedeutsamer, wie sich an zahlreichen Beispielen aus dem In- und Ausland nachzeichnen lässt (vgl. dazu auch Barber 2013).

3 Smart Cities im sozialwissenschaftlichen Forschungskontext

Die Beiträge zum politisch-administrativen Umgang mit der Digitalisierung städtischer Infrastruktur sind im aktuellen Diskurs zu „Smart Cities" als eigenständiger Literatur- und Forschungsstrang erkennbar. Zu nennen sind hier neben den einschlägigen Publikationen (Goldsmith und Crawford 2014; Komninos 2015; Townsend 2013) vor allem auch neu gegründete Forschungszusammenhänge und -zentren, die sich mit den gesellschaftlichen Folgen einer „digitalen Urbanisierung" auseinandersetzen und oftmals an der Schnittstelle von Stadtforschung, Informatik, Sozial- und Verwaltungswissenschaft angesiedelt sind.[2]

Im deutschsprachigen Forschungsraum ist der Bereich der Smart City-Forschung bislang noch schwach repräsentiert. Die Ansätze im Umfeld der klassischen Urbanistik und Stadtsoziologie kommen noch kaum über erste Bestandsaufnahmen und die Begleitung der politischen Debatte um den Begriff der Smart City als Leitbild für die Stadtentwicklung hinaus (vgl. Difu 2014; Meier und Portmann 2015; Lojewski und Munzinger 2013).[3] Ein vergleichsweise frühes Forschungs-/ Entwicklungsprojekt stellt die „T-City-Friedrichshafen" dar (vgl. Hatzelhoffer et. al. 2012).[4] Angeschlossen an den Städtebau- bzw. Stadtentwicklungsdiskurs werden die Dynamiken der urbanen Digitalisierung dabei nicht selten als Teilaspekt der

---

2   Als typische Vertreter zu nennen sind hier das Smart City Research Center der University of California in Berkeley (http://smartcities.berkeley.edu), der Bereich Data-Smart City Solutions am Ash Center for Democratic Governance and Innovation (http://datasmart. ash.harvard.edu), der Bereich City Science am Media Lab des Massachussetts Institute of Technology (http://cities.media.mit.edu/about/cities) sowie das Bartlett Center for Advanced Spatial Analysis am University College in London (http://www.bartlett.ucl. ac.uk/casa). Im Umfeld dieser Lehrstühle und Forschungszentren finden sich häufig auch weiterführende Online-Ressourcen wie etwa das CASA Blog Network (http://blogs. casa.ucl.ac.uk), das Angebot des New Yorker Think/Do-Tanks Data & Society (http:// www.datasociety.net) oder die Website des Intelligent Community Forum, eines aus der IT-Branche bzw. -Lobby hervorgegangenen Think Tank (www.intelligentcommunity. org).

3   Dass die Thematik von politischen Akteuren als Handlungsfeld erkannt worden ist, unterstreichen Initiativen wie die Nationale Plattform Zukunftsstadt (http://www. nationale-plattform-zukunftsstadt.de) oder das damit verbundene Wissenschaftsjahr 2015 „Zukunftsstadt" des BMBF.

4   In Österreich (insbes. „Smart City Wien", https://smartcity.wien.gv.at/site/) wie auch in der Schweiz (http://www.smartcity-schweiz.ch/de/) findet der Begriff der Smart City im Rahmen von Stadtentwicklungsprojekten Anwendung, allerdings stehen hier stärker kooperationsbezogene bzw. energiewirtschaftliche Innovationen im Vordergrund und weniger die Effekte einer „urbanen Digitalisierung".

Entwicklung von nachhaltigen, „ökologisch vernünftigen" Städten angesehen. So ordnet etwa Breuste (2016) Smart Cities in die Reihe möglicher Entwürfe künftiger „Ökostädte" ein, wenngleich zum aktuellen Zeitpunkt noch vollkommen unklar ist, wie sich eine Ökobilanz der urbanen Digitalisierung in den kommenden Jahren wohl entwickeln wird. Novy (2015) vertritt hier eine skeptische Position und verweist darauf, dass das Modell der „Smart City" in der Praxis noch kaum eine besondere Tauglichkeit (und schon gar nicht: Schlauheit) hat erkennen lassen.

Schon aufgrund der schnellen technologischen Entwicklung ist eine „fixierte" Definition der Smart City kaum möglich. Für den sozialwissenschaftlichen Diskurs ist es wichtig festzuhalten, dass die technisch-informatische Infrastruktur aus Sensoren, Kameras, Rechnern, Netzwerken und Archiv-Komponenten zunächst eine Basis für die Erhebung und Sammlung von Daten darstellt, die das Potenzial haben sollen, Städte durch deren Verwendung effizienter, technologisch fortschrittlicher, nachhaltiger und sozialer zu gestalten. Auf diese Weise verändert sich auch die Zusammensetzung der Akteure moderner Stadtentwicklung und stellt sie vor neue Herausforderungen: Akteure der Privatwirtschaft stellen als Infrastrukturanbieter das technologische Rückgrat der Smart City bereit. Stadtverwaltungen und lokale Behörden müssen digitale Daten aus dem Stadtraum und über die Bevölkerung in Governance-Strukturen und -Prozesse überführen. Darüber hinaus produzieren Akteure einer sich formierenden urbanen Zivilgesellschaft digitale Daten – aktiv als „Pioniergemeinschaften" oder passiv als „Normalnutzer" der Smart City.

4   Digital City Governance als Modell der Verwaltungsmodernisierung

Ausgehend von den Entwicklungen des E-Government als Internet-gestützte Verwaltungsmodernisierung haben sich seit Mitte der 1990er Jahre zahlreiche Ansätze einer „City Governance" ausgebildet, die entlang der fortschreitenden Entwicklung der Online-Kommunikation mehrere Entwicklungsstufen durchlaufen hat (vgl. einführend Grunow 2014; Schünemann 2012). Während in den älteren Ansätzen insbesondere eine Modernisierung von Verwaltungsabläufen im Mittelpunkt stand, ist mit dem Begriff des „Open Government" vor allem die Bereitstellung von Verwaltungsdaten verbunden. Dabei wird eine Differenzierung in verschiedene „Datensektoren" vorgenommen, die häufig in die Bereiche Umweltdaten, geographische Daten, Verkehrsdaten, Daten aus Politik und Verwaltung sowie statistische Daten eingeteilt werden (vgl. Bundesministerium des Innern 2012, S. 390). Bislang nicht eingeschlossen sind hier „Smart City"-Daten, die unmittelbar aus der fortschreitenden Technologisierung des städtischen Raumes durch Sensorik, visuelle oder digitale Monitoring-Prozesse gewonnen werden. Vor allem die von Komninos („intelligent city") sowie von Goldsmith und Crawford („data-smart governance") vorgestellten Ansätze können als Fortschreibung einer seit mehr als zwei Jahrzehnten laufenden Verwaltungsmodernisierung begriffen werden, sie lassen sich entlang konkreter Beispielprojekte gut in den Kontext einer „Behörden-Innovation" verorten und spannen einen Bogen zwischen technologie-getriebener Entwicklung und den Umsetzungsanforderungen in Politik und Administration. Dabei ist eine gegenläufige Bewegung zu beachten: während die Erhebung und Freisetzung von immer mehr Daten einerseits als Öffnung und Dezentralisierung gerahmt wird, sind seitens der Verwaltung stärkere Steuerungsleistungen erforderlich, um Pfadabhängigkeiten und Widerstände innerhalb der Administration zu überwinden:

> Ironically, the passage to a much more open and fluid kind of governance will require determined leadership from the top of old hierarchies in order to break down the calcified systems that cities have inherited from the late 1980s. (Goldsmith und Crawford 2014, S. 15)

Die Aussage spiegelt die – zumindest im US-amerikanischen Kontext – große Nähe des Smart City-Konzeptes zu den Verwaltungszentralen von „Beispielstädten" wie New York (Michael Bloomberg), Boston (Thomas Menino), Chicago (Rahm Emanuel) oder San Francisco (Gavin Newsom).[5] Aus der konkreten Anreizstruktur zur Stärkung der eigenen politischen Karriere entstehen offenbar bessere Bedingungen für die Entwicklung und Umsetzung einer Netz- bzw. daten-getriebenen „Smart City Governance".

Aus solchen Konstellationen sind konkrete Projekte zur Erprobung und Nutzung von „Smart City-Technologien" erfolgt, die neben dem Ausbau innerstädtischer Sensorik oder der massenhaften Erhebung von Daten („City Benchmarking") stets auch die Organisationsstruktur und Arbeitsweise der Stadtverwaltung selbst zum Ziel haben. Typischerweise koordiniert dabei ein „Chief Information Officer" den neuen Arbeitsbereich und treibt den Ausbau der digitalen Infrastruktur sowie die Entwicklung von Software-basierten Lösungen voran. Das Zusammenspiel

---

5   Hier werden auch die Instrumentalisierungsversuche für die eigene politische Biografie sichtbar. Während Bloomberg das Vorwort für Goldsmith und Crawford (2014) verfasst hat, ist Gavin Newsom (2013) selbst als Autor aktiv geworden: sein 2013 erschienener Band „Citizenville: How to Take the Town Square Digital and Reinvent Government" skizziert schon im Titel den Ansatz, mit der Digitalisierung der Stadt zugleich ein neues Regierungsmuster zu etablieren.

von Smart City-Anwendungen folgt dabei häufig dem Muster aus Datenerfassung und Herausbildung von Indikatoren für unterschiedliche Handlungsbereiche („benchmarking") sowie einer Echtzeit-Überwachung („real-time monitoring") mit Hilfe so genannter „Dashboards", die als Basis für konkrete Maßnahmen der Stadtverwaltung genutzt werden (vgl. dazu Flowers 2013; sowie zahlreiche Beispiele in Kitchin et al. 2015).

Die skizzierte Konstellation kann als eine Art „Rückgrat der Smart City" gelten, in der die Stadtverwaltung die technologischen Strukturen zur Schaffung von Daten-orientierten Entscheidungsgrundlagen schafft und die Auswertung der Informationen zur Um- und Durchsetzung einer politischen Agenda nutzt. Die unterschiedlichen Formen von Daten- und Informationsaustausch zwischen Bürgern und (Stadt-)Verwaltung, die zunehmend unter Nutzung digitaler Kooperationsräume und -techniken realisiert werden, haben Goldsmith und Crawford 2014 treffend mit dem Begriff der „responsiven Stadt" charakterisiert und damit zugleich auf die auch den „analogen Stadtraum" umfassenden Effekte einer „urbanen Digitalisierung" verwiesen. Leitmotiv ist dabei die Aktivierung der Bürgerschaft entlang je spezifischer Motivlagen. Vernetzung, Technologie und Daten spielen dabei eine Rolle, zentral sind allerdings die Beziehungen zwischen den Beteiligten, die für die Gestaltung städtischen Lebens von Bedeutung sind. Vor allem die zahlreichen optimistischen Beiträge (Townsend 2014; Goldsmith und Crawford 2014; in Teilen auch Komninos 2015 sowie die Autorinnen und Autoren bei Deakin 2013) gehen dabei von einer offenen Kooperation mit den Stadtbewohnern aus. Dabei wird insbesondere die konzeptuelle Nähe zu den Ideen eines „Open Government" genutzt, das neben der Zugänglichmachung von Verwaltungsdaten stets auch die Kooperation und Kollaboration zwischen Akteuren der Verwaltung und der Bürgerschaft betont.

5   Formen digitaler Bürgerbeteiligung im Kontext der Smart City

Im Zuge einer wachsenden Orientierung auf die Erfassung und Nutzung von Daten verschieben sich allmählich die administrativen Aktivitäten und Innovationsstrategien auch bezüglich neuer Formen einer „crossmedialen Bürgerbeteiligung"[6]:

---

6   Der Begriff der „crossmedialen Bürgerbeteiligung" hat sich im Umfeld von Praxisprojekten im Bereich digital gestützter Bürgerdialoge etabliert und wird z.B. von der Agentur „Zebralog" zur Beschreibung ihrer Dienstleistungsangebote genutzt (vgl. die Leistungsbeschreibungen auf der Unternehmenswebsite unter zebralog.de).

Die in den vergangenen Jahren eingesetzten Online-Formate als Begleitung von Stadtentwicklungs- und Planungsprozessen oder die Organisation von Bürgerhaushalten geraten angesichts der Möglichkeiten der „Datafizierung" in den Hintergrund oder verändern durch die neue Kontextualisierung ihre Gestalt. Dadurch ist auch die bürgerseitige Organisation und Vorbereitung von Beteiligungsformaten herausgefordert. Digitale Beteiligung basiert nicht mehr nur auf der Mitwirkung an Online-Umfragen oder -Diskussionen, sondern setzt stärker auch auf die Integration von Informationen, die „in der Smart City" erhoben werden können. Bewegungsakteure, die solche Beteiligungsprozesse begleiten und beeinflussen wollen, müssen auf diese Form der „Datafizierung" reagieren und können zum Beispiel zusätzliche Daten produzieren oder die Bürger gezielt zur Datensparsamkeit aufrufen.

Einen systematischen Überblick zu unterschiedlichen Formen internetgestützter Bürgerbeteiligung liefern Kubicek et al. (2011), im Rahmen ihrer Bestandsaufnahme unterscheiden sie zwischen Bürgerhaushalten, Konsultationen zu Leitbildern, Planungsvorhaben und Konsultationen innerhalb der Gesetzgebung. Während letztere nur in Ausnahmefällen im urbanen Kontext eingesetzt werden (in Deutschland z. B. in Stadtstaaten), haben die übrigen Verfahren weltweite Anwendung in Städten unterschiedlichster Größe gefunden (Kubicek et al. 2011, S. 34ff).

Unter den Bedingungen einer fortgesetzten „Datafizierung"erhalten solche „klassischen" Projekte der digitalen Bürgerbeteiligung durch die Erhebung, Erfassung und Auswertung stadtbezogener Datenbestände auf der Input-Ebene Konkurrenz und Unterstützung zugleich. Sowohl bei den Dialogen wie auch bei der Haushaltsbeteiligung ist die Aufforderung zur Teilhabe unmittelbar an die Stadtbewohner als (betroffene) Bürger gerichtet. Die neue „data-smart governance" greift darüber hinaus auf eigenständig erhobene Daten zu (etwa bei der Auswertung der Nutzungsvorgänge von Behördennummern oder anderer Feedback-Kanäle) oder extrahiert relevante Informationen aus der Beobachtung von Bürgerkommunikation auf unterschiedlichen sozialen Netzwerkplattformen (vgl. Townsend 2014, S. 159ff; Goldsmith und Crawford 2014, S. 60ff).

Eine Zäsur für die Entwicklung neuer Beteiligungsformate stellen kommunale Projekte im Umgang mit öffentlichen Verwaltungsdaten dar, die auf die Freisetzung und Weitergabe von Informationen abzielen. Dies geschieht entweder in Form von „Open Data"-Portalen, die von den Stadtverwaltungen offensiv als Innovationsimpuls lanciert werden[7] oder als Folge der Umsetzung von Gesetzesinitiativen, die

---

7   Beispiele hierfür liefern zum Beispiel Edmonton/Kanada (https://data.edmonton. ca); Helsinki/Finnland (http://www.hri.fi/en/) oder Chennai/Indien (http://www. transparentchennai.com).

mehr Transparenz in der öffentlichen Verwaltung einfordern[8]. Grundsätzlich ist damit stets auch die Absicht zur Kooperation mit verwaltungsexternen Akteuren (Unternehmen, Verbänden, Vereinen, Bürgern) verbunden, um im Rahmen von Gemeinschaftsprojekten (typischerweise als „Public-Private Partnership") neue Dienstleistungen anbieten zu können. Aktuell kann das in New York gestartete Projekt „Civic Hall" (civichall.org) diese Entwicklung gut verdeutlichen. Das Projekt skizziert im Selbstverständnis ein technologie-orientiertes Bürgerzentrum als „collaborative community center and event space where civic tech innovators from diverse backgrounds can work, network, learn and organize together to tackle and solve civic problems at scale" (Rasiej und Sifry 2014).

Die „Civic Hall" ist am ehesten als Komplementär zu den digitalen Plattformen zu verstehen, die in den Konzepten der „data-smart city" eine wesentliche Rolle spielen. Während dort vor allem digitale Daten und Prozesse integriert werden, zielt „Civic Hall" auf die Schaffung einer Begegnungs- und Arbeitsstätte für eine spezielle Klientel aus dem Bereich der „Civic Tech"-Bewegung ab (vgl. Abschnitt 7). Die symbolische Nähe zu älteren Formen städtischer Öffentlichkeit wie den klassischen Salons, Kaffeehäusern oder eben Bürgerhäusern und Stadthallen ist dabei durchaus beabsichtigt. Auch findet sich hier eine Nähe zum Konzept des „Reparaturcafés", die Auseinandersetzung mit (bislang) ungelösten Problemen einer urbanen Technologieentwicklung findet eben auch „in und mit der Öffentlichkeit" statt (vgl. dazu Kannengießer in diesem Band). Auch wenn die aktive Mitwirkung an Projekten der „Civic Hall" durchaus an Voraussetzungen und spezifische Fachkenntnisse gebunden ist, so wird doch eine grundsätzliche Offenheit und Inklusionsbereitschaft signalisiert. Die Gründer legen außerdem Wert auf die Feststellung, dass sich das Angebot „in the heart of Silicon Alley" befindet, einer innerstädtischen Verdichtung von High-Tech-Unternehmen in Midtown Manhattan. Hier deutet sich an, dass die digitalen Initiativen zur Schaffung von Smart Cities durchaus auch Einfluss auf die räumlich-architektonische Gestaltung des Stadtraumes haben können (vgl. den Beitrag von Christmann in diesem Band).[9]

---

8 In Deutschland am weitesten vorangeschritten ist das Transparenzportal der Stadt Hamburg unter http://daten.hamburg.de.

9 Vergleichbare Projekte gibt es in Deutschland bislang nicht, allerdings folgen einige Coworking-Spaces einem ähnlichen Ansatz: das Unperfekthaus in Essen (unperfekthaus. de) oder die Beta-Häuser in Berlin und Hamburg (betahaus.com) verstehen sich als analoge Arbeits- und Begegnungsstätte, sind aber noch stärker im Bereich der Internet- und Kreativindustrie verankert, ein Kontakt mit internetaffinen Verwaltungsakteuren findet nur ausnahmsweise statt, z.B. bei der Durchführung von Barcamps (vgl. das „Netzpolitikcamp" der Staatskanzlei Nordrhein-Westfalen in der Garage Bilk in Düsseldorf (2015), http://www.netzpolitikcamp.de).

6 Urbane Interventionen und Proteste im digitalen Stadtraum

Zwar gehört die Entwicklung von Kooperationsprojekten zu den zentralen Entwicklungspfaden der Smart City-Initiativen, doch ist hier meist die Dominanz der Technologie-Dienstleister spürbar. Nur gelegentlich entstehen „offene" Kollaborationen, die den Grundsatz der „Stadt als Plattform" (Goldsmith und Crawford 2014) ernst nehmen und Projekte ohne klare Verwertungsabsicht oder Zielerwartungen anstoßen. Als zeitgemäße Erscheinungsform eines „Urbanismus von unten" finden sich jedoch auch kreative Strategien zur Rückeroberung städtischer Räume und Handlungsperspektiven jenseits der administrativen Modernisierungsprojekte. In seinem Essay „Wir sind die Stadt!" bildet Rauterberg (2013, S. 59ff) das Spektrum vor allem entlang „analoger" Interventionen im Stadtraum ab: „Urban" bzw. „Guerilla Gardening", Graffiti, Parkour und Street Art markiert er als gängige Formen städtischer Kollektivarbeit. Geocaching und die Praxis des „fitness mapping" stellen bereits Varianten einer vernetzten Arbeit „an und in der Stadt" dar, die sich gut in den Kontext der Smart City-Debatte einfügen lassen. Die Bürger als „Stadtnutzer" produzieren dabei Inhalte (z. B. als via GPS auffindbares Versteck („cache"), als Stadtführungs-Podcast oder als interaktive Karte mit Jogging-Routen), die wiederum in die Informations-Kreisläufe der Smart City zurückwirken.[10] Es ist davon auszugehen, dass im Zuge einer fortschreitenden Digitalisierung des Stadtraumes auch neuer „user generated content" erstellt wird – im Umfeld der Occupy-Proteste sind entsprechende Beispiele bereits sichtbar geworden: Karten mit Polizeieinsätzen, Streaming-Angebote von Demonstrationsteilnehmer/innen oder auch Drohnenvideos von besetzten Straßen und Plätzen (vgl. dazu auch den Beitrag von Klinger in diesem Band).[11]

---

10 Vgl. dazu die Zusammenstellung „Where people run in Major Cities" von Nathan Yau (http://flowingdata.com/2014/02/05/where-people-run) und Nikita Bersukov (http://barsukov.net/visualisation/2014/07/25/endomondo), die mit Fitness-Apps aufgezeichnete Streckenverläufe zusammengetragen und auf Stadtplänen visualisiert haben.

11 Es ist kein Zufall, dass im Umfeld der erfolgreichen „Augmented Reality"-Anwendung „Pokémon Go" auch die Verbindungen zu Smart City-Konzepten gezogen wurden: Mobile Nutzer folgen dem Spielgeschehen im Stadtraum, vernetzen sich mit Mitspielern, fragen Informationen ab und produzieren selbst neue Daten, die wiederum in den urbanen Informationskreislauf eingespeist werden können. Auf diese Weise werden städtische Räume für Nutzergruppen erfahrbar, die ihre Spielerfahrungen üblicherweise in geschlossenen Räumen machen. Vereinzelt haben bereits Stadtverwaltungen die Spielumgebung genutzt, um Bürgerkontakte herzustellen und auf verschiedene Behördenaktivitäten hinzuweisen (vgl. Kryah 2016).

Doch auch jenseits politischer Auseinandersetzungen im Stadtraum gibt es derartige Formen des „urban hacking", den Strategien zur kreativen (Um)nutzung von Daten für kontextbezogene Online-Angebote. Während die Online-Karte Wheelmap das „Suchen, Finden und Markieren rollstuhlgerechter Orte" in ganz Deutschland ermöglicht (wheelmap.org), finden sich auch auf Regionen, Städte oder Stadtquartiere gemünzte Beispiele: „Was steckt in meinem Wasser" liefert Vergleiche der Wasserqualität in und um Heilbronn (http://codefor.de/projekte/2014-03-22-hn-trinkwasser.html), das studentische Projekt „Airbnb vs. Berlin" setzt das Vorkommen privater Mietunterkünfte in Bezug zur Mietpreisentwicklung in einzelnen Stadtvierteln (airbnbvsberlin.de).

Jenseits solcher Beispielergebnisse, die nicht selten aus privatem Interesse motiviert sind oder als Nebenprodukt von Ausbildungsprozessen entstehen, sind auch die Entstehungskontexte interessant: das Auswerten öffentlicher Verwaltungsdaten findet immer häufiger auch durch „urbane Kollektive" (Rauterberg 2013, S. 77ff) statt, die sich mit der Software-basierten Lösung unterschiedlicher Problemstellungen befassen. Als Organisator ist hier exemplarisch die *Open Knowledge Foundation* zu nennen, die in so genannten „CityLabs" Programmierer zusammenbringt, die sich mit lokal unterschiedlichen Fragestellungen befassen und dabei kontextspezifische Projekte entwickeln und umsetzen (http://codefor.de/oklabs/).

Der Plattformcharakter solcher Aktionen zeigt sich auch in den gewählten Formaten zur Umsetzung: mit „Barcamps", „Hackathons" oder „Hackdays" haben sich mehrere Veranstaltungsformen etabliert, die einerseits die kollaborative Atmosphäre dieser Zusammenkünfte betonen, andererseits auch explizit eine „Output-Orientierung" aufweisen:

> Auf einem Hackday kommen also verschiedene Hacker zusammen, ganz egal ob altgedienter IT-Hacker oder Neuling und Alltags-Hacker. Jeder, der kreativ eine Lösung finden möchte, ist eingeladen, gemeinsam mit allen anderen Teilnehmern eine Lösung für eine Problemstellung zu erarbeiten. Diese Problemstellung wird von den Teilnehmern selbst mitgebracht und gemeinsam versucht zu lösen. Ziel ist es dabei, einen gesellschaftlichen Nutzen zu erbringen. (http://hackday.moers.de)

Aus der Sicht öffentlicher Verwaltungen sind solche Formate ungewöhnlich und innovativ, da sie die vorhandenen Strukturen zum Teil offensiv herausfordern und mit externem Sachverstand und konkurrierenden Lösungsvorschlägen konfrontieren. Dabei stellen solche Foren allerdings kreative Zonen dar, die anschlussfähig für eine „Digitalisierung der Stadt" durch etablierte politische Akteure sind. Interessant sind hier auch die jeweils gewählten kommunikativen Aspekte im Umfeld der Interventionen. Viele Aktivitäten funktionieren deshalb, weil aus dem kreativen Umgang mit neu im urbanen Raum entstehenden Daten Impulse für Formen nachhaltiger

Vergemeinschaftung entstehen. Erforderlich ist dazu in manchen Fällen auch die Kenntnis von spezifischen Fertigkeiten (wie etwa das Sammeln, Auswerten und Visualisieren von Daten oder die Entwicklung und Anpassung von Hardware-Lösungen), die im Prozess der Vergemeinschaftung weitergegeben oder erst erworben werden (vgl. hierzu auch den Beitrag von Kannengießer in diesem Band).

Gewissermaßen als Steigerungsform „urbaner Interventionen" lassen sich politische Protestereignisse im Stadtraum deuten, die in den Aufständen des so genannten Arabischen Frühlings ihren Ausgang nahmen und über die verschiedenen #Occupy-Proteste weltweit in zahlreichen Großstädten als Muster für die Besetzung urbaner Räume adaptiert worden sind. Auch wenn die Bedeutung sozialer Medien für den Verlauf dieser Konflikte kontrovers diskutiert wird (vgl. Kneuer/Richter 2015), so ist mit Blick auf die spezifische Beschaffenheit dieser Räume festzuhalten, dass neben der physischen auch die „elektronische" Komponente eine Rolle gespielt. Wenn zur Vorbereitung, Organisation, Durchführung und Begleitung solcher Protestereignisse digitale Medien vor Ort eingesetzt werden, dann handelt es sich im Sinne von Kitchin und Dodge (2011) um „Code/Spaces" – also um Räume, deren Funktionalität sich erst im Zusammenspiel mit Software voll entfalten kann. Für die digital erweiterten Protesträume bedeutet dies, dass im Stadtraum nicht nur ein physisch zugänglicher und (zumindest vorübergehend) gestaltbarer Raum vorhanden sein muss, sondern dass auch der Zugang zu digitalen Kommunikationsumgebungen möglich ist. In der Praxis bedeutet dies vor allem Netzzugang: ins Internet, in die Netze der Mobilfunkanbieter, aber auch zum Stromnetz.[12] Auch hier zeigt sich demnach die wachsende Bedeutung von Infrastruktur für die Gestaltung städtischer Räume – insbesondere bei den Unruhen in Kairo, aber auch während der Proteste am Gezi Park in Istanbul, konnten folgerichtig die Kontrollversuche der Verwaltungsakteure beobachtet werden, die in eine vorübergehende Netzabschaltung (Ägypten) oder die Zensur von Websites und Online-Plattformen (Türkei) mündeten (vgl. dazu auch Klinger in diesem Band).

Jeffrey Juris verweist in diesem Zusammenhang auf die Wechselwirkungen zwischen der Besetzung konkreter Stadtflächen und den virtuellen Kommunikationsräumen, die eine Verbindung sozialer Medien mit Versammlungslogiken begünstigen (Juris 2012). Die politische Wirkung der digital gestützten Proteste im Stadtraum sind dabei jedoch nicht allein auf kurzfristige, mobilisierende Effekte begrenzt. Am Beispiel der Occupy-Proteste arbeiten Mörtenböck und Mooshammer (2012) die Bedeutung vernetzter Stadträume heraus, die auch neuartige „Deliberationsräume" hervorgebracht haben. Die Besetzungen öffentlicher Räume waren

---

12   Vgl. dazu anschaulich die Visualisierungen von Twitter-Kommunikation zu Beginn der Gezi Park-Proteste bei Köhler 2013.

lediglich erste Schritte zur politischen Artikulation, die sich dann in Form von Volksküchen, Universitäten und Generalversammlungen verstetigten. Weitere Eindrücke davon, wie sich urbane Proteste (und die offiziellen Gegenmaßnahmen) in Zeiten „intelligenter Städte" manifestieren, hat die Wiederaufnahme der Aktivitäten von Occupy Hong Kong geliefert. Dabei hatten Twitter und Instagram als soziale Netzwerkplattformen zur Verbreitung von Informationen zwischen den Protestierenden gedient und waren zeitweise von den Behörden gesperrt worden. Mit Videokameras ausgerüstete Drohnen flogen über die bis zu 80.000 Protestierenden im Finanzdistrikt Central und dokumentierten auf diese Weise das Ausmaß der Proteste (vgl. o. V. 2014).

7 „Civic Tech" als politische Pioniergemeinschaft im urbanen Raum?

Die in den vorangegangenen Abschnitten skizzierten Entwicklungen können als Elemente einer noch schwach strukturierten „Civic Tech"-Bewegung verstanden werden. Im Dreieck von IT-/Kreativindustrie, Politik und Computer-/Internet-affiner Aktivismus-Szene werden allmählich die Konturen eines Akteursgeflechts sichtbar, für das der Smart City-Diskurs thematische Verbindungsstellen liefert. In einer explorativen Untersuchung hat die Knight Foundation dieses Feld skizziert, in der Bestandsaufnahme war „a groundswell of interest at the nexus of technology, civic innovation, open government and resident engagement" (Patel et. al. 2013) festgestellt worden. Der „Civic Tech"-Sektor lässt sich als Schnittfläche von insgesamt fünf Segmenten differenzieren: Die Felder „Government Data", „Community Organisation" und „Social Media" spielen auch in den bislang vorliegenden Smart City-Definitionen eine Rolle, die Bereiche „Collaborative Consumption" und „Crowdfunding" werden zwar nicht explizit erwähnt, allerdings gibt es auch hier zunehmend Berührungspunkte. Organisationen wie die New Yorker „Civic Hall" (vgl. Abschnitt 4.), Projektzentren wie „Casa Jasmina" in Turin (http://casajasmina.arduino.cc) oder auch die Veranstaltungsreihen „Cognitive Cities" (http://conference.cognitivecities.com) und „ThingsCon" (http://thingscon.com/) können dabei als Keimzellen neuartiger „politischer Pioniergemeinschaften" (vgl. Hepp et. al. in diesem Band) verstanden werden. Während im Zuge der Digitalisierung der Lebenswelt insbesondere die „Quantified Self"-Community oder die „Maker-Szene" als Beispiele für medienbasierte Pioniergemeinschaften gelten (vgl. Hepp 2016), so könnte das Feld der „Civic Tech"-Akteure ein im urbanen Raum eingebundenes, stadtpolitisch interessiertes Spiegelbild darstellen. Allerdings ist die in einem derartigen Szenario zentrale Figur des „digitalen Stadtbürgers" in den laufenden Debatten noch kaum präsent – Planungsentwürfe zur Smart City haben den „Smart Citizen" bislang übersehen. Allenfalls in solchen Ansätzen, die Technologie als „Plattform" modellieren, ist eine „Nutzerorientierung" erkennbar. Der Begriff des „Smart Citizen" spielt dafür konzeptionell bislang keine Rolle, obwohl er ein Schlüsselelement digitaler Stadtentwicklung ist.

Smart Citizens können als „aktualisierte" Variante des politischen Netzbürgers oder „Netizen" verstanden werden – im Cyberdemocracy-Diskurs der 1990er und frühen 2000er Jahre war dieser Begriff entstanden, um auf die basisdemokratischen und partizipationsorientierten Möglichkeiten der Online-Kommunikation hinzuweisen (vgl. Bieber 1999). Die explizite Formulierung als Akteur *sui generis* bezog sich auf die durch das Internet entstehenden Chancen für Online-Nutzer, in Kommunikationsprozessen als „Sender" aktiv zu werden und dadurch die Konfiguration politischer Öffentlichkeit zu beeinflussen. Eine ähnliche Situation entsteht durchaus auch im Umfeld urbaner Digitalisierung: öffentliche Daten werden nicht nur erhoben und archiviert, sondern oft auch für eine (kollaborative) Weiterverarbeitung bereitgestellt – an diesem Prozess können nicht nur kommerzielle Anbieter, NGOs sondern auch „gut informierte Stadtbürger" teilnehmen und sich so als treibende Kraft einbringen.

Für die politikwissenschaftliche Auseinandersetzung mit dem Konzept der Smart City als Zielperspektive gegenwärtiger Stadtentwicklung ist demzufolge der spezifische Bewegungscharakter urbaner Digitalisierungsprojekte von besonderer Bedeutung. Dabei wird zu prüfen sein, ob sich hier ähnliche Effekte beobachten lassen wie bei anderen Phänomenen mediatisierter Vergemeinschaftungen. Trotz der starken technologie- bzw. wirtschaftspolitischen Fixierung vieler Smart City-Initiativen ist nicht zuletzt aufgrund einer als „Gegenbewegung" zu denkenden „Civic Tech"-Community noch von einer politischen Gestaltbarkeit der Smart City auszugehen. In diesem Prozess dürfen sich Rathäuser, Stadträte und -verwaltungen jedoch nicht als reine Dienstleister begreifen, sondern müssen sich auch eigene Gestaltungsspielräume sowie Interventionsmöglichkeiten vorbehalten. Die politischen Akteure der Smart City müssen dabei ein Gespür entwickeln, mit welchen Anreizen einer digitalen Stadtentwicklung die allmählich entstehende Bewegungsenergie neuer Szenen und Milieus genutzt und kanalisiert werden kann. Urbane digitale Bewegungen entstehen in vielen Fällen aus konfliktiven Situationen in der Auseinandersetzung mit Stadtverwaltungen oder kommerziellen Dienstleistern als Treibern der Vernetzung. Auch können solche Bewegungen dadurch angetrieben werden, die Teilnahme an den Digitalisierungsprozessen in der Smart City explizit zu verweigern – etwa als radikale Form der Datensparsamkeit. Insofern bedarf es einer offenen Debatte nicht nur um die technologische Ausgestaltung der „mediatisierten Stadt" und der dabei entstehenden Rollenverteilung in einem kommunikativen Prozess. Nur einer sowohl technologisch wie auch kulturell und politisch informierten Stadtpolitik kann es gelingen, bürgerschaftliche Impulse einzubeziehen und die Smart City als lebendigen, inklusiven und nachhaltigen Ort zu gestalten.

Literatur

Barber, Benjamin. 2013. *If mayors ruled the world: Dysfunctional nations, rising cities*. New Haven: Yale University Press.

Bieber, Christoph und Claus Leggewie. 2012. *Unter Piraten. Erkundungen einer neuen politischen Arena*. Bielefeld: Transcript.

Breuste, Jürgen. 2016. Wie sieht die Ökostadt von morgen aus und welche Wege führen dahin?. In *Stadtökosysteme*, hrsg. S. Pauleit et. al., 207–244. Springer: Berlin, Heidelberg.

Bundesministerium des Innern. 2012. *Open government Data Deutschland*. Berlin: BMI.

Deakin, Mark (Hrsg). 2013. *Creating smart-er cities*. London: Routledge.

Difu – Deutsches Institut für Urbanistik. 2014. Standpunkt: Smart City: Herausforderung für die Stadtentwicklung. *Difu-Berichte*, Nr. 2/2014. Online unter http://www.difu.de/publikationen/difu-berichte-22014/standpunkt-smart-city-herausforderung-fuer-die.html.

Flaig, Egon. 2013. *Die Mehrheitsentscheidung. Entstehung und kulturelle Dynamik*. Paderborn: F. Schöningh Verlag.

Flowers, Michael. 2013. Beyond Open Data: The Data-Driven City. In *Beyond Transparency. Open Data and the Future of Civic Innovation*, hrsg. B. Goldstein/L. Dyson, 185–198. San Francisco: Code for America Press.

Goldsmith, Stephen und Susan Crawford. 2014. *The responsive city: Engaging communities through data-smart governance*. San Francisco: Jossey-Bass.

Grunow, Dieter. 2014: Innovationen in der Öffentlichen Verwaltung. In *Handbuch Innovationen*, hrsg. M. Mai, 209–231. Wiesbaden: Springer VS.

Habermas, Jürgen. 1990. *Strukturwandel der Öffentlichkeit*. Frankfurt: Suhrkamp.

Hatzelhoffer, Lena et al. 2012. *Smart City konkret – Eine Zukunftswerkstatt in Deutschland zwischen Idee und Praxis*. Berlin: Jovis.

Hepp, Andreas. 2016. Pioneer communities: Collective actors of deep mediatisation. *Media, Culture & Society* 38 (6): 918–933.

Juris, Jeffrey S. 2012. Reflections on #Occupy everywhere: Social media, public space, and emerging logics of aggregation. *American Ethnologist* 39 (2): 259–279.

Kitchin, Rob und Martin Dodge. 2011. *Code/Space. Software and everyday life*. Cambridge, MA: MIT Press.

Kitchin, Rob, Tracey Lauriault und Gavin McArdle (2015): Knowing and governing cities through urban indicators, city benchmarking and real-time dashboards. *Regional Studies, Regional Science* 2 (1): 6–28 .

Kneuer, Marianne und Saskia Richter (Hrsg). 2015. *Soziale Medien in Protestbewegungen. Neue Wege für Diskurs, Organisation und Empörung?* Frankfurt a. M.: Campus Verlag.

Köhler, Benedikt. 2013. Mapping a Revolution. In *Beautiful Data*, 2.6.2013. Online unter http://beautifuldata.net/2013/06/mapping-a-revolution

Komninos, Nicos. 2015. *The age of intelligent cities. Smart environments and innovation-for-all strategies*. London: Routledge.

Kryah, Kevin. 2016. Smart city leaders: Use Pokémon Go to foster civic engagement. In *Smart & Resilient Cities*, 14.7.2016. Online unter http://www.smartresilient.com/smart-city-leaders-use-pokémon-go-foster-civic-engagement.

Kubicek, Herbert, Barbara Lippa und Alexander Koop. 2011. *Erfolgreich beteiligt? Nutzen und Erfolgsfaktoren internetgestützter Bürgerbeteiligung – Eine empirische Analyse von 12 Fallbeispielen*. Gütersloh: Bertelsmann Stiftung.

Lojewski, Hilmar von und Timo Munzinger. 2013. Smart Cities und das Leitbild der europäischen Stadt. *Städtetag aktuell* Nr. 9/2013: 10-11.

Meier, Andreas und Edy Portmann (Hrsg). 2015. Smart City. *HMD – Praxis der Wirtschaftsinformatik* 52 (4).

Mörtenböck, Peter und Helge Mooshammer. 2012. *Occupy. Räume des Protests*. Bielefeld: Transcript.

Newsom, Gavin. 2013. *Citizenville: How to take the town square digital and reinvent government*. New York: Penguin.

Novy, Johannes. 2015. Wunsch oder Albtraum? Smart Citys. *Politische Ökologie* 33 (142): 46–52.

o. V. 2014. Dramatic aerial drone footage of Hong Kong protests. In *The Guardian*, 30.9.2014. Online unter http://www.theguardian.com/world/video/2014/sep/30/dramatic-aerial-drone-footage-hong-kong-protests-video.

Patel, Mayur et al. 2013. *The emergence of civic tech: Investments in a growing field*. Miami: Knight Foundation. Online unter http://knightfoundation.org/reports/emergence-of-civic-tech.

Rasiej, Andrew und Micah Sifry. 2014. Announcing civic hall. In *Techpresident.com*, 7.11.2014. Online unter http://techpresident.com/news/25342/announcing-civic-hall

Rauterberg, Hanno. 2013. *Wir sind die Stadt! – Urbanes Leben in der Digitalmoderne*. Berlin: Suhrkamp.

Schünemann, Wolf. 2012. E-Government und Netzpolitik – eine konzeptionelle Einführung. In *E-Government und Netzpolitik im europäischen Vergleich*, hrsg. W. Schünemann und S. Weiler, 9–38. Baden-Baden: Nomos.

Townsend, Anthony. 2013. *Smart cities. Big data, civic hackers, and the quest for a new utopia*. New York: Norton.

WBGU – Wissenschaftlicher Beirat der Bundesregierung Globale Umweltveränderungen. 2016. *Der Umzug der Menschheit: Die transformative Kraft der Städte*. Berlin: WBGU.

Zum Autor

Christoph Bieber (*1970) ist Politikwissenschaftler und hat im Mai 2011 die Welker-Stiftungsprofessur für „Ethik in Politikmanagement und Gesellschaft" an der NRW School of Governance der Universität Duisburg-Essen übernommen. Er forscht und veröffentlicht zu den Themen Ethik und Verantwortung in der Politik, Transparenz und öffentliche Kommunikation sowie Demokratie und Neue Medien. Letzte Buchpublikationen sind *Nach Obama. Amerika auf der Suche nach den Vereinigten Staaten* (mit Klaus Kamps, Frankfurt/New York 2017) sowie *Unter Piraten. Erkundungen einer neuen politischen Arena* (mit Claus Leggewie, Bielefeld 2012).

Semiöffentlichkeit und politische Mobilisierung
Social Media in der mediatisierten Stadt

Ulrike Klinger

1 Einleitung

Wer im Frühjahr 2015 in London unterwegs war, konnte an vielen Orten in der Stadt sehen, wie Werbeplakate für ein Diätmittel („Are you beach body ready?") kreativ umgestaltet, bearbeitet, kommentiert und in einem Proteststurm kritisiert wurden – sowohl auf den Plakaten selbst, als auch gesammelt unter dem Twitter-Hashtag #eachbodyisready. Mehr als 70.000 Menschen unterschrieben eine Petition auf change.org, die die Entfernung der Plakate forderte. Im Juni 2016 schließlich verbot der Londoner Bürgermeister Sadiq Khan Werbeplakate im öffentlichen Nahverkehr, die „ungesunde oder unrealistische Körperbilder" propagierten.[1] Dies ist, zum einen, nur ein Beispiel dafür, wie sich in Städten und andernorts vermittelt über Social Media, wie Facebook, Instagram, Twitter oder Snapchat immer wieder kleine politische Bewegungen formieren. Aber: Ist ein Hashtag schon eine „Bewegung"? Können wir die Beteiligten am Hashtag als „Gruppe" oder als (Teil-) Öffentlichkeit verstehen? Bereits an diesem alltäglichen Beispiel wird deutlich, wie neue Möglichkeiten und Varianten, miteinander zu kommunizieren etablierte Vorstellungen von Öffentlichkeit auf den Prüfstand stellen.

Zum anderen wird hier auch sichtbar, wie sehr Social Media und besonders politische Mobilisierung über Social Media an einen Kontext, an eine reale Lebenswelt geknüpft sind. Diese Lebenswelt ist in den meisten Fällen die mediatisierte Stadt, das heißt ein urbaner Ort, der von technischen Kommunikationsmedien durchdrungen ist und in zunehmendem Maße von digitaler Technologie und Infrastruktur geprägt wird. Politische Mobilisierung über Social Media findet nicht außerhalb von Gesellschaft und Lebenswelt statt, sondern ist eng angebunden an

---

1 http://www.telegraph.co.uk/women/life/london-mayor-sadiq-khan-bans-body-shaming-ads-from-public-transp/

© Springer Fachmedien Wiesbaden GmbH, ein Teil von Springer Nature 2018
A. Hepp et al. (Hrsg.), *Die mediatisierte Stadt*, Medien • Kultur • Kommunikation,
https://doi.org/10.1007/978-3-658-20323-8_11

politische, soziale, ökonomische, kulturelle und eben vermehrt auch technologische Kontextbedingungen. Mediatisierte Städte ermöglichen die Herausbildung einer selbst-konstituierten Öffentlichkeit – vermittelt über Technologien können sowohl rationale, deliberative Formen des Austauschs als auch performative Kommunikationsprozesse urbane Öffentlichkeiten entstehen lassen (Bridge 2009). Gleichzeitig wirken Technologien auch auf Gesellschaft und damit auch auf mediatisierte Städte zurück. Im Falle von Social Media hat dies auch mit dem Entstehen und dem Aufstieg von Semiöffentlichkeit zu tun, wie ich weiter unten zeigen werde. Die Frage, der dieser Beitrag nachgeht, lautet: Wie und warum verändern Social Media (als ein Element der gegenwärtigen Transformation von Öffentlichkeit) Mobilisierungsprozesse in mediatisierten Städten?

2   Social Media und politische Mobilisierung

Bennet und Segerberg haben 2012 argumentiert, dass die Handlungsdynamiken traditioneller politischer Mobilisierung verstanden als kollektives Handeln (collective action) durch Social Media nicht wesentlich verändert würden: Es gibt weiterhin Organisationen, die auf Mitgliedschaft und formalen, oft zentralisierten Organisationsformen basieren. Für sie wird die Arbeit möglicherweise preisgünstiger und vielfältiger, aber ihr Handlungsrepertoire bleibt gleich. Daneben bilde sich aber neu ein alternatives Modell des konnektiven Handelns (connective action) heraus: Bewegungen, die auf den organisatorischen Potentialen von Social Media basieren statt auf starker organisatorischer Kontrolle durch formale Organisationen mit Ressourcen und einem Hauptquartier. Netzwerke konnektiven Handelns sind individualisierter, über Technologie organisiert, und benötigen kaum eine gemeinsame Identität oder Ressourcen. In diesem Szenario nehmen urbane Bewegungen eine neue Eigenlogik an: Ko-Produktion, Sharing und Motivation funktionieren durch kontinuierlichen Austausch mit anderen Beteiligten, statt über die vermittelnde Arbeit einer zentralen Organisation. Bennett und Segerberg argumentieren, dass diese „technology-enabled networks of personalized communication" (2012, S. 753) selbst zu Organisationstrukturen werden, die aber über den Rahmen traditioneller Organisation hinausgehen.

Aus der Perspektive relationaler Soziologie, die soziale Beziehungen als „the ,ultimate entity', that is, the irreducible element or ,molecule' of social reality" sehen (Donati 2011, S. 98), kann man hier argumentieren, dass die Kommunikationsbeziehungen der sich selbst-mobilisierenden und sich selbst-organisierenden Akteure manche Funktionen übernehmen, die vorher nur über eine zentrale

Schaltstelle, eine zentrale Organisationseinheit realisiert werden konnten. Das heißt nicht, dass traditionelle Organisationen überflüssig werden, sondern dass eine weitere Bewegungsform an ihre Seite tritt. Dies ist anschlussfähig an die Idee „kommunikativer Figurationen", wenn wir also soziale Interaktionen als den „Schlüssel" sehen (Lundby 2009, S. 110) – und nicht mehr einen vermeintlich linearen Einfluss der Medien auf Gesellschaft, sondern die „Rolle der Medien bei der sich wandelnden (sozialen) Interaktion" verstehen wollen (Hepp 2013, S. 103). Es bedeutet auch nicht, dass technologiebasierte Bewegungen führungslos wären, nur weil sie ohne formale Institutionen in ihrem Kern bestehen. Nunes (2015) nennt dies „distributed leadership". Chadwick (2007) verdanken wir zudem den Hinweis, dass wir es mit hybriden Organisationsformen von politischer Mobilisierung zu tun haben – Kommunikationsbeziehungen mobilisieren nicht online *oder* offline, sondern vermischt und überlagert transmedial. Dies führe, so Chadwick, auch zu „distributed trust" (2007, S. 284), einem Beiprodukt zahlreicher einzelner Beiträge (als Posts, Likes, Shares, Kommentare etc.), über die Menschen an politischen Mobilisierungen teilnehmen und private Ressourcen beisteuern, ohne sich (wie bei kollektivem Handeln üblich), bewusst dazu entschieden zu haben und ohne von „bürokratischer Organisationsdisziplin" (Chadwick 2007, S. 290) beeinflusst zu sein.

Sozialen Netzwerken wie Facebook oder Twitter wurde in den letzten Jahren im Kontext urbaner (Protest-)Bewegungen viel Potential zugesprochen – die Rede von vermeintlichen „Twitter-Revolutionen" suggerierte gar, dass sie manche urbanen Bewegungen überhaupt erst ermöglichten oder diese entscheidend veränderten. Social Media ermöglichen vieles, sie „machen" aber keine Revolutionen und bergen auch viele Gefahrenpotentiale für oppositionelle Akteure in Mediengesellschaften. Damit öffentlicher Protest in Schwung kommt und vor allem aus Social Media heraus, braucht es nach wie vor die breite Wahrnehmung von solchen Missständen, die den persönlichen Einsatz in Demonstrationen bzw. das erhebliche Risiko von Dissidententum in autoritären Regimen rechtfertigt, wie Howard und Hussain (2011, S. 48) im Kontext des arabischen Frühlings betonen: „They were not inspired by Facebook; they were inspired by the real tragedies documented on Facebook."

Die Herausforderung ist dabei, Angebot und Kommunikationsbedürfnisse im Verhältnis zu sehen:

"The key question is: do social media do no more than serve ego-centered needs and reflect practices structured around the self? The civically motivated yet self-absorbed user of social media sees the endless possibility of online connectivity against the banality of the social order. The motivation is often fed by a desire to connect the self to society." (Fenton 2012, S. 143)

Die eingangs gestellte Frage, wie sich die Transformation digitalisierter Öffentlichkeit auf politische Mobilisierung auswirkt, soll hier aus der Perspektive relationaler Soziologie beleuchtet werden. Wenn Gesellschaft, und damit auch Öffentlichkeit, ihren Anfang in sozialen Beziehungen nimmt – die ich folgend als Kommunikationsbeziehungen bezeichnen werde, müssen diese Beziehungen folglich präzisiert und in ihrem Zusammenspiel beschrieben werden. Relationale Soziologie operiert auf der „Meso-Ebene von empirisch beobachtbaren Netzwerkstrukturen" (Mützel und Fuhse 2010, S. 7). Im Gegensatz zur Netzwerkanalyse fokussiert dieser Ansatz nicht auf die Knoten bzw. die Akteure, sondern auf die Kanten bzw. die Beziehungen und Interaktionen, die zwischen ihnen stattfinden. Mit sozialen Beziehungen oder Kommunikationsbeziehungen sind hier keine individuell-kognitiven Bezüge oder psychischen Reaktionen gemeint. Vielmehr zeichnen sich die hier relevanten Beziehungen dadurch aus, dass sie a) symbolische Referenzen machen, b) zwei oder mehrere Akteure (oder soziale Einheiten) strukturell verbinden sowie aus reziproken Handlungen (mutual interactions) entstehen (Donati 2011, S. 124). Kommunikationsbeziehungen sind in dieser Perspektive eine besondere und komplexere Form der Interaktion. Die gegenwärtige Transformation der Öffentlichkeit durch digitale Kommunikationstechnologien besteht vor allem in der Ausdifferenzierung von Kommunikationsbeziehungen und Interaktionen: quantitativ, in dem eine grössere Vielfalt an möglichen Kommunikationsbeziehungen entsteht und qualitativ, in dem sich die Formen der Kommunikationsbeziehungen verändern. Relationale Soziologie ermöglicht einen unverstellten Blick auf diese Entwicklung, ohne zunächst Öffentlichkeit als (komplexes) System, Sphäre oder Arena deuten zu müssen. Denn was sich gegenwärtig in mediatisierten Städten und darüber hinaus wandelt, ist nicht Öffentlichkeit als ein Raum, sondern die möglichen und empirisch beobachtbaren öffentlichen und semiöffentlichen Beziehungen und Interaktionen darin.

3   Entstehung und Aufstieg von Semiöffentlichkeit

Die kommunikative Konstruktion von Kollektivität findet im Kontext eines Medienwandels statt, der maßgeblich von zunehmender Hybridität (Chadwick 2014) und Permanenz (Vorderer 2015) gekennzeichnet ist. Die neu entstandenen Strukturen, Medienlogiken und Geschäftsmodelle verändern Vorstellungen und den Gehalt von „Öffentlichkeit". Drei wesentliche Verschiebungen finden sich immer wieder in der Literatur: (1) in einer Netzwerkgesellschaft ist Öffentlichkeit nicht mehr territorial an einen geografischen oder physischen Ort gebunden, sie verliert auch ihre Bindung an den Nationalstaat (2) die Idee einer einheitlichen Öffentlichkeit wird in Frage gestellt und (3) die Unterscheidung von privat und öffentlich verschwimmt (z. B. Papacharissi 2010; West et al. 2009), so dass man konzedieren kann: „The public sphere is alive and well, although it will never be quite the same" (Boeder 2005, S. 9). Folgend steht insbesondere der letzte Aspekt im Fokus, weil die Herausbildung von Semiöffentlichkeit bzw. semiöffentlichen Kommunikationsbeziehungen sich auf die Mobilisierungschancen von Öffentlichkeit auswirken (z. B. Enli und Skogerbø 2013, S. 759).

Semiöffentlichkeit entsteht durch die technologischen Affordanzen sowie die Geschäftsmodelle von Social Media und die Art und Weise der Mediennutzung. Dass die Grenzen zwischen *privat* und *öffentlich* zunehmend verschwimmen, bedeutet nicht, dass sich die Privatsphäre selber auflöst, sondern nur die Dichotomie, die Grenze und der Gegensatz zwischen öffentlich und privat. Dies ist nicht nur ein Verlust. Vielmehr bilden sich hybride Mischformen heraus, die ich hier als semiöffentlich bezeichne und zusammenfasse. Damit wird der Unterschied zwischen öffentlich und privat ein gradueller, ist also kein absoluter mehr. Gleichwohl besteht die Privatsphäre fort, denn ohne sie gäbe es keine Öffentlichkeit und keine politische Mobilisierung, sie ist vielmehr eine Vorbedingung von Öffentlichkeit, denn in ihr entstehen Ideen, Widerspruch, Interessen, Problemwahrnehmungen, politische Orientierungen und Sozialisation. Privatsphäre erfüllt gesellschaftliche Funktionen, ohne die Öffentlichkeit nicht entstehen könnte. (Abb. 1)

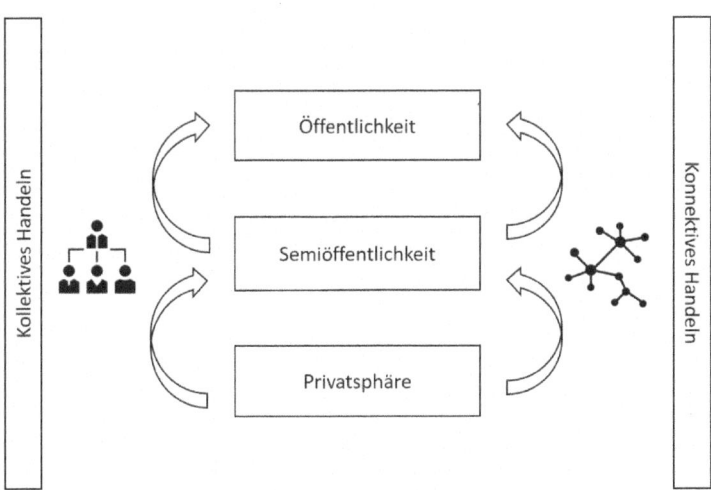

Abb. 1 Mobilisierung durch kollektives und konnektives Handeln, eigene Darstellung

Was sich gleichfalls verschiebt ist die Vorstellung davon, was mit Privatsphäre gemeint ist. Floridi (2015) hat in diesem Zusammenhang auf zwei interessante Aspekte
hingewiesen. Zum einen unterstreicht er die Historizität der Dichotomie öffentlich/
privat. Was wir heute mit „Privatsphäre" meinen, so Floridi (2015, S. 143), war in
vormodernen Zeiten undenkbar, in denen die Dorfgemeinschaft eine sehr genaue
Vorstellung von den privaten Umständen aller Einwohner hatte. Floridi argumentiert, dass es eigentlich die Anonymität des 19. Jahrhunderts, die Distanziertheit in
industrialisierten Großstädten sei, die wir zunehmend vermissen: „Einige Schritte
vorwärts in die Informationsgesellschaft sind in Wirklichkeit Schritte zurück in
eine kleine Gemeinschaft und die beengende Atmosphäre, die sie zugegebener-
maßen oft genug kennzeichnet" (Floridi 2015, S. 146). Ein zweiter Aspekt ist die
neue Qualität von Übergriffen auf die Privatsphäre durch Spyware, Big Data und
Algorithmen: So finden zunehmend Einbrüche in unsere Privatsphäre statt, die
aber nicht zwangsläufig privates öffentlich machen. Der Einbruch besteht vielmehr
darin, dass ohne explizite Zustimmung Daten gesammelt werden, Webseiten und
Apps die Aktivitäten der Nutzer überwachen – dies jedoch nicht, um diese Daten
zu veröffentlichen, sondern um sie auszuwerten und zu monetarisieren. Hier wird
erneut die Hybridität von privat und öffentlich deutlich: „Das heißt nicht, dass uns
unsere Privatsphäre egal wäre, vielmehr akzeptieren wir, dass online zu sein eine
der weniger privaten Angelegenheiten in unserem Leben ist" (Floridi 2015, S. 149).
Dies hat nun dazu geführt, das Kommunikationsbeziehungen zunehmend Fremde
miteinschließen – weil die technologischen Affordanzen dies ermöglichen und
die den Technologien zugrundeliegenden Geschäftsmodelle dies bedingen. Durch
Social Media ist der semiöffentliche Bereich unserer Kommunikationsbeziehungen
stark gewachsen, während rein private oder anonyme Kommunikation, zumindest
technisch vermittelt, kaum mehr möglich ist.

Die zunehmende Inklusion oder mindestens Duldung von Dritten, von Fremden
in vormals privaten Kommunikationsbeziehungen, wie Social Media sie vorantreiben,
ist allerdings kein Problem für die Konstitution von Öffentlichkeit. Im Gegenteil:
so kann man es geradezu als ein Kernelement von öffentlicher Kommunikation
sehen, dass sie immer auch Fremde einschließen muss:

> "A public might almost be said to be stranger-relationality in a pure form, because
> other ways of organizing strangers – nations, religions, races, guilds – have manifest
> positive content. They select strangers by criteria of territory or identity or belief or
> some other test of membership. (…) A public, however, unites strangers through
> participation alone, at least in theory. Strangers come into relationship by its means,
> though the resulting social relationship might be peculiarly indirect and unspecifi-
> able." (Warner 2002, S. 75)

Dies begründet Warner damit, dass öffentliche Kommunikation immer einen Adressaten braucht, der über den engeren Kreis von Familie, Freunden, und Bekannten hinausreicht. Oder anders gesagt: „A nation or public or market in which everyone could be known personally would be no nation or public or market at all" (Warner 2002, S. 76).

Damit wären private Kommunikationsbeziehungen solche zwischen Akteuren, die sich kennen und die von Fremden abgeschirmt sind, z. B. Brieffreundschaften oder geschlossenen WhatsApp-Gruppen. Öffentliche Kommunikationsbeziehungen hingegen finden statt zwischen Akteuren, die einander (noch) fremd sind und die prinzipiell für alle offen sind, z. B. bei Kundgebungen oder in der Kommentarfunktion auf journalistischen Online-Portalen. Wo aber verläuft die Abgrenzung zu semiöffentlichen Beziehungen, die gerade mit Blick auf soziale Netzwerke, Online-Foren usw. besonders spannend sind?

Wenn private Kommunikationsbeziehungen keine Fremden enthalten dürfen, öffentliche Kommunikationsbeziehungen aber Fremde beinhalten müssen, dann sind semiöffentliche Kommunikationsbeziehungen solche, die Fremde enthalten *können*: entweder als Adressaten oder aber nur als Beobachter, passive Beteiligte. Das bedeutet, dass semiöffentliche Kommunikationsbeziehungen ebenso wie private Kommunikationsbeziehungen abgegrenzt, also eben nicht für alle offen sind, jedoch diese Abgrenzung durchlässig für Fremde sein kann. Dies kann sich z. B. in der Form manifestieren, dass bei einer privaten Konversation in Kauf genommen wird, von Fremden beobachtet zu werden, z. B. beim lautstarken Telefonieren im Zug oder beim Kommentieren von Postings von Freunden bei Facebook. Der Inhalt kann rein privat sein (z. B. eine Verabredung), die Beteiligten sind sich aber darüber bewusst, dass andere diese Konversation mitlesen und ggf. auswerten können – und zwar andere Bekannte (bekannte Mitfahrer, Facebook-Freunde) sowie Fremde (unbekannte Mitfahrer, Facebook-Mitarbeiter). Dadurch wird die Kommunikation mit Freunden „unweigerlich" auch „zur Interaktion mit Fremden" (Münker 2009, S. 84).

4   Semiöffentlichkeit und politische Mobilisierung

Mit der zunehmenden Verbreitung, Differenzierung und Nutzung sozialer Netzwerke haben sich auch die Kommunikationsbeziehungen vervielfältigt und ausdifferenziert. Kommunikation findet nicht mehr nur privat oder öffentlich statt, sondern in zunehmendem Maße semiöffentlich. Dies hat Konsequenzen für die Reichweite und Form politischer Mobilisierung. Das besondere Potential semiöffentlicher Kommunikationsbeziehungen für die politische Mobilisierung ist als Meso-Mobilisierung bezeichnet worden: Social Media ermöglichen die Koordinierung innerhalb der Bewegung und über nationale Grenzen hinweg ohne zentralisierte Hierarchieformen (Scott und Street 2001), oder auch als Ad-Hoc Mobilisierung, als Mobilisierung über horizontale, autonome Netzwerke mit transnationaler Wirkung (Castells 2007, S. 246). Dabei hängt es nicht mehr vor allem von „makrostrukturellen Kontextbedingungen [...], vor allem der Dichte einer Gesellschaft, d. h. dem Ausmaß ihrer gruppenübergreifenden Austauschbeziehungen" (Gerhards und Neidhardt 1990, S. 20) ab, ob niedrigschwellige persönliche Begegnungen und Gespräche (encounters) stattfinden und sich letztlich eine semiöffentliche oder öffentliche Dynamik entwickelt. Digitale Medien erweitern die potentielle Reichweite für politische Mobilisierung: „Mediatization, the spread of digital networks in particular, radically amplifies the cascading potential of social networks, resulting in protests that scale up much faster than in the past and can build up to dimensions that would often have required the work of large rank-and-file structures" (Nunes 2015, S. 3665).

Das bedeutet, dass Mobilisierung nicht mehr auf dicht besiedelte, zumeist städtische Kontexte angewiesen wäre. Mobilisierung bräuchte die Stadt als Raum nicht mehr (zur Konstruktion städtischer Räume vgl. Christmann sowie von Saldern in diesem Band). Eine große Menschenmenge kann sich zeitgleich für oder gegen eine beliebige Sache engagieren, ohne am selben Ort sein zu müssen (z. B. in „Shitstorms", Himmelreich und Einwiller 2015). Folgen wir Hepp et al. (in diesem Band), hat das Lokale dennoch einen wichtigen Stellenwert in mediatisierten Vergemeinschaftungsprozessen. Daher erleben wir nur selten größere Bewegungen der Landbevölkerung: die sichtbaren politischen Mobilisierungen der letzten Jahre fanden ihren Ausdruck in Städten – ob auf dem Tahrir-Platz in Kairo, dem Maidan in Kiew, auf dem Theaterplatz in Dresden (auch das ist Zivilgesellschaft) oder Anfang 2017 auf der Mall in Washington DC.

Ein weiterer Effekt von semiöffentlichen Kommunikationsbeziehungen ist, dass sie es ermöglichen, Botschaften und Ideen in sozialen Netzwerken zu „pre-testen": Bevor man sich mit Protest oder einem Anliegen in die „große" massenmediale Öffentlichkeit wagt, kann man mit geringem Ressourceneinsatz testen, ob es Gefolgschaft gibt (und wie viel), aus welchem Adressatenkreis das potentielle Publikum besteht, welche Parolen ankommen, und welche nicht. Ein Beispiel dafür ist die anfängliche Entwicklung von Pegida, der wöchentlichen Demonstrationen rechtspopulistischer „Patrioten gegen die Islamisierung des Abendlandes" in Dresden seit dem Herbst 2014. Zunächst bestand Pegida nur aus einer geschlossenen Facebook-Gruppe, die dann öffentlich zugänglich wurde und in der über den Wochenverlauf Themen für die montägliche Kundgebung gesammelt und zugespitzt werden konnten. Auf solche Weise kann sich ein innerer Unterstützerkreis formieren und organisieren

– und z. B. über Crowdfunding erste Ressourcen generieren; sich ein Bild machen, wo potentielle Unterstützer leben und wer sie sind. Warner (2002, S. 113) hat schon darauf verwiesen, dass Mobilisierung auch diskursiv ist:

> "Public discourse says not only 'Let a public exist' but 'Let it have this character, speak this way, see the world in this way': It then goes in search of confirmation that such a public exists, with greater or lesser success – success being further attempts to cite, circulate, and realize the world understanding it articulates. Run it up the flagpole and see who salutes. Put on a show and see who shows up."

Darin liegt das große Potential von Social Media für die politische Mobilisierung: Die Ansprache potentieller Unterstützer für eine Sache findet nicht unpersönlich über Plakate oder Massenmedien statt, sondern individuell über die eigenen, semiöffentlichen Kommunikationsbeziehungen zu Freunden und Bekannten. Triadische Beziehungen werden instrumentalisiert, gezielt angesprochen und aktiviert. Gleichzeitig „reisen" diese Informationen und Links möglichst viral über langkettige „weak-ties" (Granovetter 1973) innerhalb von Netzwerken, die aus privaten, öffentlichen und immer mehr eben aus semiöffentlichen Kommunikationsbeziehungen bestehen. Kommunikationsbeziehungen über schwache Bindungen, also mit Menschen, die uns nicht sehr nahestehen, haben den Vorteil, dass sie nicht-redundante, neue Informationen befördern sowie ihre Rezipienten potentiell abweichenden Ansichten aussetzen. Die meisten Beziehungen, die über Social Media gepflegt werden, basieren auf solchen schwachen Bindungen: Im Durchschnitt haben Facebook-Nutzer in den USA 350 Kontakte in ihrem Netzwerk[2], während Psychologen davon ausgehen, dass Menschen nicht mehr als 150 relevante, starke Beziehungen unterhalten können (Bilbrey 2014). Ein wichtiger Aspekt von Social Media für die Transformation von Öffentlichkeit, den Aufstieg von Semiöffentlichkeit und letztlich auch für politische Mobilisierung ist genau ihre Affordanz, diese Art von Beziehungen technologisch vermittelt unterhalten und instrumentalisieren zu können. Auf diese Weise erreichen Informationen auch Menschen, die sich überhaupt nicht für ein bestimmtes Thema oder Politik insgesamt interessieren. Leute, die nie gezielt politische Informationen im Internet suchen würden, sehen Links zu Artikeln, Protestaufrufe, Fundraising-Aktionen usw., weil ihre Facebook-Kontakte diese teilen, posten und kommentieren. Dadurch sind diese Informationen zugleich mit einer vertrauenswürdigen, personalisierten Herkunft verbunden – unbeschadet davon, wie vertrauenswürdig, faktisch korrekt oder gemeinwohlorientiert diese Informationen sind. Ein Spendenaufruf kommt

---

2   http://www.statista.com/statistics/232499/americans-who-use-social-networking-sites-several-times-per-day/ (9.2.2017)

beispielsweise dann nicht aus „den Medien" oder von obskuren Vereinen, sondern von den Freunden, und von Freunden von Freunden. Politische Mobilisierung in hybriden Mediensystemen und über hybride Organisationsformen (Chadwick 2014) funktioniert transmedial. Social Media bieten zwar viel Potential, jenseits der Massenmedien einen größeren Kreis (aber kein Publikum!) anzusprechen. Gesellschaftsweite Sichtbarkeit und eine virale Verbreitung- und Mobilisierungsdynamik entsteht aber nur im Tandem mit traditionellen Massenmedien. Ein Beispiel dafür waren die Proteste auf dem Kairoer Tahrir-Platz 2011. Von den Panzern des repressiven Ancien Régime umstellt, nutzten Protestierende ihre Mobiltelefone, um die Ereignisse live via social media in die Welt zu streamen. Wirklich sichtbar und relevant wurden diese Bilder und Videos aber erst und nur, weil Al Jazeera und später andere internationale Fernsehsender sie in ihre Berichterstattung einbauten – in Ermangelung eigenen Materials, da Journalisten und Korrespondenten von den Orten des Geschehens verwiesen worden waren. Insofern bot das Streamen der Geschehnisse in Echtzeit den Demonstranten auch Schutz: Würde der Protest gut dokumentiert und unter den Augen eines internationalen Publikums gewaltsam niedergeschlagen werden? Die Authentizität der nutzergenerierten Inhalte erzeugte dann Anschlusskommunikation – sowohl in traditionellen Massenmedien als auch in den sozialen Netzwerken, in denen die Berichterstattung über den Tahrir-Platz wieder geteilt und kommentiert wurde. Nur mit sozialen Netzwerken allein wäre diese internationale Sichtbarkeit und Anschlusskommunikation nicht herzustellen, denn erst die journalistische Selektion der Bilder und Videos verlieh ihnen die nötige Relevanz.

Dabei sind Social Media keineswegs immer Mobilisierungskatalysatoren. Dies liegt daran, dass sich die Nutzer scheuen, Inhalte zu posten, die von der wahrgenommenen Mehrheitsmeinung ihres imaginierten Publikums divergieren oder in offenem Gegensatz zu diesen stehen, weil ihnen die semiöffentliche Art ihrer Kommunikationsbeziehungen durchaus bewusst ist: „Most people surveyed said they would be willing to discuss [a political issue] at dinner with family or friends, at a community meeting or at work. The only setting where most people said they would not discuss it were Facebook and Twitter" (Miller 2014, o. S.). Social Media sind als Kanäle strategischer Kommunikation keineswegs neutral und bergen zudem auch nicht-demokratisches Potential. In nicht-demokratischen Regimen ist der Einsatz von digitaler Kommunikationstechnik mit besonderem Risiko behaftet. Wie man im Zuge der Proteste in Tunesien Ende 2010 gesehen hat, verfügen auch repressive Staaten und „Gerontokratien" über IT-Personal und Techniker. Es war in Tunesien nur dem raschen Eingreifen von Facebook zu verdanken, dass die Profile der Demonstranten nicht vom Staat gehackt und zur polizeilichen Verfolgung genutzt werden konnten (Lobo 2011). Verlässlich ist dies aber nicht: Facebook ist ein börsennotiertes Unternehmen, keine politische Organisation – und die wechselhaften Beziehungen zwischen Google und der chinesischen Regierung haben die Fluidität der politischen Haltungen im Silicon Valley bereits bestens illustriert. Politisches Engagement in Autokratien bleibt auch mit Facebook, Twitter etc. risikoreich. Und politische Mobilisierung in Demokratien bleibt auch mit Facebook, Twitter etc. ein anspruchsvoller Prozess: „the challenge is not simply to identify new communicational practices and their effects on the content of public discussion, but to understand how the encounter between technologies of communication and political processes creates new conditions for the formation of issues of common interest and their publics" (Langlois et al. 2009, S. 417).

Social Media brauchen die Stadt eigentlich nicht, haben sie als Ort und Symbol aber keineswegs überflüssig gemacht. Ein Vorteil digitaler Kommunikationstechnologien für die Mobilisierung von Protest ist, dass Kommunikation asynchron und ortsunabhängig stattfinden kann: alle können sich beteiligen, wann sie Zeit dafür haben und an welchem Ort auch immer sie sich befinden. Dennoch scheinen auch Prozesse, die über digitale Kommunikationstechnologien ablaufen, keineswegs ortlos zu sein. Saskia Sassen (2001) hat mit den „global cities" gezeigt, dass auch eine globale und digital vernetzte Finanzbranche reale Städte braucht, an denen sie sich kristallisiert. So sind in New York und anderen Börsenstandorten im Zuge des automatisierten Hochfrequenz-Aktienhandels die Immobilienpreise gestiegen, weil Banken möglichst nah an den Börsen-Servern handeln wollen. Auch soziale Bewegungen oder Protestbewegungen können nicht ortlos sein: Eine Demonstration auf freiem Feld, ein Sit-in am Waldesrand wären kaum zielführend. Zum einen: Protest muss gesehen werden. Zum anderen: politische Mobilisierung ist immer auch auf Symbole angewiesen, auf Orte mit historischer Bedeutung, auf Verknüpfungen mit der geteilten Identität ihrer Adressaten: Plätze, Straßen oder Gebäude, die Sinnbild vergangener Bewegungen, Helden oder Revolutionen sind und sich auf irgendeine Art und Weise identitätsstiftend mit der Botschaft der Bewegung verbinden lassen. Dass sich alle Beteiligten dieser Intention bewusst sind, illustriert die Tatsache, dass manche Städte angemeldete Demonstrationen von Neonazis ins Gewerbegebiet verlegen: das Demonstrationsrecht bleibt gewahrt, aber man verweigert die Verbindung mit Symbolen kollektiver Identität. Man sieht es auch daran, wie sich Institutionen, die als ein solches Symbol wahrgenommen werden, gegen eine Vereinnahmung zu wehren versuchen, etwa wenn die Semperoper die Lichter löscht, um sich von den Pegida-Demonstranten vor ihrer Tür zu distanzieren.

5   Fazit: Semiöffentlichkeit und Mobilisierung in der mediatisierten Stadt

Digitale Medien „machen" keine urbanen Bewegungen – aber sie ermöglichen in einer Weise semiöffentliche Kommunikationsbeziehungen, die zu einer neuen Vielfalt und Diversität von Kommunikationsformen beitragen – auch im Bereich der politischen Mobilisierung in Städten und andernorts. Das kann manchmal nur eine lokal und zeitlich überschaubare Mobilisierung mit Bezug auf ein Hashtag sein (#eachbodyisready), aber auch fluidere Selbstorganisation und Mobilisierungspotentiale für größere urbane Phänomene wie Pegida ermöglichen.

Die mediatisierte Stadt prägt politische Mobilisierungsprozesse: durch Infrastruktur, weil konnektives Handeln auf schnelle und leistungsfähige Internetverbindungen angewiesen ist, die möglichst auch kleinräumig und vielfältig sein sollten (so z. B. WLAN-Netze diverser lokaler Anbieter). Zudem durch soziale Dichte, weil Freundeskreise, Netzwerke, Vereine, Gruppen im städtischen Milieu besonders eng miteinander verknüpft sind. Auch für die Verbreitung von innovativen Kommunikationstechnologien sind Städte relevant, denn die Diffusion von Technologie ist abhängig von der Dichte an „early adopters" und verfügbaren Wissensquellen über diese Technologien (Baptista 2001). Städte sind technologie-affin – nicht erst seit die „smart city" als Wiedergänger kybernetischer Stadtvisionen diskutiert wird (vgl. Buschauer in diesem Band). In diesem Sinne bietet die Stadt hervorragende Vorbedingungen für Mobilisierung über öffentliche und semiöffentliche Kommunikationsbeziehungen. Sie ist „politisches Labor und gesellschaftlicher Verantwortungsraum" (vgl. Bieber in diesem Band). Zugleich ist die mediatisierte Stadt die Bühne, auf der konnektives Handeln auch außerhalb der technischen Plattformen sichtbar wird, der Ort an dem Protest aus Facebook oder Twitter heraus auf Straßen und Plätze treten kann.

Semiöffentlichkeit und politische Mobilisierung prägen aber auch mediatisierte Städte: Nachbarschaften, Freundeskreise, politische Gruppen, Gemeinschaften der Gegenöffentlichkeit brauchen deutlich kleinere Zeitfenster und weniger Ressourcen, um sich zu mobilisieren. Nachdem US-Präsident Trump im Februar 2017 einen Erlass unterzeichnet hatte, der Menschen aus sieben mehrheitlich muslimischen Staaten die Einreise verwehrte, strömten tausende Bürger in New York und anderen Städten innerhalb weniger Stunden zu den Flughäfen. Für diese Aktionen brauchte es nur einen Tweet des Regisseurs Michael Moore, sie entstanden praktisch „out of nowhere".[3] Über Social Media zirkulierten bald Bilder die zeigten, wie Polizisten in

---

3   https://www.nytimes.com/2017/01/28/nyregion/jfk-protests-trump-refugee-ban.html?_
      r=0

New York Demonstranten am Übergang von U-Bahn und Flughafenbahn abfingen, bis der Gouverneur des Staates anordnete, alle Personen zum Flughafen durchzulassen. Die gesamte Kommunikation zwischen Demonstranten, Flughafenbehörde, Polizei und dem Gouverneur lief über Social Media sowie transmedial über Nachrichtensender, die live berichteten. Ohne die Möglichkeit, Texte, Bilder und Video in Echtzeit an alle relevanten Stellen und an eine breitere Öffentlichkeit zu senden, wäre eine solche spontane, aber gleichsam konzertierte Protestaktion kaum möglich gewesen. Zu erwarten ist deshalb, dass größere politische Mobilisierungen künftig öfter auch relativ spontan mit wenig Vorlaufzeit und ohne Vorverhandlungen mit städtischen Akteuren stattfinden werden. Insofern ist die mediatisierte Stadt ein Resonanzraum der über öffentliche und semiöffentliche Kommunikationsbeziehungen selbst-mobilisierten und selbst-organisierten Akteure.

Literatur

Baptista, Rui. 2001. Geographical clusters and innovation diffusion. *Technological Forecasting and Social Change* 66 (1): 31-46.

Bennett, W. Lance und Alexandra Segerberg, A. 2012. The logic of connective action: digital media and the personalization of contentious politics. *Information, Communication und Society* 15 (5): 739-768.

Bilbrey, Jenna. 2014. Even online, you can't have more than 150 friends. *Science*. http://www.sciencemag.org/news/2014/10/even-online-you-cant-have-more-150-friends (9.2.2017)

Boeder, Peter. 2005. Habermas' heritage: The future of the public sphere in the network society. *First Monday* 10 (9): http://firstmonday.org/ojs/index.php/fm/article/view/1280 (9.2.2017)

Bridge, Gary. 2009. Reason in the city? Communicative action, media and urban politics. *International Journal of Urban and Regional Research* 33 (1): 237-240.

Castells, Manuel. 2007. Communication, power and counter-power in the network society. *International Journal of Communication* 1(2007): 238-266.

Chadwick, Andrew. 2013. *The hybrid media system: Politics and power.* Oxford University Press.

Chadwick, Andrew. 2007. Digital network repertoires and organizational hybridity. *Political Communication* 24 (3); 283-301.

Donati, P. 2011. *Relational sociology: A new paradigm for the social sciences.* London: Routledge.

Enli, Gunn S. und Eli Skogerbø. 2013. Personalized campaigns in party-centered politics. *Information, Communication & Society* 16 (5): 757-774.

Fenton, Natalie. 2012. The internet and social networking. In *Misunderstanding the Internet*, hrsg. J. Curran, N. Fenton und D. Freedman, 123-148, London: Routledge.

Floridi, Luciano. 2015. *Die 4. Revolution. Wie die Infosphäre unser Leben verändert.* Berlin: Suhrkamp.

Gerhards, Jürgen und Friedhelm Neidhardt. 1990. Strukturen und Funktionen moderner Öffentlichkeit: Fragestellungen und Ansätze. *Veröffentlichungsreihe der Abteilung*

Öffentlichkeit und Soziale Bewegungen des Forschungsschwerpunkts Sozialer Wandel, Institutionen und Vermittlungsprozesse des Wissenschaftszentrums Berlin für Sozialforschung, No. FS III 90-101.

Granovetter, Mark. 1973. The strength of weak ties. *American Journal of Sociology* 78 (6): 1360-1380.

Hepp, Andras. 2013. Die kommunikativen Figurationen mediatisierter Welten: Zur Mediatisierung der kommunikativen Konstruktion von Wirklichkeit. In *Kommunikativer Konstruktivismus: Theoretische und empirische Arbeiten zu einem neuen wissenssoziologischen Ansatz*, hrsg. R. Keller, H. Knoblauch und J. Reichertz, 97-120, Wiesbaden: VS Springer.

Himmelreich, Sascha und Sabine Einwiler. 2015. Wenn der „Shitstorm" überschwappt. Eine Analyse digitaler Spillover in der deutschen Print-und Onlineberichterstattung. In *Strategische Onlinekommunikation. Theoretische Konzepte und empirische Befunde*, hrsg. O. Hoffjann und T. Pleil, 183-205, Wiesbaden: Springer Fachmedien.

Howard, Philip und Muzammil Hussain. 2011. The role of digital media. *Journal of Democracy* 22 (3): 35-48.

Langlois, Ganaele et al. 2009. Networked publics: The double articulation of code and politics on Facebook. *Canadian Journal of Communication* 34 (3): 415-434.

Lobo, Sascha. 2011. Die Mensch-Maschine: Wie Facebook arabische Online-Spitzel besiegte. *Spiegel Online*, http://www.spiegel.de/netzwelt/web/s-p-o-n-die-mensch-maschine-wie-facebook-arabische-online-spitzel-besiegte-a-742961.html (9.2.2017)

Lundby, Knut. 2009. Media Logic: Looking for Social Interaction. In Mediatization: Concept, Changes, Consequences, hrsg. K. Lundby, 101–119, New York: Peter Lang.

Miller, Claire. 2014. How Social Media Silences Debate. *The New York Times*. https://www.nytimes.com/2014/08/27/upshot/how-social-media-silences-debate.html (9.2.2017)

Münker, Stefan. 2009. *Emergenz digitaler Öffentlichkeit. Die Sozialen Medien im Web 2.0.* Frankfurt am Main: Suhrkamp.

Mützel, Sophie und Jan Fuhse. 2010. Einleitung: Zur relationalen Soziologie Grundgedanken, Entwicklungslinien und transatlantische Brückenschläge. In *Relationale Soziologie*, hrsg. J. Fuhse und S. Mützel, 7-35, Wiesbaden: VS Springer,.

Nunes, Rodrigo. 2015. Latin American Struggles. The Network Prince: Leadership between Clastres and Machiavelli. *International Journal of Communication* 9 (2015): 3662-3679.

Papacharissi, Zizi. 2010. *A private sphere: democracy in a digital age.* Cambridge: Polity.

Sassen, Saskia. 2001. *The global city.* Princeton: Princeton University Press.

Scott, Alan und John Street. 2001. From media politics to e-protest? The use of popular culture and new media in parties and social movements. In *Culture and politics in the information age: A new politics*, hrsg. F. Webster, 32–51, London: Routledge.

Warner, Michael. 2002. *Publics and counterpublics.* New York: Zone Books.

West, Anne, Jane Lewis und Peter Currie. 2009. Students' Facebook 'friends': public and private spheres. *Journal of Youth Studies* 12 (6): 615-627.

Vorderer, Peter. 2015. Der mediatisierte Lebenswandel. *Publizistik* 3 (60): 259-276.

Zur Autorin

Ulrike Klinger, Prof. Dr., ist Juniorprofessorin für Publizistik- und Kommunikationswissenschaft mit dem Schwerpunkt Digitale Kommunikation unter Berücksichtigung von Genderaspekten an der FU Berlin. Sie leitet die Forschergruppe „Nachrichten, Kampagnen und die Rationalität öffentlicher Diskurse" am Weizenbaum-Institut für die vernetzte Gesellschaft in Berlin. Ihre Forschungsschwerpunkte sind digitale Kommunikation, politische Kommunikation und Öffentlichkeit.

Repair Cafés
Orte urbaner Transformation und Vergemeinschaftung der Reparaturbewegung

Sigrid Kannengießer

1   Einleitung

Seit wenigen Jahren ist eine neue Reparaturbewegung zu beobachten, welche sich gegen die Konsum- und Wegwerfgesellschaft wendet und versucht, die Nutzungsdauer von Dingen durch das Reparieren dieser zu verlängern. Sichtbar wird diese Bewegung v. a. in Repair Cafés – Veranstaltungen, in denen sich Menschen treffen, um gemeinsam ihre defekten Alltagsgegenstände zu reparieren. Repariert werden Fahrräder, Textilien, Küchengeräte, Medientechnologien etc. Während einige Personen bei diesen Veranstaltungen Reparaturhilfe anbieten, suchen andere Unterstützung beim Reparaturprozess.

Die niederländische Stiftung *Stichting Repair Café* beansprucht für sich, das Konzept der Repair Cafés 2009 entwickelt zu haben (Stichting Repair Café ohne Datum). Ob dies tatsächlich der Ursprung ist oder nicht, zu beobachten ist, dass sich das Veranstaltungsformat der Repair Cafés in den vergangenen Jahren verbreitet hat, v. a. in west- und nordeuropäischen Ländern sowie Nordamerika.

Auch in Deutschland gibt es mittlerweile eine Vielzahl von Repair Cafés, die von ganz unterschiedlichen Akteuren organisiert werden. Die Stiftung *Anstiftung & Ertomis* versucht, die Reparaturinitiativen in Deutschland zu koordiniert und ein Netzwerk zwischen ihnen zu bilden. Dafür können sich die Reparaturinitiativen auf einer Online-Plattform registrieren. Bislang sind 618 Initiativen registriert (Stand 20. Februar 2018). Auf dieser Plattform verweist ein Kalender auf die Termine der Reparaturveranstaltungen und eine interaktive Karte präsentiert, wo die Repair Cafés stattfinden.[1] Hier wird sichtbar, dass die Repair Cafés kein alleinig urbanes

---

1   www.reparatur-initiativen.de/, zugegriffen am 20. Februar 2018.

© Springer Fachmedien Wiesbaden GmbH, ein Teil von Springer Nature 2018
A. Hepp et al. (Hrsg.), *Die mediatisierte Stadt*, Medien • Kultur • Kommunikation,
https://doi.org/10.1007/978-3-658-20323-8_12

211

Phänomen sind, doch ein Großteil der Initiativen in Städten organisiert werden; alleine 73 der registrierten Cafés befinden sich in Berlin, Hamburg und München. Ein wesentliches Merkmal von Städten ist Konsum (Weber 1972, S. 727 ff.). Nicht nur sind im urbanen Raum eine Vielzahl von Konsummöglichkeiten gegeben, vielmehr lädt die mediatisierte Stadt mit ihren Werbeplakaten und digitalen Werbetafeln fortwährend zum Konsumieren ein. Im Kontext dieser „Konsumentenstädte" (Weber 1972, S. 729) wollen die Repair Cafés ein Zeichen gegen den Konsum, das Wegwerfen und den Neukaufen setzen. So werden sie Teil von *Green Creative Cities* (Müller 2013), in denen Kreativität und das Ziel der Nachhaltigkeit kombiniert werden (Müller 2013, S. 18).

Dies zeigen Ergebnisse einer qualitativen Studie, in der ich Repair Cafés untersuchte. In diesem Beitrags stehen die Ergebnisse der Studie im Fokus, durch welche die Relevanz der Räume und urbanen Orte, an denen sich die Reparaturbewegung trifft, herausgearbeitet werden können: Wo finden die Repair Cafés statt und wie beeinflussen die Veranstaltungsräume sowie die urbanen Orte den Charakter der Veranstaltungen? Sowie im Umkehrschlus: Wie wirken die Repair Cafés in den städtischen Raum und welche Ziele werden dabei verfolgt?

Diese Fragen sollen im Verlauf dieses Beitrags beantwortet werden. Dabei werden auch Aspekte von Gemeinschaftsbildung und Vergemeinschaftung sichtbar. Denn in den Repair Cafés trifft sich die Reparaturbewegung, zu der sich viele der Teilnehmenden zugehörig fühlen. Um die Merkmale einer Reparaturgemeinschaft aufzuzeigen, wird die Metapher der kommunikativen Figuration (Hepp und Hasebrink 2013) herangezogen, durch die sowohl die Akteurskonstellation der Reparaturveranstaltungen, als auch der dominante Relevanzrahmen sowie die (medienvermittelten) kommunkativen Praktiken herausgearbeitet werden. Den Beitrag abschließend wird diskutiert, ob und inwiefern die Repair Cafés Orte urbaner Transformation sind.

2   Forschung zum Reparieren und Repair Cafés

Repair Cafés und das Reparieren wird derzeit v. a. in der Design- und Technikforschung sowie der Kulturwissenschaft beforscht. Studien analysieren neben der Praxis des Reparierens und öffentlichen Reparaturveranstaltungen auch deren gesellschaftliche Bedeutung. Das Reparieren kann mit Daniela Rosner und Fred Turner (2015, S. 59) definiert werden als der Prozess, durch den Technologien erhalten und wieder- bzw. weiterverwendet werden, um mit deren Verschleiß und rückschrittlichen Veränderungen umzugehen. Stephen Graham und Nigel Thrift beschreiben die Relevanz des Reparierens in modernen Gesellschaften:

"Repair and maintenance are not incidental activities. In many ways, they are the engine room of modern economies and societies. As such, they form a challenge to our ways of thinking about things which is more than just an expression of their supposedly passive and banal presence. For what we see is that repair and maintenance are vital parts of the relays of everyday life […] Without them, life would not be possible." (2007, S. 19f.)

Steve Jackson betont, dass in heutigen Krisenzeiten die wissenschaftliche Perspektive vom Neuen, Wachstum und Fortschritt verschoben werden sollte auf Abnutzung, Verfall und Zusammenbruch (2014 S. 221f.). Dass sich die Praxis der Reparatur auch in (post)industriellen Gesellschaften verbreitet, zeigt die rasant steigende Anzahl von Repair Cafés (s. o.). Eine Publikation von Mitarbeiterinnen und Mitarbeitern der *Anstiftung & Ertomis*, die die Repair Cafés in Deutschland vernetzen will, stellt verschiedene Reparaturprojekte in Deutschland vor (Baier et al. 2016).

Das Reparieren wird im wissenschaftlichen Diskurs als Aushandlungsprozess über die Nutzungsdauer von Technologien beschrieben (Rosner und Ames 2014), als politisches Handeln (Rosner und Turner 2015, S. 6f.) und unkonventionelle politische Partizipation (Kannengießer 2018a) sowie als künstlerische Praxis (Jackson und Kang 2014). Maria Grewe konzeptionalisiert auf der Basis einer Analyse von Repair Cafés in Deutschland das Reparieren als nachhaltige Praxis im Umgang mit begrenzten Ressourcen (2015). Auch im Kontext ökonomisch entwickelter Länder wird das Reparieren als Handlung in Entwicklungsprojekten untersucht (z. B. Jackson et al. 2012).

Auf der Basis einer quantitativen Studie, in der 158 Personen in neun Ländern befragt wurden, arbeiten Martin Charter und Scott Keiller die Motivationen von Teilnehmenden öffentlicher Reparaturveranstaltungen heraus. Zu den drei meistgenannten Gründen, warum Helferinnen und Helfer sich an Repair Cafés beteiligen, gehören das Ziel der Nachhaltigkeit, der Dienst an der Gemeinschaft sowie der Wunsch, Teil einer Reparaturbewegung zu sein (2014, S. 5). Charter und Keiller kommen zu dem Ergebnis, dass die freiwilligen Helfenden altruistisch handelten und persönlicher Nutzen für sie nicht wichtig sei (Charter und Keiller 2014, S. 13). Doch nicht alle Helfenden handeln nur oder vor allem uneigennützig. Die Ziele der an Repair Cafés Beteiligten muss differenzierter betrachtet werden: In einer qualitativen Studie konnte ich acht Ziele und Motive der an Repair Cafés beteiligten Personen herausarbeiten (vgl. Kannengießer 2018b): Die Organisierenden, Helfenden und Hilfesuchenden wollen durch das Reparieren die Nutzungsdauer existierender Geräte verlängern (1), um Ressourcen zu schonen (2) und die Müllproduktion (3) zu verhindern. Viele der Beteiligten haben Freude am Reparieren (4) und schreiben ihren Dingen einen Wert zu (5), manche (v. a. Studierende, Erwerbslose sowie Rentnerinnen und Rentner) reparieren aus finanzieller Notwendigkeit (6), da sie sich keine neuen Dinge leisten können. Das Reparieren findet oftmals als ein gemeinsamer kommunikativer Akt statt: Helfende erklären den Reparaturprozess und wollen ihr Wissen damit weitergeben (7), Hilfesuchende wollen das Reparieren lernen und sich ihrer Gegenstände ermächtigen (8).[2] Einige dieser Ziele und Motive spielen auch eine Rolle in der Wahl der Veranstaltungsorte, wie im Verlauf dieses Beitrags gezeigt wird.

3   Repair Cafés – Fallbeispiele und Methoden

Um die Repair Cafés zu analysieren, habe ich das Verfahren der Grounded Theory (Strauss und Corbin 1996) verwendet. Als Fallbeispiele wurden drei Repair Cafés in Deutschland ausgesucht, die sich im Setting und im Hinblick auf den Hintergrund der Organisierenden unterscheiden: Ein Repair Café wird von Wissenschaftlerinnen und Wissenschaftlern der Universität Oldenburg zunächst in einer Kneipe, dann in einem Gebäude in der Fußgängerzone Oldenburgs organisiert, ein zweites von einer Künstlerin in ihrem Atelier im Stadtteil Kreuzberg in Berlin[3] und ein drittes von einer Rentnerin in einem Stadtteilzentrum in der Kleinstadt Garbsen in der Nähe Hannovers.

In den Repair Cafés habe ich Fremdbeobachtungen (Flick 2009, S. 282) durchgeführt. Die Beobachtungen waren natürliche, da keine künstliche Situation für diesen Forschungszweck konstruiert wird (ebd.). Ich habe die Beobachtungen offen durchgeführt, da alle involvierten Personen über das Vorhaben und über seinen Grund informiert wurden (ebd.). Für die Beobachtung habe ich einen Beobachtungsleitfaden auf der Basis der Forschungsfragen und der Aufarbeitung des Forschungsstands erstellt. Der Beobachtungsleitfaden half zur Orientierung,

---

2   Ermächtigung kann in diesem Zusammenhang definiert werden als ein Prozess, in dem Wissen um Gegenstände angeeignet wird, um besser informierte Entscheidungen über diese zu treffen (Rosner und Ames 2014, S. 326). Genau wie Rosner und Ames konnte ich in meiner Analyse auch feststellen, dass die Ermächtigung selten in den Reparaturprozessen stattfindet, da oftmals *für* die Teilnehmenden repariert wird (Rosner und Ames 2014, S. 327, Kannengießer 2018a).

3   Es gibt eine Vielzahl von Repair Cafés in Berlin (siehe www.reparatur-initiativen.de/). Das Fallbeispiel wurde ausgewählt, da es das erste Repair Café Berlins war und mit dem Nachhaltigkeitspreis der Stadt ausgezeichnet wurde (Berlin Online 2013).

Vorbereitung und Sensibilisierung, um die Aufmerksamkeit auf für das Erkennt-
nisinteresse relevante Aspekte zu lenken; im Gegensatz zum Beobachtungsschema
ist der Leitfaden jedoch offener und weniger strukturierend angelegt (Schöne 2003,
o. S.). Die Beobachtungen wurden protokolliert.

Außerdem habe ich mit Organisierenden der Repair Cafés, Helfenden und Hilfesuchenden sowie Mitarbeiterinnen und Mitarbeitern der *Anstiftung & Ertomis*,
die die Gründung von Reparaturinitiativen unterstützt und ein Netzwerk deutscher
Repair Cafés gegründet hat (s. o.),[4] qualitative, leitfadengestützte Interviews (Kruse
2008, S. 53) durchgeführt. Diese erlauben, die Perspektive der Akteure zu rekonstruieren. Insgesamt wurden 40 Interviews erhoben. Um zu gewährleisten, dass die
für die Beantwortung der Forschungsfragen relevanten Aspekte in den Interviews
thematisiert werden, habe ich auf der Basis des Forschungsstands einen thematischen Leitfaden entworfen, anhand dessen die qualitativen Interviews durchgeführt
wurden (Kruse 2008, S. 33ff.). Die Form des thematischen Leifadens erlaubt, die
Interviews offen zu gestalten, so dass neue, durch die Interviewpartnerinnen und
-partner aufgebrachte Aspekte aufgegriffen werden konnten. Gleichzeitig konnten
jedoch alle wichtigen Themen durch den Leitfaden erfasst und thematisiert werden,
so dass die Interviews vergleichbar wurden (vgl. Kruse 2008, S. 53).

Die Auswahl der Interviewpartnerinnen und -partner erfolgte nach dem theoretischen Sampling (Strauss und Corbin 1996, S. 149ff.). Ziel des Samplings war es u. a.,
möglichst unterschiedliche Interviewpartnerinnen und -partner zu finden, die sich
in ihren soziodemographischen Merkmalen unterscheiden, wie u. a. im Geschlecht,
Klasse, Alter, Bildungshintergrund, Nationalität/Ethnizität. Die Interviews wurden
aufgenommen und transkribiert. Der Erhebungsprozess war dann abgeschlossen,
als eine theoretische Sättigung erreicht war (Strauss und Corbin 1996, 159).

Die Interviewtranskripte sowie die Beobachtungsprotokolle habe ich nach dem
dreistufigen Kodierprozess der Grounded Theory ausgewertet (Strauss und Corbin
1996). Der Kodierprozess wurde computergestützt durchgeführt.

Im Folgenden werden die Ergebnisse der Analyse herangezogen, anhand derer
zum einen die Relevanz der Orte der Repair Cafés disukutiert werden können, zum
anderen wird gezeigt, dass sich an diesen Orten Gemeinschaften der Reparaturbewegung konstituieren.

---

4   Siehe *Anstiftung & Ertomis* 2016a.

4   Relevanz der Räume und urbanen Orte der Reparaturveranstaltungen

Repair Cafés sind kein alleinig urbanes Phänomen, doch finden diese Veranstaltungen überwiegend im städtischen Raum statt. Denn gerade die mediatisierte Stadt als Ort des Konsums und der permanenten Aufforderung zum Konsumieren durch die Omnipräsenz von Werbeflächen provoziert Gegenbewegungen zu genau diesen Merkmalen der Stadt.

Die Räume, an denen die Reparaturveranstaltungen durchgeführt werden, prägen nicht nur die Events, vielmehr sind es auch die urbanen Orte, die die Organisierenden der Repair Cafés gestalten und verändern wollen. Im Folgenden unterscheide ich zwischen den Räumen, in denen die Repair Cafés stattfinden, also den Veranstaltungsräumen, sowie den Orten und beziehe mich dabei auf den städtischen Raum, in dem die Veranstaltungsräume lokalisiert sind.

Die Wahl der Veranstatungsräume hängt u. a. von den soziodemographischen Merkmalen der Organisierenden ab. So erklärt eine Mitarbeiterin der *Anstiftung & Ertomis*, die das Netzwerk der deutschen Repair Cafés betreut, dass die Wahl der Räume für die Reparaturveranstaltungen auch vom Alter der Organisierenden abhänge, so seien die Organisierenden der Repair Cafés in offenen Werkstätten oft jünger.[5]

Die Repair Cafés sind temporäre Veranstaltungen, d. h. für jede Veranstaltung müssen die jeweiligen Räumlichkeiten für das Reparieren hergerichtet werden. Die Reparaturveranstaltungen sind kostenlos, weder werden Eintrittsgebühren erhoben noch muss die Reparaturhilfe bezahlt werden. Auch dies beeinflusst die Wahl der Veranstaltungsräumlichkeiten, denn es werden keine Veranstaltungsorte gesucht, für die eine hohe Miete gezahlt werden müsste. Die Wahl der Räumlichkeiten der drei untersuchten Repair Cafés sind bewusst getroffen und begründet; durch die Wahl der Räume werden bestimmte Ziele verfolgt oder an sie werden politische Botschaften geknüpft, was im Folgenden erläutert wird.

Die für die qualitative Studie ausgewählten Repair Cafés finden in einem Künstleratelier statt (Kreuzberg, Berlin), in einem Stadtteilzentrum (Auf der Horst, Garbsen), sowie in einer Kneipe bzw. in einem Gebäude in der Fußgängerzone des Stadtzentrums Oldenburgs.

Letztgenannte Fallstudie ist für die Analyse der Relevanz der Räume bzw. Orte für Repair Cafés besonders aufschlussreich, denn das Repair Café in Oldenburg

---

5   Einige Reparaturveranstaltungen finden in sogenannten „offenen Werkstätten" statt. Das sind Räume, in denen Werkzeug und fachlicher Rat angeboten wird, um Dinge selber zu machen (Anstiftung & Ertomis 2016b).

hat während der Datenerhebung der Studie den Veranstaltungsraum gewechselt: Während es nach der Gründung 2013 in der Kneipe *Polyester* stattfand, wurden die Reparaturveranstaltungen aufgrund einer Kooperation mit dem Oldenburgischen Staatstheater in dessen Spielzeiten 2014 bis 2016 in einem von dem Theater bespielten Ladenlokal in der Fußgängerzone Oldenburgs durchgeführt.[6] Dieser Raumwechsel fand aufgrund einer Kooperation mit dem Oldenburgischen Staatstheater statt. Vor der Theaterkooperation fand das Repair Café in Oldenburg in der Kneipe *Polyester* statt. Der Initiator des Repair Cafés in Oldenburg beschreibt das *Polyester* als eine „besonders abgefahrene und kultige Kneipe", die er nicht aus Zufall ausgesucht habe. Er stellt eine Übereinstimmung zwischen der Idee des Repair Cafés und der Einstellung des Betreibers des *Polyesters* fest: Die Betreiber des Polyesters seien „absolut kompatibel mit dieser Idee [des Repair Cafés]. Weil die Kneipe selber aus nichts anderem besteht, also aus lauter Gerümpel, also Second-Hand-Geschichten, die dann ein bisschen aufgearbeitet werden." Mit der Auswahl dieser Veranstaltungsräumlichkeiten wolle der Organisator auch eine politische Aussage treffen. Die Wahl des Ortes war eine für Wieder- und Weiterverwertung, gegen die Wegwerfgesellschaft, für eine Kultur der Nachhaltigkeit.

Die Passfähigkeit der Reparaturveranstaltung in das *Polyester* erkennt auch der Betreiber der Kneipe, der betont, dass auch er, wie das Repair Café, auf Nachhaltigkeit achte, die Möbel der Kneipe second-hand seien und er nur vegetarisches Essen anbiete. Das *Polyester* ist Teil eines Gebäudes, das von der Polygenos Genossenschaft gekauft wurde, die basisdemokratisch über die Nutzung des Gebäude entscheidet und dieses überwiegend an Kulturschaffende vermietet (www.polygenos.de). So scheinen nicht nur die Idee des Repair Cafés mit dem *Polyester* übereinzustimmen, sondern ebenso mit dem genossenschaftlich verwalteten gesamen Gebäude, denn sowohl die Reparaturinitiative als auch die Genossenschaft zielen auf Teilhabe und Partizipation.[7] Und dennoch war, neben der Größe der Räumlichkeiten, die für die große Anzahl der Teilnehmenden an den Veranstaltungen nicht mehr ausreichte, auch die fehlende Lukrativität für den Betreiber des *Polyesters* einer der Gründe für den Räumlichkeitswechsel der Reparaturveranstaltungen in die Räume des Theaters, erläutert eine Organisatorin.

Die Organisatorinnen und Organisatoren des Repair Cafés in Oldenburg, betonen, dass ein signifikanter Unterschied zwischen den Räumlichkeiten des *Polyesters* sowie des Ladenlokals in der Fußgängerzone liege. Dies ist nicht nur darin begründet, dass die Veranstaltungsräume in dem Gebäude der Fußgänger-

---

6 Seit September 2016 findet das Repair Café im Kunstforum Oldenburgs in Kooperation mit der Werkschule e. V. statt.
7 Zum Reparieren als unkonventionelle politische Partizipation siehe Kannengießer 2018a.

zone größer sind, sondern auch dadurch, dass durch die Kooperation mit dem Oldenburgischen Staatstheater und die damit verbundene Öffentlichkeitsarbeit ein größeres Publikum erreicht werde. So betont eine Organisatorin des Repair Cafés, dass Theater habe eine „Hebelwirkung" für die Veranstaltung und verleihe dieser eine größere Reputation. Zu den vierstündigen Veranstaltung kamen nach Schätzung einer Organisatorin jeweils ca. 400 Menschen. Im Spielplan des Theaters Oldenburg fand das Repair Café in der *Sparte 7* statt, in der eine „Demokratisierung des Theaters" verfolgt wird:

> „Die Sparte 7 hat sich dem Ideal einer Demokratisierung des Theaters verschrieben. [...] Hier wollen wir Theater neu denken, diskutieren, ausprobieren und die Grenzen zwischen den einzelnen Theaterdisziplinen sowie den Menschen auf, vor und hinter der Bühne überwinden. Die Sparte 7 reagiert auf aktuelle Strömungen, Ereignisse und popkulturelle Hypes und holt zum theatralen Gegenschlag aus." (Oldenburgisches Staatstheater ohne Datum)

Die „aktuelle Strömung" ist in diesem Projekt die der Reparaturbewegung, mit der das Theater kooperiert und sie unterstützt. Der Prozess der Demokratisierung liegt in der Politisierung des Reparierens, der in der Inszenierung der Repair Cafés als Veranstaltungen gegen die Konsumgesellschaft geübten Gesellschaftskritik sowie den Ermächtigungsmomenten, die Teilnehmende durch das Reparieren ihrer defekten Alltagsgegenstände erleben.

Auch die Atmosphäre der Veranstaltungsorte unterscheidet sich. So beschreibt eine Organsatorin das *Polyester* als einen Entspannungsort: „Die Atmosphäre im *Poly* war so ganz gechillt, das war so ganz gemütlich und es war nicht viel los und es war eine ganz ruhige Atmosphäre und ein bisschen Pling-Plang-Musik [...], es war so ein Entspannungsort." Im Gegensatz dazu ist das Repair Café in den Räumen des Theaters geschäftiger, die Anzahl der Reparaturhelferinnen und -helfer sowie Teilnehmenden ist größer, und auch das breitere Angebot, da nicht nur repariert wird, sondern es auch Ausstellungen und Aktionen wie eine Vermittlungsshow (s. u.) und Lesungen gibt, lädt zu weiteren Aktivitäten ein. Denn durch die Kooperation der Oldenburger Reparaturinitiative mit dem Oldenburgischen Staatstheater hat nicht nur ein Wechsel der Räumlichkeiten stattgefunden, sondern auch zu einer Erweiterung des Angebotes der Reparaturveranstaltungen geführt. Repariert werden können nun nicht mehr nur defekte Alltagsgegenstände, vielmehr wird der Reparaturbegriff in diesem Rahmen breiter ausgelegt. So erklären die Organisierenden im Interview, dass auch kollektives Wissen „repariert" werde, in dem „alte" Fertigkeiten, wie etwa das Spinnen von Wolle, unterrichtet werden, aber auch soziale Beziehungen werden durch eine Vermittlungsshow (s. u.) „repariert". Des Weiteren wird das Reparieren bzw. der Verfall von Gegenständen künstlerisch thematisiert,

u. a. in einem Museum für Konsumwahn, in dem defekte Alltagsgegenstände in „Leichensäcken" ausgestellt werden.

Mit dem Standort in der Fußgängerzone Oldenburgs verknüpfen die Organisierenden eine politische Aussage:

> „*Um uns 'rum passiert der Konsumwahn vom Feinsten und wir sind der Antikonsum. [...] Im Prinzip ist es so, dass die Leute, die sich mit neuen Sachen eindecken um uns rum, hier vielleicht durch Zufall in die Baumgartenstraße [Teil der Fußgängerzone] kommen und sehen: ‚Ah Repair Café, ach ja, eigentlich hätte ich mir vielleicht keinen neuen Mixer kaufen müssen, sondern den alten reparieren lassen,' und vielleicht dann umdenken.*"

Die Organisatorin bezeichnet das Repair Café in der Fußgängerzone als einen Ort der Entschleunigung, in dem Menschen zur Ruhe kommen können. Gleichzeitig beschreibt sie das Repair Café als einen Raum der Kommunikation – im Gegensatz zu der diesen Raum umgebenden Fußgängerzone: „Man kommt in jedem Fall irgendwie in Kontakt mit Menschen und das hat man beim Shoppen-Gehen draußen nicht so viel." Somit versuchen die Organisierenden über die Repair Cafés auch, den Stadtraum zu gestalten (siehe zur Gestaltung von Stadt und Raum auch den Beitrag von Gabriela B. Christmann in diesem Band).

Waren die Reparaturveranstatungen im *Polyester* weniger besucht und konzentrierten sie sich auf das Reparieren, so sind doch auch die turbulenteren Reparaturveranstaltungen im Kontext der Fußgängerzone dem dort stattfindenden hektischen Konsum entrückt. Konsum ist ein wesentliches Merkmal für die Stadt (s. o., Weber 1972, S. 727 ff.). Die Oldenburger Reparaturinitiative versuchen, diesen Charaker der „Konsumentenstadt" (Weber 1972, S. 729) zu verändern in eine Stadt der Teilhabe, des Selbermachens und der Kommunikation.

Der Raum, aber auch die Kooperation mit dem Theater, wirkt jedoch auch exkludierend, manche Helferinnen und Helfer seien von dieser abgeschreckt, wie eine der Organisierenden erklärt. Im *Polyester* fand sich eine bestimmte „Szene" ein, die sich nicht nur mit dem Reparaturevent, sondern auch mit dem Veranstaltungsraum identifizierte. Gleichzeitig schrecke das *Polyester*, das der „alternativen Szene" zugeordnet werde, wiederum nicht dieser Szene zugehörige Menschen ab, die sich nun eher von dem Oldenburgischen Staatstheater angezogen fühlten. Die Organisatorin meint, dass das vom Theater genutzte Gebäude in der Fußgängerzone niedrigschwelliger sei. Aufgrund der Verortung des *Polyesters* außerhalb der Fußgängerzone konnte dieses auch keine Laufkunden anziehen, wie es nun in der Fußgängerzone passiert.

Auch im untersuchten Repair Café in Berlin Kreuzberg findet sich eine bestimmte Szene ein.[8] Das Repair Café findet im Atelier der die Reparaturveranstaltungen organisierenden Künstlerin statt. Das Atelier ist in einem Hinterhof gelegen und wirkt wie eine große Autogarage. Für die Reparaturveranstaltung werden drei große Tische aufgebaut, an denen die Helfenden sitzen. Auf einer Empore stehen Sofas und Sessel und ein Coachtisch, auf denen eine Thermoskanne mit Kaffee steht und ein paar Kekse.

Eine 20jährige Mitarbeiterin von Kunststoffe e. v., einer Nichtregierungsorganisation, mit der die Künstlerin die Veransatltungen in Kooperation organisiert, betont, dass das Atelier ein „besonderes Flair" habe. Sie meint, dass Repair Café passe besonders gut in den Stadtteil: „Kreuzberg ist halt so die hippe Gegend und alles so ein bisschen alternativ und so vegan/vegetarisch und da passt es glaube ich total gut rein, das Repair Café, weil es ist ja auch so ein bisschen der Umweltgedanke." Sie erklärt, dass sie im Repair Café viele „total coole Leute" kennenlerne, mit denen sie interessante Gespräche führe.

Auch die ihr Atelier zur Verfügung stellende und mitorganisierende Künstlerin betont, dass es viele linke Projekte und eine Do-it-yourself-Kultur (DIY-Kultur) in Kreuzberg gäbe und dass das Repair Café genau desshalb gut in diesen Stadtteil passe. Damit charakterisiert sie das Repair Café auch als linkes Projekt und ordnet es der DIY-Kultur zu. Gleichzeitig erklärt sie, dass sie für das Repair Café in Kreuzberg weniger Öffentlichkeitsarbeit betreiben müsse, als für eines im Wedding, das sie auch mitorganisiert, einen Stadtteil, den sie als „sozialen Brennpunkt" bezeichnet.

Auch die Teilnehmenden des Kreuzberger Repair Cafés teilen die Meinung der Organisatorinnen, dass diese Veranstaltung in den Stadtteil passe: Einer der Teilnehmer ist wohnhaft im Stadtteil Friedenau und extra für das Repair Café nach Kreuzberg gekommen. Er meint, dass es in Friedenau kein Repair Café gäbe, weil es eine „besser betuchte Gegend" sei. Das Reparieren koppelt er damit an finanzielle Notwendigkeiten: „In Friedenau ist überwiegend guter Verdienst, die Leute haben es nicht nötig, vielleicht auch gar nicht die Zeit, selber zum Repair Café zu gehen."

Auch in dem Stadtteil Auf der Horst in der Stadt Garbsen liegt das Reparieren in den Veranstaltungen oftmals in einer finanziellen Notwendigkeit begründet, denn in diesem Stadtteil leben viele ökonomisch wenig gut situierten Personen. Das Repair Café in Garbsen wird von einer pensionierten Lehrerin in Zusammenarbeit mit

---

8	Dieses Repair Café hat sich aufgrund der großen Nachfrage und Teilnehmendenzahl auf das Angebot der Reparatur elektronischer Geräte begrenzt. Neben der Größe des Ateliers ist auch die Lage im Stadtteil Kreuzberg ein Grund für die Konzentration auf Elektroreparaturen. So erklärt die Künstlerin, existierten in Kreuzberg verschiedene Selbsthilfewerkstätten, wie z. B. eine Fahrradwerkstatt. Ein Angebot für die Reparatur elektronischer Geräte habe es aber noch nicht gegeben.

der Freiwilligenagentur Garbsen organisiert. Die Organisatorin des Repair Cafés erklärt die Wahl dieses Standortes für die Reparaturveranstaltungen:

> *„Den haben wir extra gewählt, weil die Begegnungsstätte Auf der Horst sozusagen ein sozial schwierigen Umfeld ist, auf der einen Seite und auf der anderen Seite ein sehr kommunikatives Umfeld. Hier sitzen ganz viele Leute oft auf dem Platz und unterhalten sich und setzen sich zusammen und machen ihre Freizeit hier zusammen. [Wir wollen] einfach sagen: Wir sind Teil einer Stadt und ihr seid Teil einer Stadt und wir gehören alle dazu, egal woher wir kommen und deswegen haben wir gesagt: Mittenrein."*

Die Organisatorin konstruiert hier eine Distinktion, in dem sie die Teilnehmenden der Reparaturveranstaltungen und die Organisierenden und Helfenden voneinander unterscheidet.

Weiterhin beschreibt sie, dass z. B. viele türkische Jugendliche oder Kinder mit ihren Fahrrädern kämen und findet das gut, „weil die dann hier so eine Anbindung haben." In dem Stadtteil leben überwiegend Menschen mit Migrationshintergrund. Die Organisatorin verfolgt also mit dem Repair Café nicht nur das Ziel der Nachhaltigkeit, sondern auch das der Integration.[9] Die Erhebung zeigt jedoch, dass an der Reparaturveranstaltung relativ wenige Menschen mit Migrationshintergrund teilnehmen.

Die von der organisierenden Rentnerin erwähnte Kommunikation ist ein zentrales Moment und Ziel der Reparaturveranstaltungen.

5   Gemeinschaft und Vergemeinschaftung in Repair Cafés

Die Repair Cafés bieten im Urbanen einen Raum für Kommunikation, deren Ermöglichung und Herstellung eines der Ziele der Veranstalterinnen und Veranstalter ist:

> *„Das Besondere ist zum einen das Café, das Zusammensein, Kaffee trinken, Geselligkeit, sich austauschen über den Alltag, erzählen, unabhängig jetzt von seinem kaputten Teil, einfach ins Gespräch kommen, dass Menschen wieder miteinander kommunizieren [...] und so einfach ins Gespräch zu kommen*

---

9   Einige Reparaturinitiativen entwickeln seit 2014 Konzepte für die Zusammenarbeit mit Flüchtlingen, wie z. B. auch das Oldenburger Repair Café.

und den Alltag miteinander zu teilen. Das finde ich das Wichtigste da dran.
[...] Ich finde die Kommunikation innerhalb der Gesellschaft kommt viel zu
kurz. Also, jeder separiert sich ein Stückchen weit zu Hause. [...] Früher waren
die Leute oft auf der Straße und haben miteinander gequatscht und das war
selbstverständlich. Und das passiert heute nicht mehr, sehr selten.“

Die Relevanz der Kommunikation, steckt im Namen der Veranstaltungen: Es ist
ein Repair *Café* und kein Reparaturlabor, -shop oder -geschäft. Manche Personen
kommen alleinig zu den Veranstaltungen nicht um zu reparieren, sondern um
Kaffee und Kuchen zu trinken und sich zu unterhalten. So erklärt ein Besucher
des Oldenburger Repair Cafés:

„Ja, also es ist halt ein Café. Also ich mach' ja auch grad nichts, sitze hier nur
rum und hänge ab und habe gerade einen Kuchen gegessen. Das ist auch eine
schöne Sache dabei und dieses in Kontakt treten mit neuen Leuten oder mit
anderen Leuten, mit denen man sonst nicht so viel zu tun hat.“

Ein Helfer bezeichnet das Repair Café als einen Ort der Begegnung und auch ein
27jähriger Fahrradkurier, der seinen Laptop im Oldenburger Repair Café repariert,
meint, das Repair Café bringe Menschen zusammen.

Das Oldenburger Repair Café hat einen extra Programmpunkt in die Repara-
turveranstaltungen eingebaut, der Kommunikation zwischen Besucherinnen und
Besuchern provozieren will: die Vermittlungsshow (s. o.), bei der zwei Personen einen
Theaterbesuch gewinnen können. Das Konzept erläutert eine der Organisierenden:

„Es geht halt nicht darum, dass sozusagen Singles miteinander vermittelt
werden, sondern es geht um die Idee, dass man halt auch Kultur gemeinsam
erleben kann und sozusagen nicht einsam Zuhause vor dem Fernseher sitzen
sollte, sondern dass [...] die Sozialkontakte sozusagen [...] repariert [werden].“

Der Reparaturbegriff wird hier breit ausgelegt, da nicht nur die Reparatur von Gegenständen, sondern metaphorisch auch die zwischenmenschlicher Beziehungen
repariert werden.

Für die sich in Rente befindenden Helfenden sind die Reparaturveranstaltungen
eine Möglichkeit das Haus zu verlassen und eine Aufgabe zu finden: „Was soll ich
zu Hause, zu Hause kann ich sitzen, wenn es gesundheitlich nicht mehr geht,“ erklärt ein helfender Renter. Ein 82jähriger jähriger Helfer erklärt, er langweile sich
zu Hause als Rentern. Ähnliches formulieren auch Helfer, die erwerbslos sind. Ein

Mitarbeiter der *Anstiftung & Ertomis* sieht die Rolle der Reparaturveranstaltungen für Rentner und Erwerbslose wie folgt:

> *„Es geht vor allen Dingen [in den Repair Cafés] um soziale Kohäsion, weil einfach Menschen, die in unserer Gesellschaft wenig Platz haben, beispielsweise Rentner, Menschen die aus dem Berufsleben ausgeschieden sind, finden dort mit ihren Fähigkeiten, ihren Kompetenzen einen ganz neuen Wirkungskreis, können ihr Wissen anbieten und erhalten dafür auch Anerkennung, da entstehen Freundschaften und Kontakte.“*

Neben dem Zusammenkommen während der Reparaturveranstaltungen, stehen bei manchen Reparaturinitiativen die Organisierenden und Helfenden auch zwischen den Veranstaltungen in Kontakt. Während die Kommunikation die Organisation der Veranstaltungen betreffend oftmals medial vermittelt stattfindet, über Emails, Emailinglisten und z. T. auch soziale Netzwerkseiten, und hier z. B. die Beteiligung der Helfenden abgefragt wird, werden auch weitere vis-à-vis Treffen, die zwischen den Reparaturveranstaltungen stattfinden, für den Zweck der Gemeinschaftsbildung organisiert. So erklärt die Organisatorin des Garbsener Repair Cafés, dass die Gruppe der Reparaturhelferinnen und -helfer eine Gemeinschaft gebildet habe, die über die Reparaturveranstaltungen hinaus wirke: „Das ist eine ganz nette Gemeinschaft so geworden untereinander. Und Weihnachten machen wir was zusammen, nächsten Freitag grillen wir zusammen, alle.“ Diese Treffen werden, genauso wie die Reparaturveranstaltung überwiegend von der 65jährigen pensionierten Lehrerin organisiert, der Gemeinschaft des Garbsener Repair Cafés gehören überwiegend Renter und Rentnerinnen an.

Viele der an den Reparaturveranstaltungen Beteiligte beschreiben eine Gemeinschaft, die sich in den Repair Cafés bilde. So konstituieren sich während der Veranstaltungen lokale Gemeinschaften (Hepp und Hitzler 2014, S. 47). Es sind „Eventgemeinschaften" (Hepp und Hitzler 2014, S. 46), die für die Dauer der Veranstaltungen in den jeweiligen Räumen hergestellt werden. Durch die medienvermittelte Kommunikation zwischen Organisierenden und Helfenden bildet ein Teil der Involvierten translokale Gemeinschaften (Hepp und Hitzler 2014, S. 47). Ausgeschlossen von diesen translokalen Gemeinschaften sind die Teilnehmenden, die ihre Alltagsgegenstände reparieren möchten, da sie nicht in de Kommunikation zwischen den Veranstatungen involviert sind.

Den durch die Repair Café entstehenden Gesellungsgebilden (Hepp und Hitzler 2014, S. 45) fühlen sich viele der Beteiligten zugehörig und sie unterstreichen dies subjektives Erleben in den Interviews. So betont ein 72jährige Helfer das Zusammengehörigkeitsgefühl, dass durch diese Veranstaltungen entstehe: „Wir kegeln um Weihnachten noch mal so als ganze Gruppe. Und das ist ja dieses Zusammengehörigkeitsgefühl, was auch immer so ganz wichtig ist." Er erklärt, dass sich sein Bekanntenkreis durch die Veranstaltungen „kräftig" erweitert habe. Ein 68jähriger Helfer, der Unterstützung bei der Reparatur von Laptops und Computern anbietet, beschreibt sein Zugehörigkeitsgefühl zur Reparaturgemeinschaft:

> „Leute die bei sowas [dem Repair Café] mitmachen, haben eine andere gesellschaftliche und politische Einstellung. [...] Für mich ist es netter, etwas kooperatives zu unternehmen als in der Wirtschaft, [...] weil das eine Zugehörigkeit ergibt. Ich gehöre nicht zu Saturn, ich kaufe dort, aber eigentlich ist mir Saturn scheiß egal."

In den Repair Cafés entstehen im Weber'schen Sinne (1922, S. 21) Vergemeinschaftungen: Die Menschen teilen ähnliche konsumkritische Ziele und fühlen sich der Gemeinschaft zugehörig. Die in den und durch die Reparturveranstaltungen entstehende Gemeinschaft konstituiert sich also neben politischen Zielen auch über eine soziale Bedeutung für die Teilnehmenden.

6   Reparaturbewegung: Pioniere des Wandels

Die Konsumgesellschaft zu verändern ist eines der Ziele der an den Repair Cafés Beteiligten. Sie verfolgen durch das Reparieren einen kulturellen Wandel, sie wollen, dass sich das Reparieren gesellschaftlich etabliert, um darüber eine nachhaltige Gesellschaft zu erreichen. Ihnen ist bewusst, dass das Reparieren ein Bruch mit etablierten Routinen, also der schnellen Entsorgung defekter Gegenstände und des Kaufs neuer Technologien darstellt (siehe Kannengießer 2018b).

Der Initiator des Oldenburger Repair Cafés beschreibt dieses als subversiv, er meint, dass hier eine Pioniergruppe zusammenkomme, die eine gesellschaftliche Entwicklung vorwegnehme: „Das sind im Prinzip die frühen Adopter, [...] die innovativen Nutzer oder eben Pioniernutzer, die schon eine Bewegung vorwegnehmen, die mit einer gewissen Wahrscheinlichkeit und Begründung eintreten könnte, nicht muss."[10]

Und auch der Betreiber des Polyesters, in dem das Oldenburger Repair Café gegründet wurde, ist stolz darauf, bei den Anfängen einer Reparaturkultur[11], die sich seiner Meinung nach durchsetzen werde, dabei zu sein: „Da bin ich ganz stolz,

---

10   Zu städtischen Raumpionieren siehe auch Gabriela B. Christmann in diesem Band.

11   Der Generaldirektor des Deutschen Museums in München Wolfgang M. Heckl beobachtet und fordert eine „Kultur der Reparatur" (2013) und hat mit seiner Publikation zur

dass es [das Repair Café] hier bei mir ist, weil ich denke, dass das schon eine Kultur ist, die sich hier jetzt deutschlandweit etablieren wird und dann kann man immer sagen: [...] ‚in den Anfängen waren wir schon dabei‘."
Das Reparieren selbst ist kein Pionierhandeln, es ist nichts Neues. Im Alltag ist das Reparieren oftmals unsichtbar, ein alltäglicher Prozess und Routine (Jackson 2015, S. 225). Aber neu ist die Inszenierung des Reparierens im öffentlichen Raum und die Politisierung des Reparierens als konsumkritische Handlung gegen die Wegwerf- und Konsumgesellschaft und als Handlung für eine Kultur der Nachhaltigkeit. Einige der Organisatorinnen sind jedoch skeptisch, was die Durchsetzung einer Reparaturkultur angeht. So meint ein Organisator des Oldenburger Repair Cafés:

> *„Das wird sich dann durchsetzen, wenn wir griechische Verhältnisse[12] haben, dann genau gibt es mehr als nur eine intrinsische Motivation, sich damit zu beschäftigen. Also, wenn nicht exogene Schocks da sind, die dazu zwingen oder die auch einen ökonomischen Aspekt damit verbinden, wird das ganz, ganz schwierig. "*

Ein Anliegen der Stiftung *Anstiftung & Ertomis* ist es daher, ein Netzwerk der Reparaturinitiativen in Deutschland herzustellen und dieses sichtbar zu machen, v. a. durch die Online-Plattform www.reparatur-initiativen.de. Das Ziel der Vernetzung ist, für die Praxis der Reparatur zu werben und den einzelnen Akteuren zu zeigen, dass sie Teil einer größeren Bewegung seien, erklärt ein Mitarbeiter der Stiftung:

> *„Das wollen wir für die Reparatur-Initiativen erreichen, dass die feststellen: ‚Moment mal, es gibt viele‘ und merken, dass das was hier passiert nicht ein punktuelles Ereignis ist, sondern das es eine gesellschaftliche Welle ist, die da gerade durchs Land geht. An allen Ecken und Enden sind Menschen, die nicht mehr hinnehmen wollen, dass der Konsument auf eine bestimmte Art zu handeln und zu konsumieren festgelegt ist. Das erreicht man dadurch, in dem man eben andere sichtbar macht und sich untereinander bekannt macht."*

Zieht man die Metapher der kommunikaiven Figuration[13] für die Analyse von Repair Cafés und das durch die *Anstiftung & Ertomis* hergestellte translokalen-

---

Verbreitung dieses Begriffs beigetragen, auf den sich auch viele Organisierende der Reparaturveranstaltungen beziehen.

12 Er rekurriert hier auf die aktuelle Finanz- und Wirtschaftskrise in Griechenland.

13 Merkmale kommunikativer Figurationen sind eine spezifische Akteurskonstellation sowie für die jeweilige kommunikative Figuration bestimmte (medienvermittelte)

Netzwerk heran, so können solche kommunikativen Figurationen auf zwei Ebenen ausgemacht werden: Zum einen bilden sich während der Reparaturveranstaltungen *lokale kommunikative Figurationen*: Die Akteurskonstellation in Repair Cafés setzt sich zusammen aus den Organisierenden der Veranstaltungen, den Helfenden sowie den Teilnehmenden, die defekte Alltagsgegenstände mitbringen. Der dominante Relevanzrahmen setzt sich aus den Zielen der Beteiligten zusammen, die neben des kommunikativen Austausches unter anderem die konsumkritischen Ziele der Müllvermeidung und Ressourcenschonung umfassen (s. u.). Die kommunikativen Praktiken finden in den Repair Cafés vis-à-vis statt und zwischen den Veranstaltungen medienvermittelt (s. o.).[14]

Zum anderen konstituiert sich eine *translokale kommunikative Figuration*, an der als Akteure neben Organisierenden und Helfenden auch die Mitarbeiter und Mitarbeiterinnen der *Anstiftung & Ertomis* beteiligt sind. In den Interviews wurde deutlich, dass sie als Relevanzrahmen die oben benannten Ziele teilen. Die kommunikativen Praktiken dieser translokalen kommunikativen Figuration sind neben dem medienvermittelten Austausch über Email, Emailinglisten, Telefon sowie ein auf der von der *Anstiftung & Ertomis* betriebenen Online-Plattform www.reparatur-initiativen.de integriertes Online-Forum, auch vis-à-vis Gespräche in regelmäßig stattfindenden regionalen und überregionalen Netzwerktreffen.

Diese translokale kommunikative Figuration der an Repair Cafés Beteiligten sowie die zunehmende Anzahl der Repair Cafés lässt die Frage nach der Existenz einer Reparaturbewegung aufkommen. Die oben skizzierten geteilten Ziele, mit denen die an den Repair Cafés beteiligten Akteure die Gesellschaft verändern wollen, sowie das oben beschriebene Zugehörigkeitsgefühl, welches auf eine geteilte Identität schließen lässt, sind zwei Merkmale für soziale Bewegungen (Ullrich 2015, S. 9ff.), die hier auf eine Reparatur*bewegung* schließen lassen. Und auch das für soziale Bewegungen signifikante Merkmal des Protests (ebd.) ist auszumachen: Die Reparaturveranstaltungen können als Protestveranstaltungen definiert werden, durch die Akteure Kritik an der Konsumgesellschaft üben. Doch sie gehen auch über den bloßen Protest hinaus und bieten mit dem Reparieren eine Alternative für das von ihnen kritisierte Handeln an. Das vierte Merkmal sozialer Bewegungen, nämlich der Netzwerkcharakter (ebd.) ist ebenfalls auf die Reparaturakteure anzuwenden, auch wenn das Netzwerk durch einen Akteur, die *Anstiftung & Ertomis*, zentral gesteuert wird. Da alle vier Merkmale sozialer Bewegungen hier vorzufinden sind,

---

Kommunikationspraktiken und ein dominanter Relevanzrahmen (Hepp und Hasebrink 2013, S. 12).

14 Für eine detaillierte Analyse der Repair Cafés als kommunikative Figurationen siehe Kannengießer im Erscheinen b.

kann also von einer Reparaturbewegung gesprochen werden, die sich dezentral in lokalen Reparaturveranstaltungen trifft, darüberhinaus aber auch in von der *Anstiftung & Ertomis* zentral organisierten vis-à-vis Treffen zusammenkommt und zwischen den vis-à-vis Treffen medial-vermittelt kommuniziert.

Der Initiator des Oldenburger Repair Cafés projiziert Hoffnung auf diese Reparaturbewegung: „[Die Reparaturbewegung] ist wirklich ganz, ganz klein, aber das muss nicht klein bleiben. Wir wissen es eben nicht und weil wir es nicht wissen, sagen wir, dann haben wir auch kein Recht den Kopf in den Sand zu stecken und von Vornherein das Ganze nicht zu machen."

Das Repair Café in Oldenburg ist ein Anlaufpunkt für verschiedene konsumkritische Initiativen: „Also wir sehen das irgendwie auch ein bisschen so als quasi Nabelpunkt dieses kulturellen Wandels hier in Oldenburg. Das hat sich irgendwie so raus kristallisiert, dass wir so ein Ort sind, an dem man scheinbar zusammen kommt." Damit wird das Repair Café ein zentraler Ort für die urbane Transformation.

7 Repair Cafés als Teil von Green Creative Cities

Repair Cafés sind ein überwiegend urbanes Phänomen – in Cafés, Kneipen und Kulturzentren finden diese Veranstaltungen statt und trifft sich die Reparaturbewegung. Die Forschungsergebnisse der in diesem Beitrag präsentierten Studie zeigen, dass die Reparaturbewegung zum Ziel hat, die Konsum- und Wegwerfgesellschaft hin zu einer Reparaturkultur zu verändern. Damit ist auch die Stadt als Ort des Konsums Objekt der von der Reparaturbewegung angestrebten kulturellen Transformation. Wie die in diesem Beitrag präsentierte Analyse zeigt, wählen einige Reparaturinitiativen den Ort ihrer Veranstaltungen bewusst provokativ, sie organisieren Repair Cafés z. B. in städtischen Fußgängerzonen als Raum der Entschleunigung und des Anti-Konsums – mitten in zum Kauf einladender Ladenzeilen. Zwischen Werbeplakaten und digitalen Werbetafeln finden die an den Reparaturveranstaltungen Beteiligten einen des hektischen Konsumtreibens entrückten Ort, an dem sie Teil der sich hier zusammenfindenen Reparaturgemeinschaft werden können. Viele der Teilnehmenden fühlen sich dieser Reparaturgemeinschaft zugehörig und empfinden hier subjektiv Vergemeinschaftungsprozesse.

Die Repair Cafés sind Teil von *Green Creative Cities* (Müller 2013). Die Kombination von Kreativität und Nachhaltigkeit (Müller 2013, S. 18) ist in Repair Cafés jedoch kein Ergebnis von Stadtplanung und die Kreativen nicht solche, die es im Rahmen einer Erwerbtätigkeit sind. Vielmehr verfolgen Beteiligte der Reparaturveranstaltungen das Ziel einer *nachhaltigen* Gesellschaft durch den *kreativen* Prozess des Reparierens. Das Kreative ist hier nicht das Neuschöpfen oder Neuherstellen (lat. creare), sondern wie *Wieder*herstellung defekter Alltagsgegenstände mit dem Ziel der Verlängerung der jeweiligen Nutzungsdauer.

Der gesellschaftliche Transformationsprozess, in dem *Green Creative Cities* entstehen, umfasst den Wandeln von Lebensstilen, Normen und Anforderungen (Müller 2013). Reparaturveranstaltungen sind nicht nur Beispiele für diesen Wandel, vielmehr wollen Akteure der Cafés gesellschaftliche Transformation voranbringen und auch den städtischen Raum durch ihr Handeln verändern.

Repair Cafés sind nicht die einzigen konsumkritischen Projekte, die im Urbanen gesellschaftliche Transformation mit dem Ziel einer nachhaltigen Gesellschaft verfolgen. So ist konsumkritisches Handeln auch in anderen Projekten wie Transition Towns, Urban Gardening, Tauschringen bzw. -parties o. ä. zu finden. All diese Projekte greifen traditionelle Handlungen wie das Reparieren, Gärtnern oder Tauschen auf, inszenieren sie im öffentlichen Raum und politisieren sie als Handlungen für eine nachhaltige Gesellschaft. In diesen Projekten steckt das Potenzial urbaner Transformationsprozesse, doch weiterhin dominant im städtischen Raum sind die Konsumangebote, die den Zielen konsumkritischer Projekte entgegen stehen.

Literatur

Anstiftung & Ertomis. 2016a. *Netzwerk Reparatur-Initiativen.* http://anstiftung.de/selbermachen/reparatur-initiativen. Zugegriffen: 30. Juni 2016.

Anstiftung & Ertomis. 2016b. *Offene Werkstätten.* http://anstiftung.de/selbermachen/offene-werkstaetten Zugegriffen: 30. Juni 2016.

Baier, Andreas et al. 2016. *Die Welt reparieren – Open Source und Selbermachen als postkapitalistische Praxis.* Bielefeld: Transcript.

Berlin Online. 2013. Reparaturkultur wieder erweckt – Umweltpreis für Repair Café. *Berlin Online.* https://www.berlinonline.de/pankow/nachrichten/4089719-4016003-reparaturkultur-wieder-erweckt-umweltpre.html Zugegriffen: 23. Mai 2016.

Charter, Martin und & Scott Keiller. 2014. Grassroots innovation and the circular economy. A gobal survey of Repair Cafés and Hackerspaces. University for the creative Arts, Farnham Surrey. http://cfsd.org.uk/site-pdfs/circular-economy-and-grassroots-innovation/Survey-of-Repair-Cafes-and-Hackerspaces.pdf. Zugegriffen: 24. September 2015.

Flick, Uwe. 2009. *Qualitative Sozialforschung. Eine Einführung,* Reinbek bei Hamburg: Rowohlt-Taschenbuch-Verlag.

Graham, Steve und Nigel Thrift. 2007. Out of order: Understanding repair and maintenance. *Theory, Culture & Society* 24 (3): 1–25.

Heckl, Wolfgang M. 2013. *Die Kultur der Reparatur.* München: Carl Hanser Verlag.

Grewe, Maria. 2015. Reparieren als nachhaltige Praxis im Umgang mit begrenzten Ressourcen? Kulturwissenschaftliche Notizen zum „Repair Café". In *Knappheit, Mangel, Überfluss. Kulturwissenschaftliche Positionen zum Umgang mit begrenzten Ressourcen*, hrsg. M. Tauschek und M. Grewe, 267-289, Frankfurt a. M.: Campus Verlag.

Hepp, Andreas und Uwe Hasebrink. 2013. Human interaction and communicative figurations. The transformation of mediatized cultures and societies. *Working Paper Communicative Figurations 2*. http://www.kommunikative-figurationen.de/fileadmin/redak_kofi/Arbeitspapiere/CoFi_EWP_No-2_Hepp_Hasebrink.pdf, Zugegriffen am 22. Februar 2017.

Hepp, Andreas und Ronald Hitzler. 2014. Mediatisierung von Vergemeinschaftung und Gemeinschaft: Zusammengehörigkeiten im Wandel. In *Mediatisierung sozialer Welten*, hrsg. F. Krotz, C. Despotovic und M. Kruse, 35-51. Wiesbaden: VS.

Jackson, Steven. 2014. Rethinking repair. In *Media technologies: Essays on communication materiality and society*, hrsg. T. Gillespie, P. Boczkowski und K. Foot, 221-239, Cambridge, MA: MIT Press.

Jackson, Steven und Laewoo Kang. 2014. Breakdown, obsolescence and reuse: HCI and the art of repair. *Proceedings of the 2014 Computer -Human Interaction (CHI) Conference*, Toronto, April 2014. http://sjackson.infosci.cornell.edu/Jackson&Kang_BreakdownObsolescenceReuse%28CHI2014%29.pdf, Zugegriffen am: 24. März 2015.

Jackson, Steven et al. 2012. Repair worlds: Maintenance, repair, and ICT for development in rural Namibia. *Proceedings of the 2012 Computer-Supported Cooperative Work (CSCW) Conference*, Seattle, Washington. https://sjackson.infosci.cornell.edu/Jacksonetal_RepairWorlds(CSCW12).pdf, Zugegriffen am 30.6.2016.

Kannengießer, Sigrid. 2018a ,I am not a consumer person - Political participation in Repair Cafés. In *(Mis)Understanding political participation* , hrsg. J. Wimmer, C. Wallner und K. Schultz, 78.94, London: Routledge.

Kannengießer, Sigrid. 2018b. Repair Cafés as communicative figurations: Consumer-critical media practices for cultural transformation. In *Communicative figurations. Rethinking mediatized transformations*, hrsg. A. Hepp, U. Hasebrink und A. Breiter (Hrsg.), 101-122, London: Palgrave.

Kannengießer, Sigrid. 2016. Conceptualizing consumption-critical media practices as political participation. In *Politics, Civil Society and Participation*, hrsg. L. Kramp et al., 193-207, Tartu: Tartu University Press.

Kruse, J. (2008). Reader. Einführung in die qualitative Interviewforschung. Freiburg, Universität Freiburg.

Müller, Anna-Lisa. 2013. *Green creative city*. Konstanz: UVK.

Oldenburgisches Staatstheater (ohne Datum). *Sparte 7.* http://staatstheater.de/sparte-7.html. Zugegriffen am: 30. Juni.2016.

Rosner, Daniela und Morgan Ames. 2014. Designing for repair? Infrastructures and materialities of breakdown. *Computer Supported Cooperative Work & Social Computing*, ACM (2014): 319-331.

Rosner, Daniela und Fred Turner. 2015. Theaters of alternative industry: hobbyist repair collectives and the legacy of the 1960s American counterculture. In *Design thinking research*, hrsg. H. Plattner, C. Meinel und L. Leifer, 59-69. Heidelberg: Springer International Publishing.

Rosner, Daniela. 2013. Making citizens, reassembling devices: on gender and the development of contemporary public sites of repair in Northern California. *Public Culture* 26 (1): 51-77.

Schöne, Helmar. 2003. Die teilnehmende Beobachtung als Datenerhebungsmethode in der Politikwissenschaft. Methodologische Reflexion und Werkstattbericht. *Forum Qualitative Sozialforschung*, 4 (2). http://nbn-resolving.de/urn:nbn:de:0114-fqs0302202, Zugegriffen am 14.10.2011

Stichting Repair Café (ohne Datum). *About Repair Café*. https://repaircafe.org/de/was-ist-ein-repair-cafe/. Zugegriffen: 31. Juli 2015.

Strauss, Anselm und Juliet Corbin. 1996. *Grounded Theory: Grundlagen Qualitativer Sozialforschung*. Landsberg: Beltz Verlag.

Ullrich, Peter. 2015. Postdemokratische Empörung. Ein Versuch über Demokratie, soziale Bewegungen und gegenwärtige Protestforschung. *ipb working paper*. Berlin. https://protestinstitut.files.wordpress.com/2015/10/postdemokratische-empoerung_ipb-working-paper_aufl2.pdf. Zugegriffen am: 23. Mai 2016.

Weber, Max. 1972. *Wirtschaft und Gesellschaft*, 5. Aufl.. Tübingen: Mohr Siebeck.

Zur Autorin

Sigrid Kannengießer, Dr. phil., ist wissenschaftliche Mitarbeiterin am Zentrum für Medien-, Kommunikations- und Informationsforschung der Universität Bremen. Sie arbeitet derzeit in ihrem Habilitationsprojekt zu „konsumkritischen Medienpraktiken". Ihre Forschungsschwerpunkte liegen im Bereich der Mediensoziologie, transkulturellen Kommunikation, Umweltkommunikation und Medienökologie sowie der kommunikations- und medienwissenschaftlichen Geschlechterforschung. Buchveröffentlichung: Translokale Ermächtigungskommunikation. Medien, Globalisierung, Frauenorganisationen. 2014 (Wiesbaden: Springer VS).

The manufacturer's authorised representative in the EU is Springer
Nature Customer Service Centre GmbH, Europaplatz 3, 69115 Heidelberg,
Germany. If you have any concerns regarding our products, please
contact ProductSafety@springernature.com

Printed and bound by CPI Group (UK) Ltd, Croydon, CR0 4YY
27/04/2026
02097616-0001